Éducation

Ellen G. White

1986

Copyright © 2021

LS Company

ISBN:978-1-0879-0194-7

Copyright© 2021

*Puisse ce livre les aider à découvrir
les vraies richesses de la vie,
à connaître un développement
constant de leur personnalité ainsi
que la joie du service, et à se préparer
pour l'école supérieure de
l'Eternité à laquelle tout être
humain est convié.*

Avis au lecteur

Nous devons attirer l'attention du lecteur sur deux points importants. Le premier concerne la date de la première parution de l'ouvrage et le second son caractère religieux. Expliquons-nous.

Les livres d'éducation et de psychologie appliquée vieillissent vite. Cela tient à des modes et au vocabulaire, mais aussi à l'augmentation rapide des connaissances dans ce secteur jeune et en pleine évolution des sciences humaines. Et lorsqu'un livre atteint la décennie, à moins d'être profondément remanié, il est généralement dépassé. Dès lors, est-il décent de proposer au lecteur de la fin du 20e siècle un livre écrit en 1903 ?

Les livres dont la vie excède — à notre époque — trois générations d'hommes sont de deux types. Il y a ceux que l'on consulte encore dans des bibliothèques spécialisées, avec un intérêt historique, pour savoir ce que l'on écrivait ou pensait à tel moment précis de l'histoire des idées. Et puis il y a ceux qui continuent d'être des livres de chevet, d'imprimer leur empreinte dans la pensée et la vie des gens. Ces livres-là ne datent pas. Bien sûr, on peut repérer à tel ou tel petit détail le lieu ou le temps de leur rédaction ; mais l'essentiel n'est pas là. Ils véhiculent des idées et des vérités tellement fondamentales sur l'homme qu'elles sont presque des principes éternels. Nous croyons que le livre *Education* de Madame Ellen White est de ceux-là. Il a, en effet, été traduit dans de très nombreuses langues et continue à être, tout autour du monde, un manuel de base pour des milliers de parents, d'enseignants, de pasteurs, d'animateurs. Il est en particulier l'expression de la philosophie qui inspire l'un des systèmes scolaires privés les plus étendus dans le monde, celui mis sur pied par le mouvement adventiste. L'ouvrage manquait, depuis plusieurs années, en langue française. Cette nouvelle édition, qui est en même temps une nouvelle traduction, devrait donc combler une lacune et mettre à la portée de beaucoup un texte sur lequel il vaut la peine de réfléchir.

Pour l'auteur, l'éducation ne s'adresse pas à l'intelligence seule. L'enfant, comme l'homme, est un tout. Sa vie, pour être harmonieuse, doit être à la fois corporelle, intellectuelle, affective, pratique et sociale, mais aussi spirituelle. Ellen White refuse une éducation au rabais, sans de nécessaires disciplines et ayant pour objet un être incomplet. Notre société est en train de mesurer les conséquences tragiques d'une "éducation" (mais peut-on la nommer ainsi ?) qui a cru pouvoir faire l'économie de la vie intérieure, de ses racines profondes, de ses finalités supérieures. Voilà pourquoi le lecteur ne sera pas surpris, quelles que soient, par ailleurs, sa position ou ses convictions personnelles, de voir la place que l'auteur laisse à la Bible et à celui qu'elle révèle, Jésus-Christ, l'Educateur par excellence. Cette éducation, qui vise non seulement la vie terrestre, sans la négliger aucunement, mais encore la vie éternelle, acquiert alors tout son sens. Perspective vertigineuse qui pourrait devenir angoissante par la responsabilité qu'elle entraîne si, en traçant l'itinéraire, l'auteur ne rappelait constamment les moyens mis à notre disposition par Dieu pour y parvenir.

Dès lors la poésie ou la nature, le travail manuel ou l'alimentation, l'étude de l'histoire ou de la biologie, la manière de se vêtir ou de vivre le jour du repos ne constituent plus une mosaïque fragmentaire et insignifiante mais une vaste fresque, signe et avant-goût du Royaume des Cieux.

Le souhait très profond des éditeurs est que cet ouvrage soit une contribution, modeste mais réelle, à l'éducation permanente de l'homme intègre, total, à son renouveau puissant.

Table des matières

Informations sur ce livre i
Avis au lecteur iv
Grands principes 9
   Chapitre 1 — Origine et but de la véritable éducation 10
   Chapitre 2 — L'école d'Eden 16
   Chapitre 3 — La connaissance du bien et du mal 19
   Chapitre 4 — Rapports entre éducation et rédemption 23
Exemples 27
   Chapitre 5 — L'éducation d'Israël 28
   Chapitre 6 — Les écoles de prophètes 37
   Chapitre 7 — Vies d'hommes de Dieu 42
      Daniel, ambassadeur de Dieu 44
      Des hommes loyaux et intègres 46
      Elisée, le serviteur fidèle dans les petites choses 47
      Moïse ou la puissance de la foi 50
      Paul ou le service dans la joie 52
Le Maître des maîtres 57
   Chapitre 8 — Le Maître envoyé par Dieu 58
   Chapitre 9 — Les méthodes du Christ 67
      Le pouvoir transformateur du Christ 68
      De la faiblesse à la force 70
      Une leçon d'amour 72
Les enseignements de la nature 77
   Chapitre 10 — Dieu dans la nature 78
   Chapitre 11 — Les leçons de la vie 81
      La loi du service 82
      Semer et croire 82
      Mourir pour vivre 87
   Chapitre 12 — D'autres leçons encore 90
      Le message des étoiles 92
      Une leçon de confiance 93
La Bible, un éducateur 97
   Chapitre 13 — Culture mentale et spirituelle 98
   Chapitre 14 — Science et Bible 102

- Chapitre 15 — Principes et méthodes de travail 109
  - Honnêteté dans les affaires 114
- Chapitre 16 — Les biographies bibliques 119
  - Conquérir par la foi 121
  - La discipline de la souffrance 123
  - L'épreuve de Job 125
- Chapitre 17 — Poésie et chant 130
  - Le pouvoir du chant 138
- Chapitre 18 — Les mystères de la Bible 140
- Chapitre 19 — Histoire et prophétie 143
- Chapitre 20 — Enseignement et étude de la Bible 153

Le développement du corps 159
- Chapitre 21 — Etude de la physiologie 160
- Chapitre 22 — Tempérance et diététique 165
  - Alimentation et développement mental 166
- Chapitre 23 — Récréation 169
- Chapitre 24 — Travail manuel 174

La formation du caractère 181
- Chapitre 25 — Education et caractère 182
- Chapitre 26 — Méthodes d'enseignement 186
- Chapitre 27 — Le comportement 193
- Chapitre 28 — Le vêtement et l'éducation 198
- Chapitre 29 — Le Sabbat 201
- Chapitre 30 — La foi et la prière 203
- Chapitre 31 — L'œuvre de la vie 210

Les maîtres humains 219
- Chapitre 32 — La préparation 220
- Chapitre 33 — La collaboration 226
- Chapitre 34 — La discipline 229
  - La discipline de la vie 234

La voie royale 237
- Chapitre 35 — L'école de l'au-delà 238

Grands principes

Nous tous, qui le visage dévoilé, reflétons comme un miroir la gloire du Seigneur, nous sommes transformés en la même image, de gloire en gloire... 2 Corinthiens 3 :18.

Chapitre 1 — Origine et but de la véritable éducation

[15]

La connaissance des saints, c'est l'intelligence. Proverbes 9 :10.
Accorde-toi donc avec Dieu. Job 22 :21.

Nos idées en matière d'éducation sont trop étroites, trop limitées. Il nous faut les élargir et viser plus haut. La véritable éducation implique bien plus que la poursuite de certaines études. Elle implique bien plus qu'une préparation à la vie présente. Elle intéresse l'être tout entier, et toute la durée de l'existence qui s'offre à l'homme. C'est le développement harmonieux des facultés physiques, mentales et spirituelles. Elle prépare l'étudiant à la joie du service qui sera le sien dans ce monde, et à la joie plus grande encore du vaste service qui l'attend dans le monde à venir.

La source de cette éducation est indiquée par ces mots de l'Ecriture sainte, désignant le Dieu infini : en lui "sont cachés tous les trésors de la sagesse" Colossiens 2 :3. "A lui le conseil et l'intelligence." Job 12 :13.

Le monde a eu ses grands maîtres, des hommes d'une immense intelligence, doués d'une capacité de recherche considérable, des

[16] hommes dont les paroles ont stimulé la réflexion et offert à l'esprit de vastes étendues de savoir ; ces hommes ont été salués comme des guides et des bienfaiteurs de l'humanité ; mais il est un être qui leur est supérieur. Aussi loin que remonte la mémoire humaine, nous pouvons constater l'influence des maîtres à penser des hommes ; mais avant eux était la Lumière. De même que la lune et les étoiles de notre système solaire brillent parce qu'elles réfléchissent la lumière du soleil, ainsi les grands penseurs de ce monde, pour autant que leur enseignement soit droit, réfléchissent les rayons du Soleil de Justice. La moindre lueur de pensée, le moindre éclair d'intelligence trouvent leur source dans la Lumière du monde.

De nos jours, on parle beaucoup de la nature et de l'importance d'une "éducation supérieure". La véritable "éducation supérieure" nous vient de Celui en qui "résident la sagesse et la puissance" (Job 12:13), et de la bouche de qui "sortent la connaissance et la raison" Proverbes 2:6.

C'est dans la connaissance de Dieu que prennent leur source toute véritable science et toute formation authentique. Dans quelque domaine que ce soit, physique, mental, spirituel; où que nous portions nos regards, en dehors du fléau du péché, cette évidence s'impose. Quelle que soit notre ligne de recherche, si nous souhaitons sincèrement parvenir à la vérité, nous sommes mis en contact avec l'intelligence invisible et toute-puissante qui est à l'œuvre partout. L'esprit de l'homme est en communion avec l'esprit de Dieu, le fini avec l'infini. L'effet de cette communion sur le corps, l'esprit et l'âme dépasse tout ce qu'on peut concevoir.

C'est d'elle que naît l'éducation supérieure. C'est à travers elle que Dieu veut assurer notre formation. "Accorde-toi donc avec Dieu" (Job 22:21), voilà son message à l'humanité. Ces mots posent les bases de la méthode selon laquelle le père de notre race fut éduqué. Lorsque Adam se trouvait dans l'Eden saint, dans toute la gloire de la race humaine sans tache, c'est ainsi que Dieu l'instruisait.

[17]

Si nous voulons embrasser le champ d'action de l'éducation, nous devons considérer non seulement la nature de l'homme et l'intention de Dieu en le créant, mais aussi le bouleversement qu'entraîna, pour la condition humaine, la connaissance du mal, et le plan conçu par Dieu pour éduquer l'homme selon son glorieux projet, malgré cela.

Quand Adam sortit des mains de son Créateur, il lui ressemblait, physiquement, mentalement et spirituellement. "Dieu créa l'homme à son image" Genèse 1:27. Le dessein de Dieu était que plus l'homme avancerait dans la vie, plus il lui ressemblerait — mieux il refléterait la gloire du Créateur. Toutes ses facultés pouvaient se développer; leurs dimensions, leur vigueur étaient destinées à croître sans limites. Des champs d'études et de recherches immenses et merveilleux s'offraient à elles. Les mystères de l'univers visible — les "merveilles de celui dont la science est parfaite" (Job 37:16) — invitaient l'homme à l'étude. Cet homme dont le grand privilège était la communion face à face, cœur à cœur, avec son Créateur. S'il était resté fidèle à Dieu, tout cela lui aurait appartenu pour toujours. A travers l'éternité, il n'aurait cessé d'amasser des trésors constamment renouvelés de connaissances, de découvrir de nouvelles sources de bonheur, de se pénétrer de plus en plus profondément de la sagesse, de la puissance et de l'amour de Dieu. Il aurait de mieux en mieux accompli son destin de créature : il aurait de mieux en mieux reflété la gloire du Créateur.

Mais par sa désobéissance, tout fut perdu. A cause du péché, la ressemblance de l'homme avec Dieu s'estompa, jusqu'à disparaître presque totalement. Les capacités physiques de l'homme s'affaiblirent, ses facultés intellectuelles s'amoindrirent, sa vision spirituelle se voila. Il était devenu mortel. Cependant, sa race n'était pas abandonnée au désespoir. Dans l'infini de son amour et de sa miséricorde, Dieu avait conçu le plan du salut et accordé à l'homme une seconde chance. Restaurer en l'homme l'image de son Créateur, le rendre à la perfection pour laquelle il avait été créé, assurer le développement de son corps, de sa pensée, de son âme, pour que le plan divin de la création soit réalisé, devaient être l'œuvre de la rédemption. C'est le but de l'éducation, l'objet grandiose de la vie.

L'amour, qui est à l'origine de l'acte créateur et rédempteur, doit être aussi à l'origine de la véritable éducation. La loi que Dieu nous a donnée pour diriger notre vie le manifeste de façon éclatante. Le premier et le plus grand commandement est : "Tu aimeras le Seigneur, ton Dieu, de tout ton cœur, de toute ton âme, de toute ta force, et de toute ta pensée." Luc 10 :27. L'aimer, Lui, l'infini, l'omniscient, de toute sa force, de toute sa pensée, de tout son cœur, implique que nous développions à l'extrême chacune de nos facultés. Cela implique qu'en notre être tout entier — le corps et la pensée, aussi bien que l'âme — l'image de Dieu doit être restaurée.

Le second commandement est semblable au premier : "Tu aimeras ton prochain comme toi-même." Matthieu 22 :39. La loi d'amour nous demande de mettre au service de Dieu et de nos semblables notre corps, notre pensée et notre âme. Et ce service auquel nous nous consacrons, qui fait de nous une bénédiction pour les autres, nous apporte à nous-mêmes la plus grande des bénédictions. Le don de soi sous-tend toute véritable formation de l'être. C'est à travers le service désintéressé qu'il nous est donné de développer au mieux chacune de nos aptitudes. C'est ainsi que nous participerons de plus en plus pleinement à la nature divine. Nous sommes prêts pour le royaume des cieux, car nous le recevons dans notre cœur.

Dieu étant la source de tout véritable savoir, le premier objectif de l'éducation est évidemment, comme nous l'avons vu, d'appliquer nos esprits à le connaître tel qu'il se révèle à nous. C'est par une communion directe avec Dieu que s'instruisaient Adam et Eve ; ils apprirent à le connaître à travers ses œuvres. Toute création était, dans sa perfection initiale, expression de la pensée divine. La nature offrait aux yeux d'Adam et Eve d'innombrables exemples de la sagesse divine. Mais, par la désobéissance, toute connaissance de Dieu par une communion directe devint impossible à l'homme, toute connaissance de Dieu à travers ses œuvres mêmes lui devint difficile. La terre, abîmée, souillée par le péché, ne reflétait plus que faiblement la gloire du Créateur. Il est vrai que Dieu nous propose toujours ses "leçons de choses". Sur chaque page du grand volume de la création, on peut encore retrouver l'écriture du Seigneur. La nature parle encore de son Créateur. Mais ces témoignages sont incomplets, imparfaits. Et nous, créatures déchues, aux facultés affaiblies, à la vue courte, nous sommes incapables d'interpréter correctement ce que nous percevons. Nous avons besoin de la révélation plus complète que Dieu donne de lui-même dans sa parole écrite.

Les saintes Ecritures sont le critère parfait de la vérité ; c'est pourquoi nous devrions fonder sur elles tout notre système éducatif. Pour acquérir une éducation digne de ce nom, nous devons connaître Dieu le Créateur, et Christ le Rédempteur tels qu'ils sont révélés dans la parole sacrée.

Tout être humain, créé à l'image de Dieu, possède une puissance semblable à celle du Créateur : le pouvoir personnel de penser et d'agir. Les hommes qui développent ce pouvoir sont des hommes prêts à assumer des responsabilités, des chefs de file, capables d'influencer les autres. C'est le rôle de la véritable éducation que de développer ce pouvoir, d'apprendre aux jeunes à penser par eux-mêmes, à ne pas se contenter d'être le miroir de la pensée des autres. Que les étudiants, au lieu de se borner à étudier ce qu'ont dit ou écrit les hommes, se tournent vers les sources de la vérité, vers les vastes espaces qu'offrent à leurs recherches la nature et la révélation. Qu'ils se mettent face à leur devoir, à leur destinée, et leur pensée se déploiera et prendra de la vigueur. Ce ne sont pas des mauviettes cultivées qui doivent sortir de nos institutions, mais des hommes solides, capables de penser et d'agir, des hommes qui dominent les

[20]

circonstances et non qui les subissent, des hommes à l'esprit large, à la pensée claire, qui ont le courage de leurs convictions.

Une telle éducation apporte plus qu'une formation intellectuelle; plus qu'un entraînement physique. Elle fortifie le caractère, de telle sorte que jamais la vérité et l'honnêteté ne sont sacrifiées aux désirs égoïstes ou aux ambitions terrestres. Elle arme l'esprit contre le mal. Elle empêche le développement de toute passion destructrice et ainsi chaque mobile, chaque désir se conforme aux grands principes du bien. A mesure que l'homme s'imprègne de la perfection du caractère divin, son esprit est renouvelé et son âme recréée à l'image de Dieu.

Y a-t-il une éducation supérieure à celle-là? Y en a-t-il une qui lui soit comparable?

> "On ne peut donner, à sa place, de l'or pur,
>   Ni peser de l'argent pour l'acheter;
> Elle n'entre pas en balance avec l'or d'Ophir,
>   Ni avec le précieux onyx, ni avec le saphir;
> Ni l'or ni le verre ne peuvent lui être comparés,
>   On ne peut l'échanger pour un vase d'or fin.
> Le corail et le cristal ne peuvent même pas être évoqués;
>   Posséder la sagesse (vaut) plus que les perles."

Job 28 :15-18.

L'idéal que Dieu propose à ses enfants dépasse de beaucoup tout ce qu'ils peuvent imaginer de meilleur. Le but à atteindre, c'est l'amour de Dieu — la ressemblance avec Dieu. Devant l'étudiant s'ouvre un chemin de progrès infini. Il a une tâche à accomplir, un objectif à atteindre : tout ce qui est bien, pur, noble. Il progressera aussi vite et aussi loin que possible dans chacun des domaines de la véritable connaissance. Mais il orientera ses efforts vers des sujets aussi éloignés des profits exclusivement égoïstes et terrestres que les cieux sont éloignés de la terre.

Celui qui participe au projet divin, en faisant connaître Dieu aux jeunes, en façonnant leur caractère à l'image du sien, accomplit une œuvre noble et élevée. Lorsqu'il suscite le désir d'atteindre l'idéal divin, il propose une éducation aussi élevée que les cieux et aussi vaste que l'univers; une éducation qui ne peut être achevée dans cette vie, mais qui se poursuivra dans la vie à venir ; une éducation qui permettra à l'élève de quitter l'école préparatoire de la terre pour accéder à l'échelon supérieur, à l'école d'en haut.

Chapitre 2 — L'école d'Eden

Heureux l'homme qui a trouvé la sagesse. Proverbes 3 :13.

La méthode d'éducation établie au commencement du monde devait servir de modèle à l'homme à travers la suite des temps. Pour en illustrer les principes, une école-pilote fut ouverte en Eden, demeure de nos premiers parents. Le jardin d'Eden était la salle de classe, la nature était le manuel d'études, le Créateur lui-même le maître, et les parents de la race humaine les élèves.

Créés pour être "l'image et la gloire de Dieu" (1 Corinthiens 11 :7), Adam et Eve avaient reçu des dons à la mesure de leur haute destinée. Par leur grâce et leur équilibre, leurs beaux traits réguliers, leur visage rayonnant de santé, de joie et d'espoir, ils ressemblaient de toute évidence à leur Créateur. Mais cette ressemblance n'était pas seulement physique. Chacune des facettes de leur esprit et de leur âme reflétait la gloire de Dieu. Adam et Eve, dotés de hautes qualités intellectuelles et spirituelles, n'étaient qu'"un peu inférieur[s] aux anges" (Hébreux 2 :7) ; aussi pouvaient-ils non seulement reconnaître les merveilles manifestes de l'univers, mais aussi saisir les responsabilités et les engagements moraux qui leur incombaient.

"L'Eternel Dieu planta un jardin en Eden, du côté de l'Orient, et il y mit l'homme qu'il avait formé. L'Eternel Dieu fit germer du sol toutes sortes d'arbres d'aspect agréable et bons à manger, ainsi que l'arbre de la vie au milieu du jardin." Genèse 2 :8, 9. C'était là, dans la splendeur de la nature intacte, que nos premiers parents allaient recevoir leur éducation.

Plein d'intérêt pour ses enfants, notre Père céleste avait lui-même pris en main cette éducation. Souvent, Adam et Eve recevaient la visite des messagers divins, les saints anges, qui leur apportaient conseils et instructions. Souvent, alors qu'ils se promenaient dans le jardin à la fraîcheur du jour, ils entendaient la voix de Dieu et communiquaient avec lui face à face. Les desseins de l'Eternel à leur égard étaient des "desseins de paix et non de malheur". Jérémie 29 :11. Chacun de ses projets visait leur plus grand bien.

A Adam et Eve avait été confié le soin du jardin, "pour le cultiver et pour le garder" Genèse 2 :15. Quoique riches de tout ce que le possesseur de l'univers pouvait leur accorder, ils ne devaient pas rester inactifs. Une tâche utile leur avait été confiée, véritable bénédiction, pour fortifier leur corps, développer leur esprit, former leur caractère.

Le livre de la nature, qui leur prodiguait des leçons vivantes, se révélait être un manuel inépuisable et merveilleux. Sur chaque feuille de la forêt, sur chaque rocher des montagnes, sur chaque étoile scintillante, sur la terre, la mer, le ciel, était écrit le nom de Dieu. Avec toutes les créatures, animées ou inanimées, avec la feuille, la fleur et l'arbre, le léviathan des mers, le grain de poussière dansant au rayon de soleil, les habitants d'Eden pouvaient s'entretenir ; ils pouvaient demander à chacun les secrets de sa vie. La gloire de Dieu dans les cieux, les mondes innombrables aux révolutions ordonnées, "les nuages [...] en équilibre" (Job 37 :16), les mystères de la lumière et du son, du jour et de la nuit, — tout s'offrait à l'étude des élèves de la première école terrestre.

[25]

Le Créateur de toute chose permettait que leur esprit accède aux lois et au fonctionnement de la nature, aux grands principes de vérité qui régissent l'univers spirituel. A la lumière de "la connaissance de la gloire de Dieu" (2 Corinthiens 4 :6), leurs facultés mentales et spirituelles se déployaient et ils prenaient conscience des immenses joies que leur procurait leur existence sainte.

Sortant de la main du Créateur, non seulement le jardin d'Eden, mais aussi la terre entière éclataient d'une beauté infinie. Les taches du péché, l'ombre de la mort ne défiguraient pas la création. La gloire de Dieu "couvr[ait] les cieux et sa louange rempliss[ait] la terre" Habakuk 3 :3. "Ensemble les étoiles du matin éclataient en chants de triomphe, et tous les fils de Dieu lançaient des acclamations." Job 38 :7. Ainsi la terre était l'emblème parfait de Celui qui est "riche en bienveillance et en fidélité" (Exode 34 :6) ; c'était un excellent sujet d'étude pour ceux qui avaient été créés à son image. Dieu souhaitait que la terre entière suivît l'exemple du jardin d'Eden, et que, au fur et à mesure qu'elle s'agrandirait, la famille humaine crée d'autres foyers, d'autres écoles semblables à ceux qu'il lui avait donnés. Ainsi, au fil du temps, la terre entière abonderait en foyers et en écoles où l'on étudierait les paroles et les œuvres de Dieu, et où les élèves pourraient de plus en plus, de mieux en mieux, refléter la lumière de la connaissance de Dieu, à travers l'éternité.

Chapitre 3 — La connaissance du bien et du mal

Comme ils n'ont pas jugé bon d'avoir la connaissance de Dieu, Dieu les a livrés à une mentalité réprouvée. Romains 1 :28.

Nos premiers parents, créés saints et purs, n'étaient cependant pas hors d'atteinte du péché. Dieu aurait pu les créer incapables de transgresser ses commandements, mais leur caractère n'aurait alors connu aucun développement ; c'est par contrainte et non par choix qu'ils auraient servi Dieu. Aussi leur donna-t-il le pouvoir de choisir — l'accepter pour maître ou le rejeter. Avant qu'ils puissent recevoir dans leur plénitude les bénédictions que le Seigneur désirait leur accorder, il fallait que leur amour et leur fidélité soient éprouvés.

Il y avait, dans le jardin d'Eden, "l'arbre de la connaissance du bien et du mal [...] Et l'Eternel Dieu donna ce commandement à l'homme : Tu pourras manger de tous les arbres du jardin ; mais tu ne mangeras pas de l'arbre de la connaissance du bien et du mal." Genèse 2 :9, 16, 17. La volonté de Dieu, c'était qu'Adam et Eve ne connaissent pas le mal. La connaissance du bien leur avait été accordée gratuitement ; mais la connaissance du mal — du péché et de ses conséquences, travail épuisant, angoisse, déception et chagrin, souffrance et mort — cela, l'amour le taisait.

Tandis que Dieu recherchait le bonheur de l'homme, Satan travaillait à sa perte. Eve, méprisant l'avertissement de Dieu à propos de l'arbre défendu, s'aventura auprès de cet arbre et rencontra là son ennemi. Satan, voyant que l'intérêt et la curiosité de la femme étaient éveillés, entreprit de contester la parole de Dieu, et de jeter le doute sur sa sagesse et sa bonté. Et lorsque Eve rapporta la défense de Dieu concernant l'arbre de la connaissance : "Vous n'en mangerez pas et vous n'y toucherez pas, sinon vous mourrez", le tentateur répondit : "Vous ne mourrez pas du tout ! Mais Dieu sait que le jour où vous en mangerez, vos yeux s'ouvriront, et que vous serez comme des dieux qui connaissent le bien et le mal." Genèse 3 :3-5.

Satan voulait faire croire que la connaissance du bien et du mal serait une bénédiction, et qu'en empêchant Adam et Eve de prendre du fruit de l'arbre, Dieu les privait d'un grand bien. Il insista sur le fait que ce fruit leur avait été interdit parce qu'il possédait la faculté merveilleuse de donner sagesse et pouvoir, et que Dieu voulait ainsi les empêcher d'atteindre un état supérieur et un plus grand bonheur. Il déclara qu'il avait lui-même mangé du fruit défendu, et avait de ce fait acquis le pouvoir de parler ; s'ils en mangeaient eux aussi, leur existence serait d'un tout autre niveau, et leurs connaissances plus vastes.

Lorsque Satan proclamait avoir retiré le plus grand bien du fruit défendu, il se gardait bien de laisser voir qu'il avait été banni du ciel pour cause de désobéissance. Son mensonge était si bien dissimulé sous un vernis de vérité qu'Eve, la tête tournée par des flatteries et des tromperies, ne le perçut pas. Elle convoitait ce que le Seigneur lui avait interdit ; elle se défiait de la sagesse de Dieu. Elle rejetait la foi en lui, clé de toute connaissance.

Lorsque Eve vit "que l'arbre était bon à manger, agréable à la vue et propre à donner du discernement, elle prit de son fruit et en mangea". Il avait un goût flatteur, et tout en mangeant, Eve crut sentir une force vivifiante la parcourir, et s'imagina qu'elle accédait à un niveau d'existence supérieur. Elle avait désobéi, elle tenta son mari, "et il mangea" Genèse 3 :6.

"Vos yeux s'ouvriront", avait dit leur ennemi ; "vous serez comme des dieux qui connaissent le bien et le mal" Genèse 3 :5. Certes, leurs yeux s'étaient ouverts ; mais sur quel triste spectacle ! Ce qu'ils avaient conquis par leur désobéissance, c'était de connaître le mal, et les malédictions du péché. Le fruit lui-même n'était pas toxique, et le péché n'était pas tant d'avoir succombé à la convoitise. C'est le manque de confiance dans la bonté de Dieu et dans sa parole, le rejet de son autorité qui firent de nos premiers parents des pécheurs et amenèrent le monde à connaître le mal. C'est cela qui ouvrit la porte à toutes sortes de mensonges et d'erreurs.

L'homme perdit tout en choisissant d'écouter l'imposteur plutôt que celui qui est la Vérité et qui seul possède l'intelligence. Le bien et le mal se mêlèrent dans son esprit jusqu'à l'obscurcir et en paralyser les facultés mentales et spirituelles. Il ne fut plus à même d'apprécier les biens que Dieu lui avait si généreusement accordés.

Adam et Eve avaient choisi de connaître le mal, et si jamais ils voulaient recouvrer la place qu'ils avaient perdue, ce devait être à travers les conditions difficiles qu'ils s'étaient eux-mêmes imposées. Ils n'habiteraient plus le jardin d'Eden, qui, dans sa perfection, ne pouvait leur apporter les enseignements dont ils avaient désormais profondément besoin. Pleins d'une tristesse inexprimable, ils dirent adieu à cet endroit magnifique et partirent sur la terre que marquait la malédiction du péché !

[30]

Dieu avait dit à Adam : "Parce que tu as écouté la voix de ta femme et que tu as mangé de l'arbre dont je t'avais défendu de manger, le sol sera maudit à cause de toi ; c'est avec peine que tu en tireras ta nourriture tous les jours de ta vie, il te produira des chardons et des broussailles, et tu mangeras l'herbe de la campagne. C'est à la sueur de ton visage que tu mangeras du pain, jusqu'à ce que tu retournes dans le sol, d'où tu as été pris ; car tu es poussière, et tu retourneras à la poussière." Genèse 3 :17-19.

Quoique la terre fût souillée par le péché, la nature demeurait le livre d'étude de l'homme. Un livre qui ne pouvait plus présenter le bien seulement ; car le mal était partout présent, marquant la terre, la mer, l'air de son empreinte dégradante. Là où autrefois éclatait uniquement le caractère de Dieu, la connaissance du bien, se manifestait désormais aussi le caractère de Satan, la connaissance du mal. La nature, qui reflétait maintenant le bien et le mal, avertissait sans cesse l'homme des conséquences du péché.

Les fleurs fanèrent, les feuilles tombèrent : Adam et sa compagne assistaient aux premiers signes de déchéance. Devant eux se dressait l'implacable évidence : tout ce qui vit doit mourir. L'air lui-même, dont dépendait leur vie, portait des germes de mort.

Sans cesse revenait à leur esprit leur domination perdue. Adam avait régné sur les créatures inférieures et, aussi longtemps qu'il était resté fidèle à Dieu, la nature entière avait reconnu son autorité ; mais par sa désobéissance, il perdit cette domination. L'esprit de rébellion, auquel il avait lui-même cédé le premier, se répandait à travers toute la création animale. Ainsi la vie de l'homme, mais aussi les bêtes, les arbres des forêts, l'herbe des champs, l'air qu'il respirait, tout répétait la triste leçon de la connaissance du mal.

[31]

Cependant l'homme n'était pas abandonné aux conséquences du mal qu'il avait choisi. Dans la condamnation prononcée contre Satan, il y avait l'annonce de la rédemption. "Je mettrai inimitié entre toi et la femme, avait dit Dieu, entre ta descendance et sa descendance ; celle-ci t'écrasera la tête, et tu lui écraseras le talon." Genèse 3 :15. Cette condamnation, prononcée devant nos premiers parents, était pour eux une promesse. Avant d'entendre parler de broussailles et de chardons, de dur labeur et de peine — leur part, désormais — et de cette poussière à laquelle ils devraient retourner, ils reçurent des paroles qui ne pouvaient manquer de les remplir d'espoir. Tout ce qui avait été perdu sous l'emprise de Satan pouvait être retrouvé à travers le Christ.

Cette promesse, la nature nous la répète aussi. Abîmée par le péché, elle n'en parle pas moins de création, et aussi de rédemption. Si, par des signes implacables de déclin, la terre témoigne de la malédiction, elle porte cependant les marques nombreuses et éclatantes d'un pouvoir de vie. Les arbres ne perdent leurs feuilles que pour être parés de nouveau ; les fleurs fanent pour renaître resplendissantes de beauté ; le moindre acte créateur nous affirme que nous pouvons être créés de nouveau "dans une justice et une sainteté que produit la vérité" Ephésiens 4 :24. Ainsi la nature, qui nous fait précisément comprendre tout ce que nous avons perdu, nous apporte en même temps un message d'espoir.

Où que frappe le mal, la voix de notre Père résonne ; il invite ses enfants à ouvrir les yeux sur les résultats du péché, leur demande de renoncer au mal, les encourage à choisir le bien.

Chapitre 4 — Rapports entre éducation et rédemption

Faire resplendir la connaissance de la gloire de Dieu sur la face de Christ. 2 Corinthiens 4 :6.

Par le péché, l'homme s'était séparé de Dieu. Sans le plan de la rédemption, cette séparation aurait été éternelle ; nous aurions été pour toujours plongés dans les ténèbres d'une nuit sans fin. Mais grâce au sacrifice du Sauveur, nous pouvons à nouveau communier avec Dieu. Nous ne pouvons pas l'approcher en personne ; dans notre péché nous ne pouvons pas contempler sa face ; mais nous pouvons le contempler et communier avec lui en Jésus, le Sauveur. La lumière de "la connaissance de la gloire de Dieu" est révélée "sur la face de Christ". Dieu est "en Christ, réconciliant le monde avec lui-même" 2 Corinthiens 4 :6 ; 5 :19.

"La Parole a été faite chair, et elle a habité parmi nous, pleine de grâce et de vérité." "Or elle était la vie ; et la vie était la lumière des hommes." Jean 1 :14 ; 1 :4. La vie et la mort du Christ, prix de notre rachat, ne sont pas seulement une promesse de vie pour nous ; pas seulement un moyen de nous redonner accès aux trésors de la sagesse : elles nous révèlent des dimensions de son caractère que les saints habitants de l'Eden eux-mêmes ignoraient.

[34]

Tandis que le Christ ouvre le royaume des cieux à l'homme, la vie qu'il nous donne ouvre le cœur de l'homme au royaume des cieux. Le péché ne nous sépare pas seulement de Dieu ; il détruit dans nos âmes le désir et la possibilité de le connaître. La mission du Christ est de défaire ce qu'a fait le mal. Aux facultés de l'âme, paralysées par le péché, à l'intelligence obscurcie, à la volonté pervertie, il peut redonner vigueur et puissance. Il nous offre les richesses de l'univers et, grâce à lui, le pouvoir de distinguer ces trésors et de nous en emparer.

Le Christ est la "lumière qui éclaire tout homme venant au monde" Jean 1 :9. Chaque être humain reçoit la vie à travers le

Christ ; à travers lui chaque âme reçoit un peu de la lumière divine. Au fond de tout homme gisent des aspirations intellectuelles, mais aussi spirituelles, un sens de la justice, une aspiration vers le bien. Mais une puissance contraire combat ces principes. Les conséquences du premier péché — manger de l'arbre de la connaissance du bien et du mal — sont manifestes dans notre vie à tous. Il y a, dans la nature de l'homme, une tendance au mal, une force à laquelle il ne peut résister seul. Pour l'aider à la repousser, à atteindre cet idéal qu'il reconnaît, au fond de lui-même, comme seul valable, il n'y a qu'une puissance : celle du Christ. Le plus grand besoin de l'homme est de coopérer avec cette puissance. Ne devons-nous pas considérer que cette coopération est l'objectif suprême de tout effort d'éducation ?

[35] Le maître digne de ce nom ne se satisfait pas d'un travail de second ordre. Il ne se satisfait pas de mener ses élèves à un niveau inférieur à celui qu'ils pourraient atteindre. Il ne peut pas se contenter de leur transmettre simplement des connaissances techniques, qui feront d'eux des comptables habiles, des artisans adroits, des commerçants prospères — et c'est tout. Son ambition, c'est de leur insuffler les principes de vérité, obéissance, honneur, intégrité, pureté — des principes leur permettant de devenir des forces qui participeront effectivement à l'équilibre et à l'élévation de la société. Il souhaite, par-dessus tout, que ses élèves apprennent de la vie la grande leçon de l'altruisme.

Lorsque l'âme rencontre le Christ, que l'homme accepte d'être guidé par sa sagesse, d'être fort de sa force, à chaque instant de sa vie, à chaque battement de son cœur, ces principes deviennent une force vivante, propre à forger le caractère. L'élève qui réalise cette union a trouvé la source de la sagesse ; il lui est possible d'atteindre ses idéaux les plus nobles, d'accéder à l'éducation la plus haute, de s'engager enfin sur le chemin de l'éternité.

Si l'on y réfléchit profondément, on comprend qu'éducation et rédemption sont une seule et même chose, car pour l'une comme pour l'autre, "personne ne peut poser un autre fondement que celui qui a été posé, savoir Jésus-Christ." "Car il a plu [à Dieu] de faire habiter en lui toute plénitude." 1 Corinthiens 3 :11 ; Colossiens 1 :19.

Malgré nos conditions de vie différentes des conditions originelles, la véritable éducation est toujours conforme au plan du

Créateur, le plan de l'école d'Eden. Adam et Eve, en communion avec Dieu, étaient instruits par lui directement; quant à nous, nous contemplons la lumière de la connaissance de sa gloire sur la face du Christ.

Les grands principes d'éducation n'ont pas changé. Ils sont "à toujours inébranlables" (Psaumes 111:8) puisque ce sont les principes du caractère de Dieu. L'effort fondamental, l'objectif constant du maître devraient être d'aider l'élève à les appréhender et à engager avec le Christ une relation qui fera de ces principes une force de vie.

[36]

Le maître qui accepte cet objectif est réellement un collaborateur du Christ, un ouvrier avec Dieu.

[37]

Exemples

Tout ce qui a été écrit d'avance l'a été pour notre instruction.
Romains 15 :4.

[39]
Chapitre 5 — L'éducation d'Israël

L'Eternel seul le conduisait. Il l'entourait, il en prenait soin, Il le gardait comme la prunelle de son œil. Deutéronome 32 :12, 10.

Le système éducatif conçu en Eden reposait sur la famille. Adam était "le fils de Dieu" (Luc 3 :28) et c'était le Très-Haut lui-même qui dispensait l'instruction à ses enfants. Il y avait là dans le sens le plus complet de l'expression une école de famille.

Dans le plan divin d'éducation tel qu'il fut adapté à la condition humaine après la chute, le Christ représente le Père ; c'est lui le maillon qui relie les hommes à Dieu ; c'est lui le grand éducateur du genre humain. Et à son tour, il demande aux hommes, aux femmes, de le représenter : la famille devait être école, les parents éducateurs.

L'éducation au sein de la famille prévalut au temps des patriarches. C'est dans ces écoles familiales que, grâce à Dieu, les conditions les plus favorables au développement du caractère étaient rassemblées. Ceux qui se laissaient diriger par Dieu suivaient le mode de vie qu'il avait établi au commencement de toutes choses.
[40] Ceux qui s'éloignaient de lui s'étaient bâti des villes, et, s'y rassemblant, s'enorgueillissaient de la magnificence, du luxe et du vice qui font des villes d'aujourd'hui la gloire du monde et sa malédiction. Les hommes qui gardaient les principes divins vivaient dans les champs et sur les collines. Ils cultivaient le sol, paissaient les troupeaux, et dans cette vie libre, indépendante, dure, mais propice à l'étude et à la réflexion, ils s'instruisaient auprès de Dieu et instruisaient leurs enfants de ses œuvres et de ses voies.

Voilà la méthode d'éducation que Dieu désirait donner à Israël. Mais, à la sortie d'Egypte, bien peu d'Israélites étaient prêts à œuvrer avec lui à la formation de leurs enfants. Les parents eux-mêmes avaient besoin d'être instruits et disciplinés. Victimes d'un esclavage qui avait toujours été leur part, ils étaient ignorants, frustes, avilis même. Leur connaissance de Dieu était mince, et bien petite leur foi en lui. Leur esprit avait été obscurci par de faux enseignements, et corrompu par un long contact avec le paganisme. Dieu désirait élever leur niveau moral, et cherchait pour cela à se faire connaître à eux.

L'Eternel, tout au long de la longue errance des Israélites dans le désert, lorsqu'ils allaient çà et là, qu'ils étaient exposés à la faim, à la soif, à la fatigue, menacés par des ennemis, par des païens, et qu'il veillait lui-même sur eux, tentait de fortifier leur foi en leur faisant connaître la puissance qui agissait sans cesse pour leur bien. Après leur avoir enseigné à s'en remettre à son amour, à sa puissance, il voulait leur offrir pour modèle, à travers sa loi, le caractère qu'il souhaitait leur voir atteindre, par sa grâce.

Qu'elles étaient précieuses les leçons que reçut Israël au pied du Sinaï ! Ce fut une période de préparation toute particulière pour l'entrée en Canaan. Là, le projet divin trouvait un cadre favorable. Au sommet du Sinaï, étendant son ombre sur les tentes déployées dans la plaine, s'était posée la colonne de nuée qui avait guidé les enfants d'Israël durant leur voyage. La nuit, la colonne de feu les assurait de la protection divine ; et lorsqu'ils dormaient, le pain du ciel descendait, doucement, sur le camp. De tous côtés les montagnes énormes, déchiquetées, se dressaient dans leur solennelle magnificence, parlaient de gloire et d'éternité. Là, l'homme se sentait faible et ignorant devant Celui qui "a pesé les montagnes au crochet, et les collines à la balance" Ésaïe 40 :12. Là, en manifestant sa majesté, Dieu cherchait à ce qu'Israël s'imprégnât de la sainteté de son caractère et de ses commandements, et sentît les dimensions du péché.

[41]

Mais le peuple était lent à comprendre. Habitués comme ils l'avaient été en Egypte à côtoyer des images palpables de la divinité, sous les formes les plus viles, les enfants d'Israël concevaient bien difficilement l'existence et le caractère de l'Etre invisible. Par compassion envers leur faiblesse, Dieu leur accorda un signe de sa présence. "Ils me feront un sanctuaire, dit-il, et je demeurerai au milieu d'eux." Exode 25 :8.

Lors de la construction du sanctuaire, maison de l'Eternel, Moïse reçut des instructions précises pour que tout fût conforme au modèle céleste. Dieu l'appela sur la montagne et lui révéla ce modèle, à la ressemblance duquel furent faits le tabernacle et tout ce qui s'y rapportait.

De même, Dieu révéla à Israël, le peuple au milieu duquel il désirait habiter, son caractère glorieux. Il lui en offrit un modèle sur la montagne, lorsqu'il donna la loi du haut du Sinaï : il passa alors devant Moïse et proclama : "L'Eternel, l'Eternel, Dieu compatissant et qui fait grâce, lent à la colère, riche en bienveillance et en fidélité." Exode 34 :6.

Mais les enfants d'Israël étaient incapables d'accéder par leurs propres forces à ce caractère idéal. La révélation faite au Sinaï pouvait seulement les convaincre de leur misère et de leur impuissance. Les sacrifices pratiqués dans l'enceinte du sanctuaire leur réservaient une autre leçon : celle du pardon des fautes, et du pouvoir qu'a tout homme, à travers le Sauveur, de choisir l'obéissance qui mène à la vie.

C'est à travers le Christ que devait s'accomplir le plan de Dieu, dont le tabernacle était un symbole — cet ouvrage magnifique, aux parois d'or étincelant qui reflétaient, dans des lumières d'arc-en-ciel, les rideaux brodés de chérubins ; pénétré des senteurs d'encens, avec ses prêtres vêtus de blanc immaculé ; et, dans le profond mystère du lieu très saint, au-dessus du propitiatoire, entre les anges courbés en adoration, la gloire du Dieu très saint. Le Seigneur désirait que son peuple pût lire, dans chaque détail, son intention pour l'âme humaine. Bien plus tard, l'apôtre Paul, parlant sous la direction du Saint-Esprit, soulignait cette même intention : "Ne savez-vous pas que vous êtes le temple de Dieu, et que l'Esprit de Dieu habite en vous ? Si quelqu'un détruit le temple de Dieu, Dieu le détruira ; car le temple de Dieu est saint, et c'est ce que vous êtes." 1 Corinthiens 3 :16, 17.

Grands étaient le privilège, l'honneur accordés à Israël de construire le sanctuaire ; grande aussi était sa responsabilité. Un édifice incomparable, dont la construction requérait le matériel le plus coûteux, les talents les plus fins, allait être élevé dans le désert, par un peuple à peine sorti de l'esclavage ! Cela semblait pourtant impossible ! Mais l'architecte était là ; il s'était engagé à collaborer avec les ouvriers.

"L'Eternel parla à Moïse et dit : Vois : j'ai appelé par son nom Betsaleel, fils d'Ouri, fils de Hour, de la tribu de Juda. Je l'ai rempli de l'Esprit de Dieu, de sagesse, d'intelligence et de compétence pour toutes sortes d'ouvrages [...] Je lui ai donné pour aide Oholiab, fils d'Ahisamak, de la tribu de Dan. J'ai mis de la sagesse dans le cœur de tous les gens habiles, pour qu'ils fassent tout ce que je t'ai ordonné." Exode 31 :1-3, 6.

Quelle extraordinaire école technique que celle du Christ et de ses anges, dans le désert !

Tous devaient participer à la construction du sanctuaire, et de ses accessoires. Il y avait là de quoi faire travailler esprits et mains. Il fallait toutes sortes de matériaux, et chacun était invité à prendre part à la tâche, pour autant que son cœur l'y poussait.

C'est ainsi qu'en travaillant, qu'en donnant, les enfants d'Israël apprirent à collaborer avec Dieu, et les uns avec les autres. D'autre part, ils devaient bâtir ensemble un autre édifice, spirituel celui-là : le temple de Dieu en eux-mêmes.

Depuis leur départ d'Egypte, ils avaient reçu des leçons qui les avaient formés et disciplinés. D'ailleurs, avant même qu'il quitte l'Egypte, le peuple avait été réparti en groupes, dirigé par des chefs ; il s'agissait là d'une organisation temporaire, qui fut achevée au Sinaï. L'ordre dont témoignait avec tant d'évidence chaque ouvrage de Dieu se retrouvait là, dans l'organisation des Hébreux. Dieu était le centre de toute autorité et de tout pouvoir. Moïse, qui le représentait, devait veiller en son nom à l'application des lois. Puis venait le Conseil des soixante-dix, ensuite les prêtres et les princes, au-dessous d'eux les "chefs de mille, chefs de cent, chefs de cinquante et chefs de dix" (Nombres 11 :16 ; Deutéronome 1 :15), et, enfin, les officiers destinés à des tâches particulières. Le camp était distribué dans un ordre précis : au centre, le tabernacle, demeure de l'Eternel ; autour, les tentes des prêtres et des lévites. Plus loin se répartissaient celles de chaque tribu, chacune sous sa bannière.

Des règlements d'hygiène minutieux furent mis en vigueur, prescrits non seulement parce qu'ils étaient nécessaires à la santé, mais parce qu'ils étaient surtout la condition pour que le Dieu Saint demeurât parmi le peuple. Par mandat divin, Moïse déclara : "L'Eternel, ton Dieu, marche au milieu de ton camp pour te protéger [...] ; ton camp sera donc saint." Deutéronome 23 :14.

Aucune des façons de vivre des enfants d'Israël n'échappait à l'éducation divine. Tout ce qui concernait leur bien-être était l'objet de la sollicitude de Dieu et intéressait sa loi. Il cherchait leur plus grand bien, ne serait-ce que lorsqu'il les nourrissait. La manne qu'il leur accordait dans le désert était de qualité telle qu'elle devait fortifier leur corps, leur intelligence, leur esprit. Quoique tant d'entre eux se soient insurgés contre cette alimentation restreinte, rêvant de retourner aux jours où, disaient-ils, "nous étions assis près des marmites de viande, [...] nous mangions du pain à satiété" (Exode 16 :3), le choix de Dieu éclatait d'une sagesse indéniable : malgré les épreuves d'une vie rude, personne, dans aucune tribu, n'était faible.

Tout au long des marches des Hébreux, l'arche renfermant les tables de la loi divine montra le chemin. Lorsque la colonne de nuée descendait, ils savaient qu'ils devaient s'arrêter là pour installer leur campement. Tant que la nuée demeurait au-dessus du tabernacle, ils demeuraient dans le camp. Lorsqu'elle s'élevait, ils reprenaient leur marche. L'arrêt aussi bien que le départ étaient ponctués d'une invocation solennelle. "Quand l'arche partait, Moïse disait : Lève-toi, Eternel ! et que tes ennemis soient dispersés ! [...] Et quand on la reposait, il disait : Reviens, Eternel, aux myriades des milliers d'Israël." Nombres 10 :35, 36.

[45]

Tandis que le peuple cheminait dans le désert, le chant contribua à imprimer dans l'esprit de chacun de nombreuses et précieuses leçons. Lorsqu'elle avait été délivrée de l'armée de Pharaon, la foule d'Israël avait uni ses voix en un chant de triomphe. Bien loin dans le désert, et jusqu'à la mer avait résonné le joyeux refrain, les montagnes avaient retenti de louanges : "Chantez à l'Eternel, car il a montré sa souveraineté" Exode 15 :21. Et pendant le voyage, ce chant était souvent repris, pour réjouir les cœurs et vivifier la foi des pèlerins. Les commandements donnés au Sinaï, qui contenaient les promesses de la grâce de Dieu et rappelaient tout ce qu'il avait fait pour délivrer son peuple, étaient, à la demande divine, chantés, avec accompagnement d'instruments ; ainsi les enfants d'Israël allaient, au rythme de leurs voix unies pour louer Dieu.

Alors leurs pensées se détachaient des soucis et des difficultés du chemin, leur esprit agité, impatient, s'apaisait ; les principes de vérité s'ancraient dans leur mémoire et leur foi se fortifiait. Chanter ensemble leur apprenait à agir en ordre et en harmonie, et chacun se rapprochait par là du Seigneur et des autres.

Moïse déclara, à propos de la façon dont Dieu dirigea le peuple d'Israël pendant les quarante années de l'errance dans le désert :

"L'Eternel, ton Dieu, t'éduque comme un homme éduque son fils [...] afin de t'humilier et de t'éprouver, pour reconnaître ce qu'il y avait dans ton cœur et si tu observais ses commandements, oui ou non." Deutéronome 8 :5, 2.

"Il l'a trouvé dans un pays désert, dans un chaos hurlant et aride ; il l'entourait, il en prenait soin, il le gardait comme la prunelle de son œil, pareil à l'aigle qui éveille sa nichée, voltige sur ses petits, déploie ses ailes, les prend, les porte sur ses plumes. L'Eternel seul le conduisait. Et il n'y avait avec lui aucun dieu étranger." Deutéronome 32 :10-12.

"Car il se souvint de sa parole sainte et d'Abraham, son serviteur. Il fit sortir son peuple dans l'allégresse, ses élus au milieu des acclamations. Il leur donna les terres des nations, et du travail des peuples, ils possédèrent (le fruit), afin d'observer ses prescriptions et de garder ses lois." Psaumes 105 :42-45.

Dieu accorda à Israël tous les moyens, tous les privilèges qui lui permettraient de faire honneur à son nom et d'être une bénédiction pour les nations voisines. Si les Israélites marchaient dans le chemin de l'obéissance, il leur promettait de leur donner "sur toutes les nations qu'il a créées la supériorité en gloire, en renom et en magnificence". "Tous les peuples de la terre verront que le nom de l'Eternel est invoqué sur toi, et ils te craindront." "Les peuples, qui entendront parler de toutes ces prescriptions [...] diront : Cette grande nation ne peut être qu'un peuple sage et intelligent !" Deutéronome 26 :19 ; 28 :10 ; 4 :6.

Les lois données à Israël contenaient des directives très précises à propos de l'éducation. Sur le Sinaï, Dieu s'était révélé à Moïse "compatissant et qui fait grâce, lent à la colère, riche en bienveillance et en fidélité" Exode 34 :6. Ces principes, formulés dans sa loi, devaient être enseignés aux enfants par les pères et les mères en Israël, eux auxquels Moïse déclara, sous l'inspiration divine : "Ces paroles que je te donne aujourd'hui seront dans ton cœur. Tu les inculqueras à tes fils et tu en parleras quand tu seras dans ta maison, quand tu iras en voyage, quand tu te coucheras et quand tu te lèveras." Deutéronome 6 :6, 7.

Ce n'est pas en théorie qu'il fallait enseigner cela. Ceux qui veulent transmettre la vérité doivent en mettre en pratique les principes. C'est uniquement en faisant transparaître dans leur vie le caractère de Dieu, sa droiture, sa noblesse et sa générosité qu'ils peuvent avoir de l'influence sur les autres.

La véritable éducation ne consiste pas à enseigner de force un esprit qui n'est ni préparé ni ouvert. Il faut d'abord éveiller les facultés intellectuelles, susciter l'intérêt. La méthode divine d'enseignement y pourvoyait. Lui qui créa l'esprit et en établit les lois peut en assurer un développement harmonieux. Dans le foyer comme dans le sanctuaire, dans les choses de la nature comme dans celles de l'art, dans le travail comme dans les fêtes, dans les constructions sacrées et les pierres commémoratives, par d'innombrables moyens, rites et symboles, les leçons que Dieu dispensait à Israël mettaient en lumière ses principes et entretenaient le souvenir de ses œuvres merveilleuses. Aussi, lorsque se posait une question, la réponse qui y était donnée se gravait dans les cœurs et les esprits.

Chaque détail de l'éducation du peuple élu nous montre, de façon éclatante, qu'une vie centrée sur Dieu est une vie de plénitude. Dieu offre de quoi satisfaire tous les besoins qu'il inspire ; il cherche à développer chacune des facultés qu'il a créées en l'homme.

[48] Artisan de toute beauté, lui-même admirateur du beau, le Créateur prit soin d'éveiller et de satisfaire en ses enfants l'amour de la beauté. Il leur accorda également tout ce qui permet la vie en société, les relations bienveillantes et dévouées qui savent si bien entretenir la solidarité, éclairer et adoucir la vie.

Les fêtes d'Israël étaient un moyen éducatif d'importance. Dans la vie quotidienne, la famille tenait à la fois le rôle d'école et d'église, les parents montraient la voie à suivre aussi bien dans le domaine profane que religieux. Mais trois fois par an, à des époques précises, les enfants d'Israël se retrouvaient lors de grandes rencontres au cours desquelles ils rendaient ensemble leur culte à Dieu. C'est à Silo d'abord, à Jérusalem ensuite, que ces rassemblements avaient lieu. Seuls les pères et les fils étaient tenus d'y participer ; mais personne ne souhaitait s'en priver, et toute la maisonnée, dans la mesure du possible, y prenait part ; avec elle, bénéficiant de son hospitalité, l'étranger, le lévite, et le pauvre.

Le voyage à Jérusalem, à la façon simple des patriarches, dans la grâce du printemps, l'éclat de l'été, ou la plénitude de l'automne, avait un charme immense. Chargés de dons de remerciements, ils allaient, l'homme aux cheveux blancs et le jeune enfant, rencontrer

Dieu dans sa sainte demeure. En chemin, on racontait une fois encore aux enfants les expériences passées, les histoires que tous aimaient tant, les vieillards aussi bien que les jeunes. On chantait les cantiques qui avaient adouci la longue marche dans le désert. On chantait les commandements de Dieu, qui se gravaient ainsi pour toujours dans la mémoire de nombreux enfants, de nombreux jeunes gens, sous l'influence bénie de la nature, dans ce climat d'amitié.

A Jérusalem, les cérémonies pascales — la réunion de nuit avec les hommes aux reins ceints, sandales aux pieds, bâton à la main ; le repas pris en hâte, l'agneau, le pain sans levain et les herbes amères ; enfin, dans le silence solennel, le récit de l'histoire du sang répandu, de l'ange porteur de mort et de la longue marche loin du pays de servitude — ne pouvaient que frapper l'imagination et émouvoir les cœurs.

La Fête des Tabernacles, ou fête des moissons, avec ses offrandes de fruits et de récoltes, ses cabanes de feuillage construites pour une semaine, les réunions, les cérémonies solennelles du souvenir, la généreuse hospitalité offerte aux ouvriers de Dieu — les Lévites chargés du service du sanctuaire — et à ses enfants, l'étranger et le pauvre, tournait tous les esprits vers celui qui avait "couronné l'année de ses biens", et dont "les sentiers ruisselaient de sève", et les faisait déborder de reconnaissance.

Les Israélites pieux consacraient à ces fêtes religieuses un mois entier chaque année. C'était là des moments libres de tout souci et de tout travail, et presque entièrement voués à l'éducation.

En distribuant à son peuple l'héritage, Dieu voulait lui enseigner, et enseigner, à travers lui, aux générations à venir, des principes justes concernant le droit de propriété de la terre. La terre de Canaan fut répartie entre tous les Israélites, excepté les Lévites, puisqu'ils étaient ministres du sanctuaire. Quoique chacun fût libre, pour un temps, de disposer de sa terre, personne ne pouvait vendre définitivement l'héritage de ses enfants. Celui qui vendait son domaine avait la possibilité de le racheter n'importe quand ; les dettes étaient remises tous les sept ans, et tous les cinquante ans, lors de l'année du jubilé, chaque terre revenait à son propriétaire d'origine. Ainsi chaque famille était assurée de son avoir et l'on évitait aussi bien une trop grande richesse que trop de pauvreté.

Grâce à ce partage de la terre, Dieu assurait à son peuple, comme il l'avait fait aux habitants de l'Eden, l'ouvrage le plus favorable à son épanouissement — la charge des plantes et des animaux. Il avait prévu aussi, pour instruire ses enfants, l'arrêt des travaux agricoles une année sur sept : la terre restait alors en jachère et ce que les champs produisaient d'eux-mêmes était abandonné aux pauvres. Les Israélites avaient alors la possibilité de se livrer davantage à l'étude, aux relations sociales, à l'adoration, à la bienfaisance, si souvent délaissées à cause des soucis et des travaux quotidiens.

Si les principes divins concernant la répartition des biens étaient mis en pratique aujourd'hui à travers le monde, comme la condition humaine serait différente ! Le respect de ces principes aurait permis d'éviter les terribles maux qui, au fil des âges, naquirent de l'oppression qu'exercent les riches sur les pauvres et de la haine que les pauvres portent aux riches. Ces règles s'opposeraient probablement à l'amoncellement de grandes richesses, à l'ignorance et à l'avilissement de dizaines de milliers d'hommes dont l'exploitation sert à bâtir ces fortunes colossales. Elles aideraient à apporter une solution pacifique aux problèmes, à l'anarchie, aux carnages qui menacent de submerger le monde.

La consécration à Dieu d'une dîme de tous les revenus, du verger ou des moissons, des troupeaux, ou encore du travail de l'intelligence ou des mains, la consécration d'une seconde dîme pour soulager les pauvres et pour d'autres œuvres de bienfaisance permettaient aux enfants d'Israël de garder vivace à l'esprit la vérité première que tout appartient à Dieu, et qu'ils avaient là la possibilité extraordinaire de transmettre les bénédictions divines. Une telle éducation voulait tuer tout égoïsme desséchant et épanouir des caractères nobles et généreux.

Connaître Dieu, communier avec lui dans l'étude et le travail, se forger un caractère à l'image du sien, étaient la source, le moyen et le but de l'éducation d'Israël — cette éducation que Dieu avait donnée aux parents pour qu'ils en fassent à leur tour bénéficier leurs enfants.

Chapitre 6 — Les écoles de prophètes

Ils se sont tenus à tes pieds, il est ton porte-parole. Deutéronome 33 :3.

Partout où, en Israël, le plan divin d'éducation fut réalisé, les résultats obtenus rendaient gloire à son auteur. Mais, dans de nombreuses maisonnées, le programme céleste n'était pas observé, et rares étaient les caractères qui se formaient selon ses directives.

Le plan de Dieu n'était suivi ni complètement ni parfaitement. Par leur manque de confiance à l'égard des instructions divines, leur mépris pour elles, les Israélites se précipitaient dans des tentations auxquelles peu d'entre eux étaient capables de résister. Lorsqu'ils s'installèrent en Canaan, "ils ne détruisirent pas les peuples que l'Eternel leur avait indiqués. Ils se mêlèrent avec les nations, et ils apprirent (à imiter) leurs œuvres. Ils rendirent un culte à leurs idoles, qui furent pour eux un piège." Psaumes 106 :34-36. "Leur cœur n'était pas fermement à lui (Dieu), et ils n'étaient pas fidèles à son alliance. Mais lui, qui est compatissant, faisait l'expiation de la faute et ne détruisait pas ; il multipliait (les occasions) de retenir sa colère. [...] Il se souvenait qu'ils n'étaient que chair ; un souffle qui s'en va et qui ne revient pas." Psaumes 78 :37-39. Les pères et les mères en Israël devenaient indifférents à leurs devoirs envers Dieu, indifférents à leurs devoirs envers leurs enfants. A cause de l'infidélité qui régnait à la maison, des influences idolâtres qui venaient de l'extérieur, nombreux étaient les jeunes Hébreux qui recevaient une éducation bien éloignée de celle que Dieu avait prévue pour eux. C'était aux mœurs païennes qu'ils se conformaient.

[54]

Pour parer à ce mal grandissant, pour aider les parents dans leur tâche éducative, Dieu suscita d'autres moyens. De tout temps on avait salué les prophètes comme des maîtres envoyés par Dieu. Le prophète, dans le sens le plus élevé du mot, est celui qui parle sous l'inspiration divine, qui transmet au peuple les messages qu'il a lui-même reçus de Dieu. Mais ce terme désignait aussi ceux qui, sans être aussi directement inspirés, étaient appelés à enseigner au peuple les œuvres et les voies du Seigneur. Pour former ces maîtres, Samuel organisa, selon l'ordre divin, les écoles de prophètes.

Ces écoles devaient faire obstacle à la propagation de la corruption, assurer l'équilibre intellectuel et spirituel des jeunes, et favoriser le développement de la nation en lui donnant des chefs et des guides compétents, qui agiraient dans le respect de Dieu. Dans ce but, Samuel rassembla des jeunes gens pieux, intelligents et studieux. On les appelait "fils des prophètes". Tandis qu'ils étudiaient la parole et les œuvres divines, la puissance vivifiante de Dieu stimulait leur esprit et leur âme, et ils recevaient la sagesse d'en haut. Les maîtres ne se contentaient pas de connaître la vérité divine, mais ils vivaient eux-mêmes en communion avec Dieu, et avaient reçu une part toute particulière de son Esprit. Leur savoir et leur piété leur attiraient le respect et la confiance du peuple. Au temps de Samuel, deux écoles de ce type existaient — l'une à Rama, résidence du prophète, l'autre à Kirjath-Jearim. Par la suite, d'autres furent fondées.

[55]

Les élèves de ces écoles pourvoyaient à leur propre subsistance par leur travail, soit en cultivant le sol, soit en s'adonnant à quelque autre travail manuel. En Israël, personne ne trouvait cela surprenant ni dégradant ; au contraire, on considérait comme une faute de laisser grandir un enfant dans l'ignorance d'un travail utile. Tous les jeunes, que leurs parents fussent pauvres ou riches, apprenaient un métier. Même s'ils étaient destinés à assurer une charge sacrée, on jugeait essentiel qu'ils connaissent les aspects pratiques de la vie, pour être plus efficaces. Et beaucoup de maîtres subvenaient à leurs propres besoins en travaillant de leurs mains.

A l'école comme à la maison, l'enseignement était essentiellement oral ; mais les jeunes apprenaient aussi à lire les textes hébreux, et les rouleaux de parchemin de l'Ancien Testament étaient à leur disposition. Les principaux sujets d'étude de ces écoles étaient la loi de Dieu, avec l'enseignement dispensé à Moïse, l'histoire sainte, la musique sacrée et la poésie. L'histoire sainte témoignait de l'action de l'Eternel. Les vérités de base, que voulaient révéler les images des cérémonies du sanctuaire, étaient étudiées, et par la foi, on arrivait à saisir l'élément central du système : l'Agneau de Dieu qui ôterait le péché du monde. La plus grande piété régnait. Les élèves n'apprenaient pas seulement qu'ils devaient prier, mais comment prier, comment s'approcher de leur Créateur, lui faire confiance, comprendre les enseignements de son Esprit et y obéir. Du trésor divin surgissaient, par l'intermédiaire de l'intelligence sanctifiée, des choses anciennes et des choses nouvelles, et l'Esprit de Dieu se révélait à travers la prophétie et le chant sacré.

Il apparaît que ces écoles étaient un des moyens les plus efficaces pour encourager cette droiture qui "élève une nation" Proverbes 14 :34. Elles contribuèrent très largement à jeter les bases de cette extraordinaire prospérité qui marqua les règnes de David et de Salomon.

Les principes enseignés dans les écoles de prophètes étaient ceux qui formèrent le caractère de David et dirigèrent sa vie. C'est la parole de Dieu qui l'instruisait. "Par tes statuts, disait-il, je deviens intelligent [...] J'incline mon cœur à pratiquer tes prescriptions." Psaumes 119 :104-112. C'est pour cela que le Seigneur, lorsqu'il appela David, tout jeune encore, à régner, dit qu'il était "un homme selon [son] cœur" Actes 13 :22.

Nous pouvons également admirer, au début de la vie de Salomon, les résultats de la méthode d'éducation divine. Salomon jeune homme fit le même choix que David. Plutôt que de demander à Dieu des richesses terrestres, il préféra lui demander un cœur sage et intelligent. Et le Seigneur lui accorda non seulement ce qu'il désirait, mais aussi ce qu'il ne recherchait pas : la fortune et l'honneur. La puissance de son intelligence, l'étendue de ses connaissances, la gloire de son règne devinrent un sujet d'émerveillement pour le monde.

Sous les règnes de David et de Salomon, Israël atteignit le sommet de sa grandeur. La promesse faite à Abraham, répétée à Moïse, était tenue : "Si vous observez bien tous ces commandements que je vous donne et si vous les mettez en pratique, pour aimer l'Eternel, votre Dieu, pour marcher dans toutes ses voies et pour vous attacher à lui, l'Eternel dépossédera devant vous toutes ces nations, et vous prendrez possession de nations plus grandes et plus puissantes que vous. Tout lieu que foulera la plante de votre pied sera à vous : votre frontière s'étendra du désert au Liban, et du fleuve de l'Euphrate jusqu'à la mer occidentale. Nul ne tiendra contre vous." Deutéronome 11 :22-25.

Mais au cœur de l'abondance se tapit le danger. Le péché que David commit dans son âge mûr, quoiqu'il s'en fût sincèrement repenti et qu'il en eût été rigoureusement puni, encouragea le peuple à transgresser les commandements de Dieu. Et la vie de Salomon, passée une aube si prometteuse, fut assombrie par l'apostasie. Le désir d'accroître sa puissance politique et sa gloire poussa le roi d'Israël à s'allier aux nations païennes. L'argent de Tarsis, l'or d'Ophir, il les obtint, mais au prix de l'honnêteté, en transgressant les devoirs sacrés. Sa foi fut ébranlée par ses relations avec des idolâtres, ses mariages avec des femmes païennes. C'est ainsi que les barrières dressées par Dieu pour le salut de son peuple furent renversées ; Salomon lui-même se livra au culte des idoles. Sur le sommet du mont des Oliviers, face au temple de Jéhovah, se dressèrent d'immenses statues et des autels destinés à rendre hommage aux divinités païennes. En trahissant son allégeance à Dieu, Salomon perdit le contrôle de lui-même. Son discernement s'émoussa. La conscience, la délicatesse qui avaient marqué le début de son règne disparurent. L'orgueil, l'ambition, la prodigalité, la faiblesse, engendrèrent la cruauté et l'exaction. Lui, le souverain juste, compatissant, respectueux de Dieu, devint tyrannique, despotique. Lui qui, lors de la dédicace du temple, avait prié pour que son peuple se donne à Dieu sans partage, le détournait maintenant de Dieu. Salomon se déshonorait, déshonorait Israël, déshonorait Dieu.

La nation, dont il avait été la fierté, marcha sur ses pas. Plus tard le roi se repentit, mais le mal qu'il avait semé portait ses fruits. La formation que Dieu avait choisie pour les enfants d'Israël devait les amener à être différents, dans leurs modes de vie, des autres peuples. Ces différences, qui auraient dû être ressenties comme un privilège et une bénédiction, leur pesaient lourdement. La simplicité et la retenue indispensables à un développement en profondeur, ils cherchèrent à les remplacer par le luxe et la mollesse des païens. Leur ambition ? être comme toutes les nations 1 Samuel 8 :5. Le plan d'éducation divin fut repoussé, la souveraineté de Dieu rejetée.

C'est ainsi qu'Israël commença sa chute : en rejetant les voies de Dieu, en suivant les voies des hommes. C'est ainsi que se poursuivit son déclin, jusqu'à ce que le peuple juif devînt la proie de ces mêmes nations qu'il avait voulu copier.

La nation d'Israël ne sut pas accepter les bienfaits que Dieu souhaitait lui accorder. Elle ne comprit pas l'objectif divin, et ne participa nullement à sa réalisation. Mais bien que des individus, des peuples, puissent ainsi s'écarter de lui, Dieu garde, pour ceux qui s'en remettent à lui, la même voie. "Tout ce que Dieu fait dure à toujours." Ecclésiaste 3 :14.

Quoique sa puissance se manifeste, à travers les âges, de différentes façons, à divers degrés, selon les besoins des hommes, l'œuvre de Dieu est la même en tout temps. Le Maître est semblable à lui-même. Son caractère et son plan sont immuables. En lui "il n'y a ni changement, ni ombre de variation" Jacques 1 :17.

C'est pour nous, pour notre instruction, que furent enregistrées les expériences d'Israël. "Cela leur est arrivé à titre d'exemple et fut écrit pour nous avertir, nous pour qui la fin des siècles est arrivée." 1 Corinthiens 10 :11. Pour nous, comme pour l'Israël de jadis, la réussite de notre éducation dépend de la fidélité avec laquelle nous suivons le plan du Créateur. Si nous adhérons aux principes de la parole de Dieu, nous recevrons des bénédictions aussi grandes qu'auraient pu en recevoir les Hébreux.

[59]

[60]

[61]

Chapitre 7 — Vies d'hommes de Dieu

Le fruit du juste est un arbre de vie. Proverbes 11 :30.

L'histoire sainte nous offre de nombreux exemples de ce qu'engendre une éducation authentique. Elle nous propose pour modèles plusieurs hommes dont le caractère s'est forgé selon la ligne divine ; des hommes dont la vie fut une bénédiction pour leur entourage, des hommes qui étaient de véritables représentants de Dieu sur terre. Parmi eux, Joseph et Daniel, puissants hommes d'Etat ; Moïse, le plus sage des législateurs ; Elisée, un des plus fidèles réformateurs ; et Paul, qui, si l'on excepte Celui qui parla comme jamais homme n'a parlé, fut le maître le plus célèbre que le monde ait connu.

Au début de leur vie, au moment précis où ils quittaient l'adolescence pour entrer dans l'âge adulte, Joseph et Daniel furent arrachés à leur famille, à leur patrie, et emmenés, captifs, vers des terres païennes. Joseph surtout fut soumis à toutes sortes de tentations, de celles qui accompagnent les revers de fortune. Dans la maison de son père, c'était un enfant tendrement aimé ; chez Potiphar, il fut esclave, puis confident et ami ; ensuite homme d'affaires, instruit par l'étude, la réflexion, le contact avec les hommes ; après cela, dans les prisons de Pharaon, injustement condamné, sans espoir de jamais pouvoir se disculper, ni d'être, à plus forte raison, libéré ; enfin, appelé, dans un moment de crise aiguë, à la tête de la nation. Qu'est-ce qui lui permit, dans toutes ces circonstances, de garder toute son intégrité ?

[62]

Personne ne peut, sans risque, occuper une position élevée. Comme la tempête laisse intacte la fleur de la vallée et déracine l'arbre au sommet de la montagne, ainsi les tentations féroces n'effleurent même pas les petits de ce monde et accablent ceux qui se tiennent aux premières places, dans le succès et la gloire. Mais Joseph résista à la prospérité comme à l'adversité. Sa fidélité fut la même dans le palais des Pharaons que dans sa cellule de prisonnier.

Enfant, Joseph avait appris à aimer et à respecter Dieu. Bien souvent, sous la tente paternelle, au creux des nuits syriennes, il avait entendu raconter la vision nocturne de Béthel : celle de l'échelle qui reliait la terre au ciel, des anges qui montaient et descendaient, et de Celui qui, du haut de son trône, s'était révélé à Jacob. Il avait entendu raconter la lutte près du Jabbok, et comment Jacob, renonçant à des fautes qui lui étaient chères, avait été vainqueur et avait reçu le titre de prince de Dieu.

Berger paissant les troupeaux de son père, Joseph avait vécu une vie simple et pure, qui avait contribué à son épanouissement physique et mental. S'approchant de Dieu à travers la nature et l'étude des vérités de base que son père lui avait transmises comme un dépôt sacré, il avait acquis un caractère fort et des principes solides.

Puis vint l'épreuve ; et pendant ce terrible voyage qui l'emmenait, loin de son foyer de Canaan, vers l'esclavage qui devait être son lot en Egypte, alors qu'il regardait une dernière fois les collines qui cachaient les tentes sous lesquelles s'abritait sa famille, Joseph se souvint du Dieu de son père. Il se remémora les leçons de son enfance, et il résolut au fond de lui-même de se montrer fidèle — d'agir toujours en parfait sujet du roi des cieux.

[63]

Etranger et esclave, plongé dans un milieu où régnaient le vice, les tromperies d'un culte païen, culte rendu plus séduisant encore par la richesse, la culture, le luxe royaux, Joseph fut inébranlable. Il avait appris à être fidèle à son devoir. La fidélité, dans quelque situation que ce soit, de la plus humble à la plus glorieuse, prépare au service suprême.

Lorsqu'il fut appelé à la cour de Pharaon, l'Egypte était la plus grande des nations. La civilisation, les arts, les sciences y étaient incomparables. Pendant une période d'extrême difficulté, de grand danger, Joseph dut administrer les affaires du royaume ; et il le fit d'une façon telle qu'il gagna la confiance du roi et du peuple. Pharaon "lui donna la place de seigneur sur sa maison et de maître de tout ce qu'il possédait, pour contraindre à son gré ses ministres, et rendre sages ses anciens". Psaumes 105 : 21, 22.

Le secret de la vie de Joseph, la parole de Dieu nous le livre. Jacob, lorsqu'il bénit ses enfants, prononça sur son fils bien-aimé ces mots empreints d'une puissance et d'une beauté divines :

> Joseph est le rejeton d'un arbre fertile,
> Le rejeton d'un arbre fertile près d'une source ;

> Les branches s'élèvent au-dessus de la muraille.
>> Ils l'ont provoqué, ils ont tiré.
> Les archers étaient ses adversaires.
>> Mais son arc est demeuré égal à lui-même,
> Ses mains ont été fortifiées
>> Par les mains du Puissant de Jacob :
> Il est ainsi devenu le berger, le rocher d'Israël.
>> Par le Dieu de ton père, qui sera ton secours ;
> Avec le Tout-Puissant, qui te bénira,
>> Des bénédictions du haut des cieux,
> Des bénédictions du fond de l'abîme...
>> Les bénédictions de ton père l'emportent
> Sur les bénédictions de ceux qui m'ont conçu,
>> Jusqu'à l'extrémité des collines étendues ;
> Qu'elles soient sur la tête de Joseph,
>> Sur le sommet de la tête du prince de ses frères !

Genèse 49 :22-26

Sa fidélité à Dieu, sa foi en lui, l'Invisible, étaient l'ancre de Joseph. C'était sa force.

> "Ses mains ont été fortifiées
>> Par les mains du Puissant de Jacob."

Daniel, ambassadeur de Dieu

A Babylone, Daniel et ses compagnons furent apparemment plus favorisés par le sort dans leur jeunesse que ne l'avait été Joseph au cours des premières années de sa vie en Egypte ; cependant, leurs caractères furent mis à l'épreuve presque aussi rigoureusement. Enlevés à la relative simplicité de leurs maisons de Judée, ces jeunes gens de sang royal furent transportés dans une ville splendide, à la cour d'un roi des plus illustres ; ils furent choisis et destinés au service du roi. Dans cette cour somptueuse et corrompue, les tentations étaient fortes. Les adorateurs de Jéhovah étaient prisonniers à Babylone ; les vases de la maison de Dieu avaient été déposés dans le temple des idoles babyloniennes ; le roi d'Israël lui-même était entre les mains des Babyloniens ; tout cela, clamaient les vainqueurs, prouvait assez que leur religion et leurs mœurs étaient bien supérieures à celles des Hébreux. C'est dans ces circonstances, au milieu des humiliations qu'Israël s'était attirées en s'écartant des commandements divins, que Dieu administra à Babylone la preuve éclatante de sa toute-puissance, de la sainteté de sa loi, et des résultats de l'obéissance ; il fit cette démonstration de la seule manière convenable, par l'intermédiaire de ceux qui lui étaient fidèles.

Daniel et ses compagnons, à l'aube de leur carrière, subirent une épreuve décisive. L'ordre de les nourrir avec les mets de la table royale était l'expression de la faveur du roi et de l'intérêt qu'il leur portait. Mais une partie de cette nourriture avait été consacrée aux idoles, et si les jeunes gens acceptaient la faveur royale, on considérerait qu'ils se joignaient au culte rendu aux faux dieux. Leur fidélité à Jéhovah le leur interdisait. Ils ne s'aventurèrent pas plus à exposer leur épanouissement physique, intellectuel et spirituel aux effets débilitants du luxe et de la débauche.

Daniel et ses compagnons avaient été fidèlement instruits dans les principes de la parole divine. Ils avaient appris à faire passer les besoins spirituels avant les besoins terrestres, à rechercher le bien authentique. Ils en reçurent la récompense. Leurs habitudes de tempérance, le sentiment qu'ils avaient d'être des représentants de Dieu, les aidèrent à développer au mieux les ressources de leur corps, de leur intelligence, de leur âme. Lorsque, au bout des années de formation, les candidats subirent l'examen final qui leur permettait d'accéder aux places d'honneur de l'Etat, "il ne s'en trouva aucun comme Daniel, Hanania, Michaël et Azaria" Daniel 1 :19.

La cour de Babylone réunissait des représentants de tous les pays, des hommes aux talents exceptionnels, aux qualités nombreuses, dotés d'une immense culture. Cependant aucun d'eux n'égalait les prisonniers hébreux. Ceux-ci, que ce fût sur le plan de la force et de la beauté, sur celui de la vigueur intellectuelle et des connaissances littéraires, étaient incomparables. "Sur tous les sujets qui réclamaient de la sagesse et de l'intelligence, et sur lesquels le roi les interrogeait il les trouvait dix fois supérieurs à tous les magiciens et astrologues qui étaient dans tout son royaume." Daniel 1 :20.

D'une fidélité à Dieu que rien n'ébranlait, d'une maîtrise de soi sans faille, Daniel, par sa dignité et par la considération qu'il témoignait aux autres, gagna très vite "la faveur et la grâce" de l'officier païen auquel il fut confié. Et il garda toujours ces qualités. Rapidement, il devint premier ministre. Plusieurs rois se succédèrent, l'empire s'effondra, un royaume rival s'établit ; sa sagesse, sa perspicacité, sa délicatesse, sa courtoisie, sa bonté naturelle, jointes au respect qu'il avait de ses principes, étaient telles que ses ennemis eux-mêmes étaient contraints de reconnaître qu'ils ne pouvaient "trouver aucune occasion (de l'accuser), ni aucune erreur, parce qu'il était fidèle" Daniel 6 :5.

Daniel était si bien attaché à Dieu de toute la force de sa confiance que le don de l'Esprit lui fut accordé. Les hommes l'honoraient en lui confiant les responsabilités et les secrets du royaume, et Dieu l'honorait en faisant de lui son ambassadeur et en lui dévoilant les mystères de l'avenir. Les rois païens, au contact de ce représentant du ciel, durent confesser le Dieu de Daniel. "En vérité, déclara Nebucadnetsar, votre Dieu est le Dieu des dieux et le Seigneur des rois, et il révèle les mystères." Daniel 2 :47. Et Darius, lorsqu'il fit sa proclamation "à tous les peuples, aux nations, aux hommes de toutes langues qui habitaient sur toute la terre", exalta "le Dieu de Daniel" :

> Car il est le Dieu vivant
> Et il subsiste à jamais !
> Son royaume ne sera jamais détruit...
> C'est lui qui sauve et délivre,
> Qui opère des signes et des prodiges
> Dans les cieux et sur la terre.
>
> Daniel 6 :27, 28

Des hommes loyaux et intègres

Par leur sagesse et leur justice, par la pureté et la générosité dont témoignait leur vie quotidienne, par leur dévouement aux intérêts d'un peuple qui, lui, était idolâtre, Joseph et Daniel se montrèrent fidèles aux principes éducatifs de leur enfance, fidèles à celui qu'ils représentaient. L'un comme l'autre, en Egypte ou à Babylone, furent honorés par la nation qu'ils servaient ; à travers eux, un peuple païen et du même coup tous les peuples qui étaient en contact avec lui purent apprécier la bonté et la bienveillance de Dieu, l'amour du Christ.

Quel destin que celui de ces nobles Hébreux ! Lorsqu'ils quittèrent le pays de leur enfance, ils n'imaginaient certes pas le sort qui serait le leur. Mais, fidèles et résolus, ils s'en remirent à Dieu pour qu'il les dirige et atteigne, à travers eux, son but.

Or Dieu désire que les formidables vérités qui furent révélées à travers ces deux hommes soient également révélées à travers la jeunesse et les enfants d'aujourd'hui. L'histoire de Joseph et de Daniel nous offre un exemple de ce qu'il veut faire pour ceux qui mettent en lui leur confiance et cherchent de tout leur cœur à accomplir sa volonté.

Ce dont le monde a le plus besoin, c'est d'hommes, non pas des hommes qu'on achète et qui se vendent, mais d'hommes profondément loyaux et intègres, des hommes qui ne craignent pas d'appeler le péché par son nom, des hommes dont la conscience soit aussi fidèle à son devoir que la boussole l'est au pôle, des hommes qui défendraient la justice et la vérité même si l'univers s'écroulait.

[68]

Ce n'est pas le hasard qui forge le caractère de tels hommes ; ce n'est pas non plus une grâce particulière, des dons spéciaux accordés par la Providence. Un noble caractère est le fruit d'une discipline personnelle, de la soumission de la nature inférieure à la nature supérieure — c'est le moi qui se donne tout entier au service de l'amour de Dieu et des hommes.

Les jeunes doivent se pénétrer de l'idée que leurs talents ne sont pas leur propriété. Force, temps, intelligence sont des trésors qui leur ont été confiés. Ils appartiennent à Dieu, et chaque jeune devrait décider d'en user de son mieux. Chacun est une branche dont Dieu espère qu'elle portera des fruits ; un administrateur dont le capital doit augmenter ; une lumière pour éclairer la nuit du monde.

Chaque jeune, chaque enfant, a une œuvre à accomplir pour l'honneur de Dieu, et pour ennoblir l'humanité.

Elisée, le serviteur fidèle dans les petites choses

Les années de jeunesse du prophète Elisée se déroulèrent dans le calme de la campagne, sous la direction de Dieu et de la nature, dans la discipline d'un travail utile. Dans un temps d'apostasie presque universelle, la maison de son père était de celles qui n'avaient pas fléchi le genou devant Baal. Dans cette maison, Dieu était honoré, et la fidélité au devoir était une règle de vie quotidienne.

Fils d'un riche fermier, Elisée prit part aux activités de son père. Il avait des aptitudes de meneur d'hommes, mais il apprit cependant à s'acquitter des tâches les plus ordinaires. Pour diriger avec sagesse, il devait d'abord savoir obéir. C'est en étant fidèle dans les petites choses qu'il se préparait à des responsabilités plus grandes.

Aimable et doux, Elisée n'en était pas moins énergique et ferme. Il aimait et respectait Dieu, et dans l'humble routine du labeur quotidien, il aiguisait sa volonté, affinait la noblesse de son caractère, en grandissant dans la grâce et la connaissance divines. En travaillant avec son père aux tâches domestiques, il apprenait à travailler avec Dieu.

L'appel prophétique lui fut adressé alors qu'il labourait un champ avec les serviteurs de son père. Lorsque Elie, cherchant, sous l'inspiration divine, un successeur, jeta son manteau sur les épaules d'Elisée, le jeune homme comprit cet appel et y répondit. Il "suivit Elie, et fut à son service" 1 Rois 19:21. Au début, le travail requis n'était pas exaltant : des tâches toutes banales encore attendaient Elisée. Il nous est dit qu'il versait de l'eau sur les mains d'Elie, son maître. Serviteur attaché à la personne du prophète, il continuait à être fidèle dans les petites choses et, avec une résolution chaque jour plus grande, se consacrait à la mission que Dieu lui avait confiée.

Dès le début de son appel, sa décision avait été mise à l'épreuve. Comme il s'apprêtait à suivre Elie, le prophète lui avait ordonné de retourner chez lui. Elisée devait calculer la dépense — accepterait-il ou repousserait-il l'appel ? Mais il comprit combien cette occasion était précieuse. Pour rien au monde il n'aurait renoncé à devenir un messager de Dieu, ni n'aurait négligé ce qu'il considérait comme un privilège : travailler avec un serviteur du Seigneur.

Le temps passa ; l'enlèvement d'Elie était proche ; Elisée, lui, était prêt à succéder au prophète. Et à nouveau, sa foi et sa détermination furent éprouvées. Il accompagnait Elie dans ses visites, tout en sachant ce qui devait bientôt se produire ; à chaque instant, son maître l'invitait à le quitter : "Tu vas rester ici, car l'Eternel m'envoie jusqu'à Béthel". Mais en guidant la charrue, Elisée avait appris à ne pas abandonner, à ne pas se décourager, et maintenant qu'il s'était engagé dans d'autres responsabilités, il ne s'en détournerait pas. Chaque fois qu'Elie lui proposait de le quitter, il répondait : "L'Eternel est vivant et ton âme est vivante ! je ne t'abandonnerai pas." 2 Rois 2 :2.

"Ils poursuivirent tous deux leur chemin. [...] eux deux s'arrêtèrent au bord du Jourdain. Alors Elie prit son manteau, le roula et en frappa les eaux, qui se partagèrent çà et là, et ils passèrent tous deux à sec. Lorsqu'ils eurent passé, Elie dit à Elisée : Demande ce que tu veux que je fasse pour toi, avant que je sois enlevé d'avec toi. Elisée répondit : Qu'il y ait sur moi, je te prie, une double part de ton esprit ! Elie dit : Tu me demandes une chose difficile. Mais si tu me vois pendant que je serai enlevé d'auprès de toi, cela t'arrivera ainsi ; sinon, cela n'arrivera pas.

" Comme ils continuaient à marcher en parlant, voici qu'un char de feu et que des chevaux de feu les séparèrent l'un de l'autre. Alors Elie monta au ciel dans un tourbillon. Elisée regardait et criait : Mon père ! Mon père ! Char d'Israël et sa cavalerie ! Puis il ne le vit plus. Saisissant alors ses vêtements, il les déchira en deux morceaux et ramassa le manteau qu'Elie avait laissé tomber. Puis il retourna et s'arrêta au bord du Jourdain ; il prit le manteau qu'Elie avait laissé tomber, il en frappa les eaux et dit : Où est l'Eternel, le Dieu d'Elie ? Lui aussi, il frappa les eaux qui se partagèrent çà et là. Elisée passa.

[71]

" Les fils des prophètes qui étaient vis-à-vis à Jéricho le virent et dirent : L'esprit d'Elie repose sur Elisée ! Ils allèrent à sa rencontre et se prosternèrent contre terre devant lui." 2 Rois 2 :6-15.

Désormais Elisée remplaçait Elie. Celui qui avait été fidèle dans les moindres choses se montra fidèle aussi dans les grandes.

Elie, l'homme puissant, avait été entre les mains de Dieu un instrument pour abattre des maux immenses. L'idolâtrie à laquelle le peuple avait succombé, entraîné par Achab et la reine païenne Jézabel, avait été renversée. Les prophètes de Baal avaient été tués. Le peuple d'Israël tout entier avait été bouleversé et beaucoup recommençaient à adorer Dieu. Il fallait que le successeur d'Elie soit un homme patient et prudent, pour mener Israël dans des chemins sûrs. C'est à cela que s'était préparé Elisée, en confiant à Dieu sa propre éducation.

Cette leçon est pour chacun de nous. Personne ne peut savoir quel est le dessein de Dieu lorsqu'il nous propose une discipline ; mais tous nous pouvons être sûrs que la fidélité dans les petites choses démontre l'aptitude à assumer de plus grandes responsabilités. Chaque action de notre vie révèle notre caractère et seul celui qui se montre dans les petites tâches "un ouvrier qui n'a pas à rougir" (2 Timothée 2 :15) se verra confier par Dieu l'honneur de plus hautes charges.

Moïse ou la puissance de la foi

[72] Moïse était plus jeune que Joseph et Daniel lorsqu'il fut soustrait à la protection attentive de son foyer ; et pourtant les forces qui avaient façonné leurs vies avaient déjà marqué la sienne de leur empreinte. Il ne passa que douze ans dans sa famille juive ; mais pendant ces années furent solidement posées les bases de sa grandeur, et c'est quelqu'un que nous connaissons à peine qui y contribua.

Yokébed était une femme, une esclave. Sa condition était humble, son fardeau, lourd. Mais jamais le monde ne reçut de plus grande bénédiction à travers une femme qu'à travers elle, si l'on excepte Marie de Nazareth. Sachant que son fils serait bientôt enlevé à ses soins, remis à des gens ignorants de Dieu, elle chercha avec d'autant plus de ferveur à attacher son âme au Seigneur. Elle s'efforça d'enraciner dans son cœur l'amour de Dieu et la fidélité à son service. Elle y travailla fidèlement : par la suite, aucune influence ne put entraîner Moïse à renier les principes de vérité que sa mère lui avait enseignés de toutes ses forces, par sa vie même.

Le fils de Yokébed quitta l'humble demeure de Gosen pour entrer dans le palais des pharaons, où la fille du roi l'accueillit comme un enfant bien-aimé. Dans les écoles d'Egypte, Moïse reçut l'instruction civile et militaire la meilleure possible. Très attachant, imposant, cultivé, d'allure princière, chef militaire renommé, il devint la fierté de la nation. Le roi d'Egypte était également prêtre ; et Moïse, qui refusait de participer au culte païen, était néanmoins initié à tous les mystères de la religion égyptienne. A cette époque l'Egypte était toujours la nation la plus puissante, et sa civilisation était des plus raffinées ; Moïse, héritier présomptif du trône, devait recevoir les honneurs les plus grands du monde. Mais il y avait pour lui une voie plus noble. Pour l'honneur de Dieu et la délivrance de son peuple opprimé, Moïse sacrifia les honneurs de l'Egypte. Alors, d'une façon [73] toute particulière, Dieu entreprit de le former.

Car Moïse n'était pas prêt encore pour la tâche qui lui incombait. Il devait apprendre à dépendre de Dieu. Il avait mal compris l'intention divine, et espérait délivrer Israël par la force. Pour y parvenir, il risqua tout, et échoua. Vaincu, déçu, il s'enfuit et s'exila en terre étrangère.

Dans les déserts de Madian, Moïse passa quarante années à garder les moutons. En apparence, sa mission était remise à tout jamais ; en fait, il se préparait à l'accomplir. C'est dans la maîtrise de soi qu'il trouverait la sagesse nécessaire pour diriger une foule ignorante et indisciplinée. En gardant les moutons et les jeunes agneaux, il devait acquérir l'expérience qui ferait de lui le berger fidèle et patient d'Israël. Pour représenter Dieu, il devait se mettre à son école.

En Egypte, il avait été soumis à toutes sortes d'influences — l'affection de sa mère adoptive, sa propre position de petit-fils du roi, le luxe et le vice aux mille attraits, une religion idolâtre, mais d'un mysticisme raffiné et subtil — qui avaient marqué son esprit et son caractère. Mais dans le dépouillement du désert, tout s'effaça.

Dans la solitude des montagnes majestueuses, Moïse était seul devant Dieu. Partout s'inscrivait le nom du Créateur. Moïse sentait qu'il était en sa présence, à l'ombre de sa toute-puissance. Là, il ne pouvait plus avoir l'illusion de se suffire à lui-même. En présence de l'être infini, il mesurait combien l'homme est faible, impuissant, aveugle.

C'est là qu'il prit conscience de la réalité de la présence divine, une conscience qui ne le quitta pas, de toute sa longue vie épuisante et lourde de responsabilités. Non seulement il entrevit, dans le lointain, le Christ fait chair, mais il le vit accompagnant les armées d'Israël dans tous leurs voyages. Ainsi, même incompris et diffamé, accablé de reproches et d'insultes, face au danger et à la mort, "il tint ferme, comme voyant celui qui est invisible" Hébreux 11 :27.

[74]

Moïse faisait plus que penser à Dieu : il le voyait. Il avait sans cesse devant lui la vision de Dieu, il gardait toujours les yeux sur sa face.

La foi de Moïse n'était pas incertaine ; elle se fortifiait de chaque réalité. Il croyait, il reconnaissait que Dieu dirigeait sa vie personnelle, dans les moindres détails. Pour avoir la force de résister à la tentation, il se confiait à lui.

Il voulait accomplir de son mieux la tâche qui lui avait été attribuée, et il se mettait entièrement sous la dépendance de Dieu. Il sentait qu'il avait besoin de l'aide divine, la demandait, la saisissait par la foi, et, assuré de recevoir une force de vie, allait de l'avant.

C'est ainsi que grandit l'expérience de Moïse, pendant ces quarante années passées au désert. La sagesse infinie ne jugea pas ces années trop longues ni le prix d'un tel enrichissement trop élevé.

Les enseignements, l'éducation donnés là influencèrent non seulement l'histoire d'Israël, mais tout ce qui a, depuis ce jour, contribué au progrès de l'humanité. Le plus grand éloge décerné à Moïse est ce témoignage de l'Esprit : "Il ne s'est plus levé en Israël de prophète comme Moïse, que l'Eternel connaissait face à face." Deutéronome 34 :10.

Paul ou le service dans la joie

[75] A la foi et à l'expérience des disciples de Galilée qui avaient suivi Jésus s'ajoutèrent, pour annoncer l'Evangile, l'énergie ardente et la puissante intelligence d'un rabbin de Jérusalem. Citoyen romain, né dans une ville païenne ; juif non seulement par son origine, mais par toute son éducation, par l'amour qu'il portait à sa patrie, par sa foi religieuse ; élève des plus éminents rabbins à Jérusalem, instruit dans la tradition et les lois de ses pères, Paul de Tarse partageait au plus haut degré l'orgueil et les préjugés de sa nation. Jeune encore, il devint un membre estimé du sanhédrin. On voyait en lui un homme plein d'avenir, défenseur zélé de la foi des anciens.

Dans les écoles de théologie de Judée, la parole de Dieu avait été délaissée au profit des spéculations humaines ; les interprétations et les traditions rabbiniques l'avaient dépouillée de sa force. Le désir de puissance, de domination, un attachement jaloux à certains privilèges, le fanatisme et un orgueil méprisant servaient aux maîtres de règles.

Les rabbins se glorifiaient de leur supériorité personnelle, non seulement sur les autres peuples, mais encore sur la foule de leurs concitoyens. Ils haïssaient farouchement leurs oppresseurs romains et caressaient l'espoir que leur nation recouvrerait par les armes son indépendance. Aussi détestaient-ils et mettaient-ils à mort les disciples de Jésus, dont le message de paix s'opposait aux projets nés de leur ambition. Paul était un de leurs représentants les plus acharnés et les plus impitoyables.

Dans les écoles militaires d'Egypte, Moïse avait appris à suivre la loi de la force, et cette loi avait eu une telle emprise sur lui qu'il lui fallut quarante années de silence et de communion avec Dieu et la nature pour se préparer à diriger Israël selon une règle d'amour. Paul devait apprendre la même leçon.

[76]

Aux portes de Damas, la vision de Jésus crucifié bouleversa sa vie. Le persécuteur devint disciple, le maître devint élève. Les jours de ténèbres et de solitude passés à Damas pesèrent comme des années d'expérience. Sous la direction du Christ, Paul étudia l'Ancien Testament, qu'il gardait précieusement en mémoire. A lui aussi la solitude au sein de la nature servit d'école. Il partit pour le désert d'Arabie et là, s'adonna à l'étude des Ecritures, s'instruisit auprès de Dieu. Il vida son âme de tous les préjugés, de toutes les traditions qui avaient façonné sa vie, pour la remplir à la source de vérité.

Dès lors, sa vie fut guidée par le seul principe du don de soi, par le ministère de l'amour. "Je me dois, disait-il, aux Grecs et aux Barbares, aux savants et aux ignorants." "L'amour du Christ nous étreint." Romains 1 :14 ; 2 Corinthiens 5 :14.

Paul, le plus grand des maîtres de cette terre, assuma les tâches humbles aussi bien que les responsabilités élevées. Il reconnaissait l'utilité du travail des mains comme du travail de l'esprit, et il vivait lui-même du produit de son artisanat. Prêchant chaque jour dans les grandes villes, il continuait d'exercer son métier de faiseur de tentes. "Ces mains, dit-il en quittant les anciens d'Ephèse, ont pourvu à mes besoins et à ceux de mes compagnons." Actes 20 :34.

Il possédait de grandes qualités intellectuelles et sa vie témoigne d'une sagesse rare. Des principes de première importance, que les plus grands esprits de son époque ignoraient, sont proclamés dans son enseignement et illustrés par sa vie. Il avait cette extrême sagesse qui affine la perspicacité, ouvre le cœur, met l'homme en contact avec d'autres hommes et lui permet d'éveiller ce qu'il y a en eux de meilleur et de les inciter à vivre noblement.

[77]

Ecoutez ce qu'il dit aux païens de Lystre, lorsqu'il veut les tourner vers Dieu tel qu'il se révèle dans la nature, Dieu source de tout bien, qui donne "du ciel les pluies et les saisons fertiles, en [nous] comblant de nourriture et de bonheur dans le cœur" Actes 14 :17.

Voyez-le dans la prison de Philippes : de son corps douloureux s'élève, dans le silence de la nuit, un chant de louange. Le tremblement de terre ouvre les portes de la prison, et la voix de Paul retentit de nouveau, pour réconforter le geôlier païen : "Ne te fais aucun mal, nous sommes tous ici." Actes 16 :28. Chaque prisonnier est là en effet, retenu par la présence d'un seul compagnon de peine. Et le geôlier, convaincu de la valeur de cette foi qui soutient Paul, demande où est le chemin du salut et, avec toute sa famille, se joint à la troupe persécutée des disciples du Christ.

Voyez Paul à Athènes devant l'Aréopage, répondant à la science par la science, à la logique par la logique, à la philosophie par la philosophie. Remarquez comment, avec la délicatesse née de l'amour divin, il présente Jéhovah comme le "Dieu inconnu" que ses auditeurs ont adoré dans leur ignorance ; citant l'un de leurs poètes, il le dépeint comme un père dont ils sont les enfants. Ecoutez-le, à cette époque où règnent les castes, où les droits de l'homme en tant que tel sont méconnus, affirmer la fraternité humaine, déclarer que Dieu "a fait que toutes les nations humaines, issues d'un seul (homme) habitent sur toute la face de la terre". Puis montrer comment, dans ses contacts avec les hommes, Dieu a toujours manifesté sa grâce et sa miséricorde. "Il a déterminé les temps fixés pour eux et les bornes de leur demeure, afin qu'ils cherchent Dieu pour le trouver si possible, en tâtonnant. Or il n'est pas loin de chacun de nous." Actes 17 :23, 26, 27.

Ecoutez-le, à la cour de Festus, lorsque le roi Agrippa, convaincu de la vérité de l'Evangile, s'écrie : "Encore un peu, tu vas me persuader de devenir chrétien !" Avec quelle courtoisie il répond, montrant ses chaînes : "Plaise à Dieu que non seulement toi, mais encore tous ceux qui m'écoutent aujourd'hui, vous deveniez tels que je suis, moi, à l'exception de ces chaînes !" Actes 26 :28, 29.

Telle fut sa vie... "Souvent en voyage, (exposé) aux dangers des fleuves, aux dangers des brigands, aux dangers de la part de mes compatriotes, aux dangers de la part des païens, aux dangers de la ville, aux dangers du désert, aux dangers de la mer, aux dangers parmi les faux frères, au travail et à la peine ; souvent dans les veilles, dans la faim et dans la soif ; souvent dans les jeûnes, dans le froid et le dénuement." 2 Corinthiens 11 :26, 27.

"Insultés, nous bénissons ; persécutés, nous supportons ; calomniés, nous consolons ; ... [nous sommes regardés] comme attristés, et nous sommes toujours joyeux ; comme pauvres, et nous enrichissons plusieurs ; comme n'ayant rien, et nous possédons tout." 1 Corinthiens 4 :12, 13 ; 2 Corinthiens 6 :10.

C'est dans le service que Paul trouva sa joie ; et à la fin de sa vie, lorsqu'il pesa ses luttes et ses victoires, il put dire : "J'ai combattu le bon combat" 2 Timothée 4 :7.

Ces histoires présentent un intérêt vital, surtout pour les jeunes. Moïse renonça au royaume qui s'offrait à lui, Paul à vivre riche et honoré de son peuple ; tous deux choisirent une vie difficile, mais au service de Dieu. Nombreux sont ceux qui pourraient croire que c'était là une vie de renoncement et de sacrifice. Qu'en était-il en réalité ? Moïse "estimait en effet que l'opprobre du Christ était une plus grande richesse que les trésors de l'Egypte" (Hébreux 11 :26), et il en était bien ainsi pour lui. Quant à Paul, il déclara : "ce qui était pour moi comme un gain, je l'ai considéré comme une perte à cause du Christ. Et même je considère tout comme une perte à cause de l'excellence de la connaissance de Christ-Jésus, mon Seigneur. A cause de lui, j'ai accepté de tout perdre, et je considère tout comme des ordures, afin de gagner Christ." Philippiens 3 :7, 8. Il était heureux de son choix.

A Moïse s'offraient le palais et le trône des Pharaons ; mais les plaisirs coupables qui entraînent l'homme à oublier Dieu régnaient dans les cours royales, et Moïse leur préféra "les biens durables et la justice" Proverbes 8 :18. Au lieu de s'attacher à la grandeur de l'Egypte, il abandonna sa vie au dessein divin. Au lieu de légiférer pour l'Egypte, il fit connaître au monde ces règles qui sont la sauvegarde du foyer et de la société, la pierre angulaire sur laquelle s'élèvent les nations — ces règles que les plus grands hommes considèrent aujourd'hui comme la base de ce qu'il y a de meilleur dans les gouvernements terrestres.

La grandeur de l'Egypte n'est plus que poussière. Sa puissance, le raffinement de sa civilisation ont passé. Mais l'œuvre de Moïse ne périra jamais. Les grands principes de droiture qu'il a passé sa vie à poser sont éternels.

La vie de labeur, de responsabilités pesantes que connut Moïse fut illuminée par la présence de celui qui "se signale entre dix mille", dont toute la personne est "désirable" Cantique des cantiques 5 :10, 16. Avec le Christ dans la longue marche au désert, avec le Christ sur la montagne de la transfiguration, avec le Christ dans les cours célestes : sa vie fut une vie bénie et une source de bénédictions sur la terre, elle fut honorée dans le ciel.

De même Paul, dans ses nombreuses peines, fut soutenu par la puissance de la présence divine. "Je puis tout par celui qui me fortifie." "Qui nous séparera de l'amour de Christ ? La tribulation, ou l'angoisse, ou la persécution, ou la faim, ou le dénuement, ou le péril, ou l'épée ? [...] Dans toutes ces choses, nous sommes plus que vainqueurs par celui qui nous a aimés. Car je suis persuadé que ni la mort, ni la vie, ni les anges, ni les dominations, ni le présent, ni l'avenir, ni les puissances, ni les êtres d'en haut, ni ceux d'en bas, ni aucune autre créature ne pourra nous séparer de l'amour de Dieu en Christ-Jésus notre Seigneur." Philippiens 4 :13 ; Romains 8 :35, 37-39.

Cependant Paul espérait une joie en récompense de ses peines — cette joie même pour laquelle le Christ souffrit la croix et méprisa l'humiliation — , la joie de voir un jour le fruit de son travail. "Qui donc est en effet notre espérance, notre joie, notre couronne de gloire ? écrivait-il aux chrétiens de Thessalonique. N'est-ce pas vous aussi, devant notre Seigneur Jésus, à son avènement ? Oui, vous êtes notre gloire et notre joie." 1 Thessaloniciens 2 :19, 20.

Qui peut mesurer les résultats de l'œuvre de Paul en faveur de notre monde ? De toutes les influences salutaires qui adoucissent la souffrance, soulagent le chagrin, refrènent le mal, élèvent la vie au-dessus de l'égoïsme et de la chair, l'animent de l'espoir de l'immortalité, combien sont dues à l'action de Paul et de ses compagnons, qui, de l'Asie aux rives de l'Europe, proclamèrent l'Evangile du Fils de Dieu, dans des voyages alors à peine remarqués ?

Cela valait-il la peine d'avoir été l'instrument de Dieu pour déverser ses bénédictions sur le monde ? Et cela vaudra-t-il la peine de contempler, pendant l'éternité, le résultat de son travail ?

Le Maître des maîtres

[82]

Jamais homme n'a parlé comme parle cet homme. Jean 7 :46.

[83] # Chapitre 8 — Le Maître envoyé par Dieu

Considérez [...] celui qui a enduré de la part des pécheurs une telle opposition contre sa personne... Hébreux 12 :3.

"On l'appellera Admirable, Conseiller, Dieu puissant, Père éternel, Prince de la paix." Ésaïe 9 :5.

A travers le Maître envoyé par Dieu parvenait aux hommes tout ce que le ciel possédait de meilleur, de plus grand. Celui qui avait siégé aux assemblées du Très-Haut, qui avait résidé au plus secret du sanctuaire de l'Eternel, celui-là était choisi pour révéler Dieu personnellement à l'humanité.

C'est à travers le Christ que les rayons de la lumière divine ont touché notre monde déchu. C'est lui qui anima tous ceux qui, au cours des siècles, ont annoncé aux hommes la Parole de Dieu. Toutes les qualités des hommes les plus grands, les plus nobles, ne font que refléter les siennes. La pureté et la générosité de Joseph, la foi, la douceur, la patience de Moïse, la résolution d'Elisée, l'honnêteté et la constance de Daniel, la ferveur et le dévouement de Paul, les forces mentales et spirituelles de ces hommes et de tous ceux qui sont passés sur cette terre ne sont que de pâles reflets de l'éclat de [84] sa gloire. En lui se trouve l'idéal parfait.

Jésus est venu dans le monde pour révéler aux hommes que c'est cette perfection même qu'il faut atteindre ; pour leur montrer à quel point ils peuvent se transformer ; à quel point, en recevant en eux Dieu, à travers lui, ils se transformeront. Il est venu apporter aux hommes un enseignement digne des fils de Dieu ; leur apprendre comment ils peuvent sur terre obéir aux règles divines et vivre une vie céleste.

Le Seigneur accorda aux hommes ce don si précieux pour soulager leur extrême dénuement. Lorsque la lumière parut, les ténèbres pesaient lourdement sur le monde. Cela faisait bien longtemps que, sous l'effet d'enseignements trompeurs, les esprits des hommes s'étaient éloignés de Dieu. Dans les systèmes d'éducation en vigueur la philosophie humaine avait pris la place de la révélation divine. Au critère de vérité céleste, les hommes avaient substitué leurs propres critères. Ils s'étaient détournés de la lumière de vie pour marcher à la lueur du feu qu'ils avaient eux-mêmes allumé.

Ainsi séparés de Dieu, ne s'appuyant que sur la puissance humaine, leur force n'était que faiblesse. Ils étaient incapables même d'atteindre l'idéal qu'ils avaient conçu. L'apparence, les discours palliaient les imperfections profondes. Tout n'était que semblant.

De temps à autre se dressaient des maîtres qui orientaient les hommes vers la source de la vérité. Les règles authentiques étaient retrouvées et des vies humaines témoignaient de leur valeur. Mais ce n'était là qu'efforts sans lendemain, ce n'était que tentatives isolées pour refréner le mal, dont la course fatale n'était pas pour autant arrêtée. Ces réformateurs étaient des lumières qui brillaient dans l'obscurité, une obscurité qu'ils ne pouvaient pourtant pas dissiper. "Les hommes ont aimé les ténèbres plus que la lumière." Jean 3 :19. [85]

Quand le Christ vint sur la terre, il semble que l'humanité était près de toucher le fond de sa déchéance. Les bases de la société étaient minées ; la vie n'était plus que mensonge et artifice. Les juifs, dépossédés de la puissance que donne la Parole de Dieu, transmettaient au monde des traditions, des théories paralysantes, étouffantes. Ils n'adoraient plus Dieu "en esprit et en vérité", ils glorifiaient l'homme au cours de cérémonies artificielles qu'ils répétaient sans fin. Dans le monde entier les religions perdaient leur empire sur les esprits et les âmes. Ecœurés des fables et des mensonges, désireux d'étourdir leur pensée, les hommes se laissaient aller à l'incrédulité et au matérialisme. Ecartant l'éternité de leurs préoccupations, ils vivaient pour l'instant présent.

En cessant d'honorer Dieu, ils cessèrent d'estimer l'homme. La vérité, le sens de l'honneur, l'honnêteté, la confiance, la miséricorde quittaient la terre. L'avidité cruelle, l'ambition dévorante engendrèrent une méfiance universelle. Les notions de devoir, de secours à apporter aux faibles, de dignité et de droits humains furent rejetées, comme des rêves ou des mensonges. Les gens du petit peuple étaient considérés comme des bêtes de somme, des instruments, des marchepieds pour l'ambition. On recherchait la richesse, le pouvoir, la facilité, la mollesse, qui semblaient être les biens les plus précieux.

Un état de dégénérescence physique, d'hébétude intellectuelle, de mort spirituelle caractérisait cette époque.

Les passions mauvaises et les desseins des hommes chassaient Dieu de leurs pensées ; éloignés de la divinité, ils s'enfonçaient plus loin dans le mal ; s'abandonnant au péché, ils attribuaient à Dieu leurs propres caractéristiques, ce qui renforçait encore le pouvoir du mal. Ne désirant que se satisfaire, les hommes en arrivèrent à voir en Dieu un des leurs — un être qui recherchait sa propre gloire, qui pliait tout à son propre plaisir ; un être qui élevait ou rejetait les hommes selon qu'ils favorisaient ou non ses visées égoïstes ; aux plus défavorisés, l'être suprême semblait à peine différent de leurs oppresseurs, sinon par l'étendue de sa puissance. Ces idées-là marquèrent toutes les religions, qui toutes entraînèrent des exactions. Par des dons, des cérémonies, les adorateurs tentaient de se concilier la bienveillance de la divinité, pour en arriver à leurs fins. De telles religions, qui ne touchaient ni les cœurs, ni les consciences, ne pouvaient être qu'un ensemble de formes, dont les hommes se lassaient, et dont ils auraient aspiré à se dégager, n'eussent été les profits qu'ils pensaient en tirer. Ainsi le mal, effréné, ne cessait de croître tandis que le sens du bien et le désir de l'accomplir s'effaçaient. Les hommes perdaient l'image de Dieu et recevaient la marque du pouvoir démoniaque qui les dominait. Le monde entier devenait un cloaque de corruption.

Il n'y avait qu'un espoir pour la race humaine : que dans cet enchevêtrement de désordre et de corruption fût jeté un levain nouveau ; que l'assurance puissante d'une vie nouvelle fût apportée à l'humanité ; que la connaissance de Dieu fût rétablie dans le monde.

Le Christ vint restaurer cette connaissance. Il vint dénoncer les enseignements trompeurs par lesquels ceux qui prétendaient bien haut connaître Dieu l'avaient dénaturé. Il vint révéler la nature de sa loi, ainsi que la sainteté et la beauté de son propre caractère.

Le Christ vint dans le monde chargé de tout l'amour de l'éternité. Balayant les malversations qui avaient fait si lourdement obstacle à la loi de Dieu, il montra que cette loi était une loi d'amour, une expression de la bonté divine. Il montra qu'en l'observant, l'homme trouvait son bonheur, et par là assurait les bases, la structure, l'équilibre de la société.

Bien loin de poser des exigences arbitraires, la loi de Dieu est pour l'homme un rempart, un bouclier. Qui l'accepte est préservé du mal. Et comme la loyauté envers Dieu implique la loyauté envers les hommes, cette loi protège les droits et l'intégrité de chacun ; elle retient les maîtres d'opprimer, les subalternes de désobéir. Elle assure le bien-être de l'homme, dans ce monde et dans le monde à venir. Pour celui qui obéit, elle est le gage de la vie éternelle, car les principes qui la composent sont éternels.

Le Christ vint prouver la valeur des principes divins, en dégager la puissance régénératrice. Il vint nous apprendre à les utiliser, à les mettre en pratique.

Pour les gens de cette époque, l'apparence garantissait la valeur de toutes choses. Au fur et à mesure que la force réelle de la religion déclinait, l'apparat dont on l'entourait augmentait. Les éducateurs de ce temps cherchaient à imposer le respect par l'ostentation et le déploiement du luxe. La vie de Jésus s'opposait à cela de façon saisissante. Elle soulignait l'inutilité de toutes ces choses que les hommes prennent pour les richesses essentielles de la vie. Né dans un milieu des plus simples, vivant, mangeant comme un paysan, exerçant un métier artisanal, menant une vie humble, celle de tous les travailleurs ignorés — ainsi, Jésus appliquait le plan d'éducation divine. Il ne recherchait pas les écoles de son temps, qui exaltaient les petites choses et méprisaient les grandes. Il s'instruisait directement aux sources célestes : le travail utile, l'étude des Ecritures, de la nature, les expériences de la vie, tous ces manuels divins, si pleins d'enseignements pour qui les ouvre avec bonne volonté et discernement.

[88]

"Or le petit enfant grandissait et se fortifiait ; il était rempli de sagesse, et la grâce de Dieu était sur lui." Luc 2 :40.

Ainsi préparé, il se lança dans sa mission, allant vers les hommes, exerçant sur eux une influence bénéfique, un pouvoir transformateur tels que le monde n'en avait jamais connu.

Celui qui veut transformer les hommes doit d'abord les comprendre. C'est seulement par la sympathie, la confiance et l'amour qu'on peut les atteindre et les relever. C'est là que le Christ se révèle être le Maître des maîtres : lui seul, de tous ceux qui ont vécu sur cette terre, a parfaitement pénétré l'âme humaine.

"Nous n'avons pas un souverain sacrificateur [un maître, puisque les prêtres étaient chargés de l'enseignement] incapable de compatir à nos faiblesses ; mais il a été tenté comme nous à tous égards..." Hébreux 4 :15.

"Du fait qu'il a souffert lui-même quand il fut tenté, il peut secourir ceux qui sont tentés." Hébreux 2 :18.

Seul le Christ a l'expérience de toutes les souffrances, de toutes les tentations qui pèsent sur les hommes. Plus que tout autre homme né d'une femme, il fut cruellement tenté ; plus que personne il supporta le lourd fardeau du péché et de la douleur du monde. Plus que personne il prodigua sa sympathie tendre. Partageant toutes les expériences de l'humanité, non seulement il compatissait aux peines de tous ceux qui luttaient, accablés, éprouvés de toutes parts, mais il souffrait avec eux.

Il vivait ce qu'il enseignait. "Je vous ai donné un exemple, dit-il aux disciples, afin que, vous aussi, vous fassiez comme moi je vous ai fait." Jean 13 :15. "J'ai gardé les commandements de mon Père." Jean 15 :10. Ainsi la vie du Christ appuyait et illustrait parfaitement ses paroles. Plus encore : il était ce qu'il enseignait. Ses paroles n'exprimaient pas seulement son expérience, mais aussi son caractère. Non seulement il enseignait la vérité, mais il était la vérité. C'est ce qui donnait tant de puissance à son enseignement.

Le Christ dénonça le mal avec fidélité. Jamais personne ne le détesta autant que lui ; jamais personne ne le dénonça avec autant de courage. Pour tout ce qu'il y avait d'indigne, de mensonger, sa seule présence était un reproche. A la lumière de sa pureté, les hommes découvraient leur bassesse, la petitesse et la perfidie de leurs visées. Et pourtant, il les attirait à lui. Lui, le Créateur de l'homme, connaissait la valeur de l'humanité. Il dénonçait le mal, ennemi de ceux qu'il voulait bénir et sauver. En chaque être humain, même déchu, il voyait un fils de Dieu qui pouvait, à travers lui, le Sauveur, renouer avec Dieu des relations privilégiées.

"Dieu, en effet, n'a pas envoyé son Fils dans le monde pour juger le monde, mais pour que le monde soit sauvé par lui." Jean 3 :17. En regardant les hommes, leurs souffrances, leur déchéance, le Christ trouvait des raisons d'espérer, là où il semblait n'y avoir que désolation et ruine. Chaque fois qu'un homme mesurait son dénuement, il voyait pour lui une occasion de progrès. Il allait au-devant des âmes, qu'elles fussent tentées, brisées, égarées, prêtes à sombrer, non pour les confondre, mais pour les bénir.

C'est par les béatitudes qu'il salua la famille humaine. Promenant ses regards sur l'immense foule rassemblée pour écouter le sermon sur la montagne, il parut un moment oublier qu'il n'était pas dans les cieux, et il utilisa la salutation familière au monde de lumière. De ses lèvres jaillirent les bénédictions, comme si elles avaient été longtemps retenues.

Se détournant des favoris de ce monde, de leurs ambitions et de leur fatuité, le Christ affirma que seraient bénis ceux qui, quel que fût leur dénuement, recevraient de lui lumière et amour. Aux pauvres en esprit, aux affligés, aux persécutés, il ouvrit les bras : "Venez à moi [...] et je vous donnerai du repos." Matthieu 11 :28.

En chaque être humain il discernait des possibilités infinies. Il voyait les hommes tels qu'ils pouvaient être, transfigurés par sa grâce — dans "la tendresse du Seigneur, notre Dieu" Psaumes 90 :17. Mettant en eux son espoir, il leur inspirait l'espoir. Allant à eux avec confiance, il faisait naître leur confiance. Offrant en sa personne le véritable idéal de l'homme, il suscitait le désir et l'assurance d'atteindre cet idéal. A son contact ceux qui étaient méprisés et déchus prenaient conscience d'être toujours des hommes, et aspiraient à se montrer dignes de son attention. Plus d'un cœur mort en apparence à toutes les choses saintes frémissait à des appels nouveaux. Plus d'un être désespéré voyait poindre devant lui l'aurore d'une vie nouvelle.

Le Christ s'attache les hommes par des liens d'amour ; par ces mêmes liens il les attache à leurs frères. Avec lui, aimer, c'est vivre ; vivre, c'est servir. "Vous avez reçu gratuitement, dit-il, donnez gratuitement." Matthieu 10 :8.

Ce n'est pas sur la croix seulement que le Christ se donna pour l'humanité. Comme "il allait de lieu en lieu en faisant le bien" (Actes 10 :38), à chaque instant, dans chaque expérience, il s'offrait. Il n'y avait qu'un moyen de vivre ainsi : Jésus se confiait tout entier à Dieu et était en communion constante avec lui. Les hommes se réfugient de temps à autre à l'abri du Très-Haut, à l'ombre du Tout-Puissant ; ils y demeurent un moment, de nobles actions en témoignent ; puis la foi faiblit, la communion se brise, l'œuvre est compromise. Mais la vie de Jésus fut marquée par une confiance, une communion continuelles ; Jésus servit le ciel et la terre avec fidélité et assurance.

Dans son humanité, il implora le trône de Dieu, l'implora jusqu'à ce qu'il reçût ce courant céleste qui met en contact l'humain avec le divin. Et la vie qu'il recevait de Dieu, il la transmettait aux hommes.

"Jamais homme n'a parlé comme parle cet homme." Jean 7 :46. Ceci aurait été vrai même si le Christ n'avait abordé que le domaine physique ou intellectuel, ou s'était contenté de théories et de spéculations. Il aurait pu dévoiler des mystères dont l'étude a demandé des siècles. Il aurait pu suggérer des lignes de recherche scientifique qui auraient fourni de quoi nourrir la pensée et stimuler l'invention jusqu'à la fin des temps. Mais il ne le fit pas. Il ne fit aucune déclaration pour satisfaire la curiosité des hommes ou stimuler leur ambition égoïste. Il ne se lança pas dans des théories abstraites, mais traita de ce qui est essentiel au développement du caractère ; de ce qui aide l'homme à développer sa connaissance de Dieu, à augmenter son pouvoir de faire le bien. Il enseigna les vérités qui touchent à la conduite de la vie et unissent l'homme à l'éternité.

Au lieu d'inciter ses auditeurs à étudier les théories humaines sur Dieu, sa parole, ses œuvres, il leur demanda de le contempler tel qu'il se manifeste à travers ses œuvres, sa parole, ses bienfaits. Il chercha à mettre leur esprit en relation avec l'esprit du Dieu infini.

"On était frappé de son enseignement, car il parlait avec autorité." Luc 4 :32. Il n'y avait jamais eu auparavant quelqu'un qui pût, comme lui, par sa parole, aiguiser la pensée, stimuler les aptitudes du corps, de l'intelligence, de l'âme, entraîner l'homme vers de nouvelles aspirations.

L'enseignement du Christ, comme son amour, s'adressait au monde entier. Jésus a prévu tous les moments de l'expérience humaine, y compris les phases critiques ; pour chacun, il nous propose une leçon. Il est le Maître des maîtres, et ses paroles guideront ses collaborateurs jusqu'à la fin des temps.

Pour lui, présent et futur, proche et lointain se confondaient. Il avait à l'esprit les besoins de l'humanité tout entière. Devant lui se déployait le spectacle de l'effort humain et de son aboutissement, de la tentation et de la lutte, du souci et du danger. Il connaissait chaque cœur, chaque maison, le moindre plaisir, la moindre joie, le moindre élan.

Il ne parlait pas seulement pour les hommes, il parlait aussi à chacun d'entre eux. A l'enfant, tout à la joie de sa vie naissante ; au jeune, ardent et impatient ; à l'homme dans la force de l'âge, chargé de responsabilités, de soucis ; au vieillard, faible et fatigué. Son message s'adressait à eux tous, aux hommes de tous les pays et de toutes les époques.

Son enseignement embrassait les choses qui appartiennent au temps, et celles qui sont éternelles, ce qu'on voit et ce qu'on ne voit pas, les événements éphémères de la vie courante et les graves questions que pose la vie à venir.

Il mettait à leur juste place les choses de cette vie : elles sont subordonnées à celles de la vie éternelle ; mais il n'en ignorait pas l'importance. Il enseignait que le ciel et la terre sont reliés l'un à l'autre, et que la connaissance des vérités divines dispose l'homme à mieux accomplir les devoirs de sa vie quotidienne.

Pour lui, rien de fortuit. Les jeux de l'enfant, le dur labeur de l'homme, les plaisirs, les soucis et les peines de la vie — tout concourait à révéler Dieu pour ennoblir l'humanité.

Sortant de ses lèvres, la parole de Dieu parvenait aux cœurs des hommes chargée d'un pouvoir et d'un sens nouveaux. A la lumière de son enseignement, la création prenait un relief nouveau. La nature retrouvait une partie de l'éclat que le péché lui avait ôté. Chaque événement, chaque instant de la vie, pouvait permettre de découvrir une leçon divine, de rétablir les relations avec le Seigneur. A nouveau Dieu habitait sur la terre ; les hommes étaient sensibles à sa présence, le monde imprégné de son amour. Le ciel était descendu parmi les hommes qui saluaient, dans leur Sauveur, celui qui leur avait ouvert les portes de l'éternité :

"Emmanuel, [...] Dieu avec nous."

Ce Maître envoyé de Dieu est le centre de tout travail d'éducation authentique. En ce qui concerne cette œuvre, aujourd'hui, comme il y a deux mille ans, le Seigneur dit :

"Moi je suis le premier et le dernier, le vivant." Apocalypse 1 :18.

"Je suis l'Alpha et l'Oméga, le commencement et la fin." Apocalypse 21 :6.

Face à un tel Maître, face à cette extraordinaire possibilité de recevoir et de dispenser une éducation divine, quelle pire folie y aurait-il que de vouloir faire son éducation en dehors de lui, de vouloir être sage loin de la sagesse, de vouloir être vrai loin de la vérité, de vouloir être éclairé loin de la lumière et de vivre loin de la Vie ; de se détourner de la Source d'eau vive pour fabriquer soi-même des citernes fendues qui ne sauraient garder l'eau ?

Voyez, il nous invite encore : "Si quelqu'un a soif, qu'il vienne à moi et qu'il boive. Celui qui croit en moi, des fleuves d'eau vive couleront de son sein." Jean 7 :37, 38. "L'eau que je lui donnerai deviendra en lui une source d'eau qui jaillira jusque dans la vie éternelle." Jean 4 :14.

Chapitre 9 — Les méthodes du Christ

J'ai manifesté ton nom aux hommes que tu m'as donnés du milieu du monde. Jean 17 :6.

La formation des douze premiers disciples nous offre le meilleur exemple des méthodes d'enseignement du Christ. Sur ces disciples devaient reposer de lourdes responsabilités. Jésus les avait choisis pour les imprégner de son Esprit, et les disposer à continuer son œuvre sur la terre lorsqu'il l'aurait quittée. Eux, plus que tout autre, bénéficièrent de sa présence. Les relations intimes qu'il établit avec ces collaborateurs privilégiés lui permirent de laisser en eux son empreinte. "La vie a été manifestée, dit Jean le bien-aimé, nous l'avons vue, nous en rendons témoignage." 1 Jean 1 :2.

Seule une telle communion — celle de l'esprit avec l'esprit, du cœur avec le cœur, de l'homme avec Dieu — peut faire naître cette énergie vivifiante que la véritable éducation se doit de communiquer. Seule la vie engendre la vie.

Pour former ses disciples, le Seigneur appliqua le système d'éducation établi aux origines du monde. Les Douze, et quelques autres qui se joignaient à eux de temps en temps pour bénéficier de son ministère, composaient la famille de Jésus. Ils étaient avec lui à la maison, à table, aux champs. Ils l'accompagnaient dans ses voyages, partageaient ses épreuves, ses souffrances, et, autant qu'ils le pouvaient, participaient à son œuvre.

[96]

Et il les enseignait, tantôt lorsqu'ils étaient assis au flanc de la montagne ; tantôt au bord de la mer ; tantôt dans une barque de pêcheur ; tantôt lorsqu'ils cheminaient ensemble. Lorsqu'il parlait à la foule, les disciples étaient là, tout près de lui, pour ne rien perdre de son enseignement, auditeurs attentifs, avides de saisir les vérités qu'ils seraient appelés à faire partager aux hommes du monde entier, de tous les temps.

Les premiers élèves de Jésus sortaient des rangs du petit peuple. C'étaient des hommes humbles, ignorants, que ces pêcheurs de Galilée ; ils n'avaient pas reçu l'enseignement, ne s'étaient pas initiés aux coutumes des rabbins ; ils avaient été dressés à la rude discipline du travail et de la privation. Ils avaient des qualités innées, un esprit prêt à apprendre ; ils pouvaient être instruits et formés pour l'œuvre du Seigneur. Il est de par le monde beaucoup de ces travailleurs qui, patiemment penchés sur leurs tâches quotidiennes, ignorent les forces dissimulées en eux, et qui, réveillées, les placeraient au rang des plus grands chefs. Tels étaient les hommes auxquels le Seigneur demanda de collaborer avec lui. Ils reçurent l'avantage inappréciable d'être enseignés trois années durant par le plus grand maître que le monde ait jamais connu.

Ces premiers disciples étaient bien différents les uns des autres. Ils étaient appelés à enseigner le monde, et (à cause de cela sans doute) offraient des caractères très divers. Il y avait là Lévi Matthieu, le publicain, qui avait jusque-là "fait des affaires" au service de Rome ; Simon le Zélote, ennemi inflexible de l'autorité impériale ; Pierre, fougueux, affectueux, mais si sûr de lui ; André, son frère ; Judas, de Judée, fin, habile, mais mesquin ; Philippe et Thomas, fidèles, sérieux, mais lents à croire ; Jacques le Mineur et Jude, que l'on remarquait moins, mais qui étaient forts cependant, et si entiers, dans leurs erreurs comme dans leurs vertus ; Nathanaël, à la sincérité et à la foi d'enfant ; et les fils de Zébédée, ambitieux mais aimants.

Pour travailler avec succès à l'œuvre à laquelle ils avaient été appelés, ces disciples dont le caractère, l'éducation, les habitudes étaient si différents, devaient apprendre à sentir, à penser, à agir dans l'unité, une unité que le Christ voulait assurer. Aussi chercha-t-il à les mettre en accord avec lui-même ; le souci qu'il avait de cette tâche s'exprime dans cette prière : "Afin que tous soient un ; comme toi, Père, tu es en moi, et moi en toi, qu'eux aussi soient (un) en nous, [...] que le monde connaisse que tu m'as envoyé et que tu les as aimés, comme tu m'as aimé." Jean 17 :21, 23.

Le pouvoir transformateur du Christ

Quatre des douze disciples devaient jouer un rôle prépondérant, chacun d'une façon différente. Le Christ, prévoyant tout, les y prépara. Jacques, destiné à mourir brutalement par l'épée ; Jean, celui qui suivit le plus longtemps son Maître dans le travail et la persécution ; Pierre, qui le premier renversa les barrières ancestrales et évangélisa les païens ; et Judas, qui aurait pu être au premier rang parmi ses frères, mais qui méditait en son cœur des projets dont il n'imaginait pas l'issue — tous quatre étaient l'objet de la plus grande attention du Christ, qui les instruisait avec beaucoup de soin et de persévérance.

Pierre, Jacques et Jean cherchaient toutes les occasions d'être en contact étroit avec leur Maître, et leur désir fut exaucé. Des Douze, c'est eux qui entretenaient avec Jésus les relations les plus intimes. Jean, lui, ne pouvait s'épanouir que dans une intimité encore plus grande, qui lui fut accordée. Lors de la première rencontre près du Jourdain, tandis qu'André, après avoir entendu Jésus, courait appeler son frère, Jean restait assis, silencieux, plongé dans la méditation de sujets merveilleux. Il suivit le Sauveur et l'écouta toujours avec passion. Mais Jean n'était pas sans défaut. Ce n'était pas un passionné doux et rêveur : lui et son frère étaient surnommés "fils du tonnerre" Marc 3 :17. Jean était orgueilleux, ambitieux, agressif ; mais sous ces faiblesses le divin Maître devina un cœur ardent, sincère, aimant. Jésus blâma son égoïsme, déçut ses ambitions, éprouva sa foi. Mais il lui révéla ce que son âme désirait connaître : la beauté de la sainteté, le pouvoir transformateur de l'amour divin. "J'ai fait connaître ton nom aux hommes que tu m'as donnés du milieu du monde" (Jean 17 :6), dit Jésus à son Père.

Jean avait besoin d'affection, de sympathie, d'amitié. Il se tenait tout près de Jésus, s'asseyait à côté de lui, se penchait sur sa poitrine. Comme une fleur se pénètre de soleil et de rosée, il se pénétrait de lumière et de vie divine. Plein d'adoration, il contemplait le Sauveur, au point que son seul désir était de ressembler au Christ, et de communier avec lui, et que son caractère reflétait celui du Maître.

"Voyez, écrit-il, quel amour le Père nous a donné, puisque nous sommes appelés enfants de Dieu ! Et nous le sommes. Voici pourquoi le monde ne nous connaît pas : c'est qu'il ne l'a pas connu. Bien-aimés, nous sommes maintenant enfants de Dieu, et ce que nous serons n'a pas encore été manifesté ; mais nous savons que lorsqu'il sera manifesté, nous serons semblables à lui, parce que nous le verrons tel qu'il est. Quiconque a cette espérance en lui se purifie, comme lui [le Seigneur] est pur." 1 Jean 3 :1-3.

De la faiblesse à la force

Aucune vie de disciple n'aide mieux à comprendre les méthodes éducatives du Christ que celle de Pierre. Hardi, agressif, sûr de lui, vif pour comprendre comme pour agir, prompt à se venger mais prêt à pardonner, Pierre se trompa souvent, et fut souvent repris. Sa fidélité chaleureuse et son dévouement au Christ n'en étaient pas moins résolument reconnus et loués. Patiemment, avec un amour avisé, le Seigneur veilla sur le fougueux disciple, cherchant à réduire sa confiance en lui-même, et à lui enseigner humilité, obéissance et confiance.

Mais la leçon ne fut comprise qu'en partie. La confiance de Pierre en lui-même demeurait intacte.

Souvent Jésus, le cœur lourd, cherchait à faire découvrir à ses disciples les souffrances et l'épreuve qui l'attendaient. Mais leurs yeux étaient fermés. Ils refusaient cette révélation, ne voulaient pas la comprendre. L'apitoiement sur soi-même, la crainte d'avoir à partager les souffrances du Christ poussèrent Pierre à protester : "A Dieu ne plaise, Seigneur ! Cela ne t'arrivera pas." Matthieu 16 :22. Ces paroles-là exprimaient la pensée et les sentiments des Douze.

Le temps passait, le moment critique approchait ; et eux fanfaronnaient, se querellaient pour savoir comment ils se partageraient les honneurs du royaume ; ils ne pensaient pas à la croix.

[100]

Pour chacun d'eux, l'expérience de Pierre fut une leçon. Pour celui qui se confie en lui-même, l'épreuve conduit à la défaite. Le Christ ne pouvait pas empêcher un mal, toujours chéri, de porter ses fruits. Mais de même qu'il avait tendu la main pour sauver Pierre lorsque les vagues étaient prêtes à l'engloutir, de même son amour voulait le sauver des eaux profondes qui menaçaient son âme. Combien de fois les vantardises de Pierre ne l'amenèrent-elles pas à deux doigts de sa perte ! Combien de fois ne reçut-il pas cet avertissement : "Tu me renieras." Luc 22 :34. Et le cœur aimant du disciple désolé était tout entier dans ces mots : "Seigneur, je suis prêt à aller avec toi en prison et à la mort." Luc 22 :33. Celui qui lit dans les cœurs laissa à Pierre ce message, mal compris sur le coup, mais qui, dans l'obscurité subite, devait diffuser une lueur d'espoir : "Simon, Simon, Satan vous a réclamés pour vous passer au crible comme le blé. Mais j'ai prié pour toi, afin que ta foi ne défaille pas, et toi, quand tu seras revenu (à moi), affermis tes frères." Luc 22 :31, 32.

Quand dans la cour du souverain sacrificateur eurent résonné les mots du reniement ; quand l'amour et la fidélité de Pierre, réveillés par le regard de Jésus, chargé de pitié, d'amour et de tristesse, l'eurent jeté vers le jardin où le Christ avait pleuré et prié ; quand les larmes du remords eurent rejoint sur le sol les gouttes de sang de l'agonie — alors les paroles du Sauveur : "J'ai prié pour toi, [...] quand tu seras revenu (à moi), affermis tes frères", réconfortèrent son âme. Le Christ, qui avait pressenti sa trahison, ne l'avait pas abandonné au désespoir.

Si le regard que Jésus lui avait lancé avait condamné, et non aimé ; si en lui prédisant son péché, le Seigneur n'avait pas parlé d'espérance, comme les ténèbres qui entouraient Pierre auraient été épaisses ! Quel désespoir extrême dans son âme torturée ! A cette heure d'angoisse et de dégoût de soi-même, qu'est-ce qui aurait pu le retenir de suivre le chemin tracé par Judas ? [101]

Jésus ne pouvait pas épargner l'angoisse à son disciple, mais ne voulait pas l'abandonner à l'amertume de cette expérience ; son amour est toujours présent, toujours puissant.

Les hommes, pourtant portés au mal, sont enclins à traiter sévèrement leurs frères lorsqu'ils sont tentés et qu'ils commettent des fautes. Ils ne lisent pas dans les cœurs, ils n'en connaissent pas les luttes et les souffrances. Il leur faut apprendre le reproche qui n'est qu'amour, le coup qui blesse pour mieux guérir, l'avertissement qui parle d'espoir.

Ce n'est pas Jean, lui qui suivit Jésus jusqu'à la cour du prétoire, qui se tint près de sa croix, qui, des Douze, arriva le premier au tombeau, ce n'est pas Jean, mais Pierre, que le Seigneur nomma, après sa résurrection. "Allez dire à ses disciples et à Pierre, dit l'ange, qu'il vous précède en Galilée : C'est là que vous le verrez." Marc 16 :7.

Lors de la dernière rencontre du Christ avec ses disciples, au bord de la mer, Pierre, éprouvé par la question trois fois posée : "M'aimes-tu ?" (Jean 21 :17), reprit sa place parmi les Douze. Une charge lui fut confiée : paître le troupeau du Seigneur. Puis Jésus lui lança un dernier appel : "Suis-moi." Jean 21 :22.

Maintenant il pouvait apprécier les paroles de Jésus à leur juste valeur. Cette leçon que le Christ avait voulu donner lorsqu'il avait placé au milieu des disciples un petit enfant, et qu'il les avait invités à lui ressembler, Pierre la comprenait mieux maintenant. Il avait éprouvé sa propre faiblesse et la force du Christ, et il était prêt à croire et à obéir. Il pouvait suivre son Maître en se confiant à lui.

[102]

Au terme de sa vie de travail et de sacrifice, le disciple qui avait eu tant de mal autrefois à comprendre la croix était heureux de donner sa vie pour l'Evangile ; il estimait simplement que, pour lui qui avait renié son Maître, mourir de la même manière que lui était un honneur trop grand.

La transformation de Pierre était un miracle de l'amour divin. C'est une leçon de vie pour tous ceux qui veulent marcher sur les pas du Maître des maîtres.

Une leçon d'amour

Jésus reprit ses disciples, les avertit, les mit en garde ; pourtant Jean, Pierre et leurs frères ne le quittèrent pas. Malgré les reproches qu'il leur faisait parfois, ils choisirent de rester avec Jésus. De son côté, le Seigneur ne s'écarta pas d'eux à cause de leurs fautes : il prend les hommes comme ils sont, avec leurs défauts, leurs faiblesses, et les prépare à son service, s'ils acceptent de se laisser discipliner par lui et de remettre entre ses mains leur éducation.

Mais à l'un des Douze Jésus n'adressa pas de reproche direct, et cela presque jusqu'à la fin de son ministère.

Judas apportait un élément de conflit parmi les disciples. En s'attachant à Jésus, il s'était abandonné à l'attraction qu'exerçait sur lui le caractère et la manière de vivre du Sauveur. Il avait sincèrement désiré se transformer et il avait espéré qu'il y arriverait en s'attachant à Jésus. Mais ce n'était pas là son premier désir. Ce qui dominait en lui, c'était l'espoir du profit personnel qu'il escomptait dans le royaume terrestre que, d'après lui, le Christ allait établir.

[103]

Judas reconnaissait le pouvoir divin de l'amour du Christ, mais ne s'y abandonnait pas. Il continuait à faire passer avant tout son propre jugement, ses propres opinions, à critiquer et à condamner. Les mobiles du Christ, ses actes, souvent incompréhensibles pour Judas, éveillaient en lui le doute, la désapprobation, et ses incertitudes, les ambitions qu'il nourrissait pénétraient insidieusement les disciples. Leurs démêlés pour savoir qui aurait la première place, leur mécontentement devant les méthodes du Christ avaient souvent Judas pour origine.

Jésus, voyant qu'une opposition directe ne ferait que durcir la situation, l'évita. Il chercha à corriger Judas de son égoïsme desséchant en le faisant vivre au contact de son propre amour, de son dévouement. Son enseignement, leçon après leçon, révéla des principes qui ébranlaient fortement les ambitions égocentriques du disciple. Plus d'une fois Judas comprit qu'il avait été dévoilé, que sa faute avait été dénoncée ; mais il ne voulait pas céder.

Cette résistance aux prières de l'amour finit par laisser le champ libre aux forces du mal. Judas, exaspéré par un reproche silencieux, désespéré de voir s'écrouler ses rêves ambitieux, céda au démon de la cupidité, et se résolut de trahir son Maître. Il quitta la chambre haute, illuminée par la présence du Christ et l'espoir de l'immortalité, pour se livrer à son œuvre de mort — dehors, dans la nuit sans espoir.

"Jésus savait dès le commencement qui étaient ceux qui ne croyaient pas et qui était celui qui le livrerait." Jean 6 :64. Cependant, tout en le sachant, il n'avait pas cessé d'exercer sa miséricorde, de prodiguer son amour.

[104]

Voyant le danger qui guettait Judas, il l'avait attiré à lui, introduit dans le petit groupe des disciples élus et fidèles. Jour après jour, alors que le fardeau pesait plus lourd sur son cœur, il avait entretenu, malgré sa souffrance, un contact incessant avec cet esprit obstiné, soupçonneux, renfermé. Il avait assisté à un conflit permanent, larvé, subtil entre ses disciples, et s'était efforcé d'en contrebalancer la mauvaise influence. Tout cela pour que rien ne manque de ce qui pouvait contribuer à sauver une âme en péril !

> Les grandes eaux ne peuvent éteindre l'amour,
>   Et les fleuves ne le submergeraient pas ;
> Car l'amour est fort comme la mort.
>
> Cantique des cantiques
> 8 :7, 6

Pour Judas, l'amour du Christ s'était déployé en vain ; mais pas pour les autres disciples. Ce qu'ils avaient appris là retentirait sur toute leur vie. Ce modèle de tendresse, de patience influencerait à jamais leurs rapports avec leurs frères tentés, égarés. Mais il y avait autre chose encore. Lors de la consécration des Douze, les disciples avaient vivement souhaité que Judas fût des leurs, et avaient estimé que sa présence enrichirait abondamment leur groupe. Il connaissait le monde mieux qu'eux, il parlait bien, il possédait discernement et qualités administratives ; il avait de ses talents une haute opinion et avait amené les disciples à la partager. Mais les méthodes qu'il désirait appliquer à l'œuvre du Christ reposaient sur les principes de ce monde et étaient soumises aux règles de ce monde. Elles visaient à procurer la reconnaissance et les honneurs sur cette terre — à établir un royaume terrestre. Ce qu'il advint finalement de ces désirs dans la vie de Judas fit comprendre aux disciples l'antagonisme existant entre le principe de l'exaltation de soi-même d'une part et d'autre part l'humilité et l'esprit de sacrifice du Christ — qui sont les principes mêmes du royaume de Dieu. La destinée de Judas leur montra où pouvait mener l'égoïsme.

[105]

Le Christ avait pu accomplir sa mission auprès de ses disciples. Peu à peu, son abnégation agissait sur leur caractère. Sa mort anéantit l'espoir qu'ils avaient caressé, d'être grands sur cette terre. La chute de Pierre, l'apostasie de Judas, la façon dont chacun d'eux avait abandonné le Christ à l'angoisse et au danger détruisirent ce qu'il leur restait de présomption. Ils comprirent leur faiblesse, ils entrevirent la noblesse de la tâche qui leur était confiée. Ils sentirent qu'à chaque pas ils avaient besoin de leur Maître pour les guider.

Ils savaient que Jésus ne serait plus avec eux, physiquement, et ils reconnurent, comme ils ne l'avaient jamais fait encore, le prix de ces instants où ils avaient pu marcher et parler avec l'Envoyé de Dieu. Ils n'avaient pas toujours apprécié, ou pas compris ses enseignements ; et maintenant ils auraient tant voulu se rappeler ses leçons, entendre à nouveau ses paroles ! Quelle joie fut la leur lorsque leur revinrent en mémoire ces promesses :

"Il est avantageux pour vous que je parte, car si je ne pars pas, le Consolateur ne viendra pas vers vous ; mais si je m'en vais, je vous l'enverrai. [...] Tout ce que j'ai appris de mon Père, je vous l'ai fait connaître. [...] Le Consolateur [...] que le Père enverra en mon nom, c'est lui qui vous enseignera toutes choses et vous rappellera tout ce que moi je vous ai dit." Jean 16 :7 ; 15 :15 ; 14 :26.

"Tout ce que le Père a, est à moi. [...] Quand il sera venu, lui, l'Esprit de vérité, il vous conduira dans toute la vérité. [...] Il prendra de ce qui est à moi, et vous l'annoncera." Jean 16 :15, 13, 14.

Les disciples avaient assisté à l'ascension du Christ au mont des Oliviers. Comme les cieux l'accueillaient, ils s'étaient rappelé sa promesse d'adieu : "Et voici, je suis avec vous tous les jours, jusqu'à la fin du monde." Matthieu 28 :20.

Ils savaient que son amour demeurait avec eux. Ils savaient qu'ils avaient un représentant, un avocat, auprès du trône de Dieu. C'est au nom de Jésus qu'ils présentaient leurs prières, répétant sa parole : "Ce que vous demanderez au Père, il vous le donnera en mon nom." Jean 16 :23.

Leur foi grandissait de plus en plus, soutenue par cette puissante vision : "Le Christ-Jésus est celui qui est mort ; bien plus, il est ressuscité, il est à la droite de Dieu, et il intercède pour nous." Romains 8 :34.

Fidèle à sa promesse, le Christ, élevé dans les parvis célestes, prodigua sa puissance à ceux qui poursuivaient son œuvre sur la terre. Son intronisation à la droite de Dieu fut marquée par l'effusion du Saint-Esprit sur les disciples.

Grâce à l'action du Christ, ces disciples avaient été amenés à sentir combien ils avaient besoin de l'Esprit ; le Saint-Esprit acheva de les préparer et ils purent se lancer dans l'œuvre de leur vie.

Ils n'étaient plus ignorants, incultes. Ils n'étaient plus un ensemble d'individus indépendants les uns des autres, prêts à s'opposer. Ce n'était plus la grandeur terrestre qu'ils espéraient. Ils étaient, d'un commun accord, un seul cœur, une seule âme. Le Christ remplissait leur pensée. Leur but, c'était le progrès de son règne. Par l'esprit et le caractère ils ressemblaient maintenant à leur Maître ; et les gens "les reconnaissaient pour avoir été avec Jésus" Actes 4 :13.

La gloire du Christ se manifesta alors comme jamais auparavant. Des foules qui avaient insulté son nom, méprisé sa puissance, se proclamèrent disciples du Crucifié. Avec l'aide du Saint-Esprit, l'œuvre de ces hommes humbles que le Christ avait choisis bouleversa le monde. En une seule génération, tous les habitants de la terre entendirent l'Evangile.

L'Esprit que le Christ envoya, après lui, instruire ses premiers collaborateurs a pour mission d'instruire également ses collaborateurs d'aujourd'hui. Voici sa promesse : "Et voici, je suis avec vous tous les jours, jusqu'à la fin du monde." Matthieu 28 :20.

Le même guide est là pour nous diriger aujourd'hui dans le travail d'éducation ; les résultats seront les mêmes qu'autrefois. C'est le but de toute éducation authentique ; c'est l'œuvre qu'elle doit accomplir, selon le dessein de Dieu.

Les enseignements de la nature

[110]

Arrête-toi pour comprendre [...] les merveilles de celui dont la science est parfaite. Job 37 :16.

[111] # Chapitre 10 — Dieu dans la nature

Sa majesté couvre les cieux, et sa louange remplit la terre. Habakuk 3 :3.

Chaque élément de la création porte la marque de la divinité. La nature rend témoignage à Dieu. Les esprits sensibles, au contact de l'univers, de ses miracles et de ses mystères, ne peuvent que reconnaître une puissance infinie à l'œuvre. Ce n'est pas d'elle-même que la terre nous prodigue ses dons et continue, année après année, sa course autour du soleil. Une main invisible ordonne le mouvement des planètes dans les cieux. Une vie mystérieuse pénètre la nature — les innombrables mondes de l'immensité, l'insecte porté par la brise d'été, le vol de l'hirondelle, les jeunes corbeaux pleurant de faim, le bourgeon qui va éclore et la fleur qui donnera du fruit.

Ce pouvoir qui agit dans la nature agit aussi dans l'homme. Ces grandes lois qui régissent l'étoile et l'atome gouvernent aussi la vie de l'homme. Ces lois qui règlent les battements du cœur assurant au corps la vie proviennent de la toute-puissante intelligence qui dirige l'âme. C'est de Dieu qu'émane toute vie. C'est de lui seul que procède tout acte authentique. Pour chacune de ses créatures, [112] les conditions sont les mêmes : une vie qui vient de Dieu, une vie en accord avec la volonté divine. Transgresser ces lois, physiques, intellectuelles, morales, c'est rompre avec l'ordre de l'univers, c'est introduire la discorde, l'anarchie, la ruine.

La nature, pour qui est attentif à ses enseignements, rayonne. Le monde est un livre d'études, la vie est une école. L'harmonie de l'homme avec Dieu et la nature, la puissance universelle des lois divines, les conséquences du péché ne peuvent que marquer l'esprit et le caractère.

Voilà les leçons que nos enfants doivent apprendre. Pour les tout-petits, qui ne savent pas lire encore ou ne peuvent aller à l'école, la nature est là, source inépuisable d'enseignements et de délices. Le cœur qui n'est pas encore endurci par le contact avec le mal reconnaît vite la présence de Dieu dans toute création. L'oreille qui n'est pas assourdie par le bruit du monde est attentive à la voix de la nature. Aux plus grands, qui ont sans cesse besoin qu'elle les ramène en silence aux choses spirituelles et éternelles, la nature ne dispensera pas moins plaisir et connaissances. Les enfants d'aujourd'hui, tout comme les habitants d'Eden qui étudiaient le livre de la nature, comme Moïse qui discernait sur les plaines et les montagnes de l'Arabie l'écriture de Dieu et comme l'enfant Jésus qui la reconnaissait sur les collines de Nazareth, ont à apprendre de Dieu. Le visible révèle l'invisible. De l'arbre le plus élevé de la forêt au lichen accroché au rocher, de l'océan immense au plus minuscule coquillage abandonné sur le rivage, tout ce qui est sur la terre nous offre l'image et l'empreinte de Dieu.

Autant que possible, mettons l'enfant, dès son plus jeune âge, en contact avec ce livre merveilleux. Qu'il contemple les paysages magnifiques que le plus grand des artistes a mis au front mouvant des cieux, qu'il se familiarise avec les merveilles de la terre et de la mer, qu'il admire les mystères de la ronde des saisons, qu'il connaisse son Créateur dans toutes ses œuvres.

[113]

C'est ainsi, et pas autrement, que peuvent être posées solidement les bases d'une éducation authentique. Et pourtant l'enfant en contact avec la nature trouvera des sujets de perplexité. Il devra bien constater que des forces antagonistes se heurtent. C'est alors que la nature aura besoin d'un interprète. Lorsque nous considérons le mal en son sein même, nous avons tous à apprendre cette triste leçon : "C'est un ennemi qui a fait cela." Matthieu 13 :28.

C'est seulement à la lumière qui émane du Calvaire que les enseignements de la nature peuvent être compris correctement. C'est à travers l'histoire de Bethléem et de la croix que nous comprenons comme le bien peut triompher du mal, et que chacune des bénédictions que nous recevons est un don de la rédemption.

Les ronces et les épines, le chardon et l'ivraie, c'est le mal qui abîme et détruit. L'oiseau qui chante, la fleur qui s'ouvre, la pluie et le soleil, la brise d'été et la douce rosée, le chêne de la forêt et la violette qui éclot à son pied, des milliers de choses nous montrent l'amour qui rétablit tout. Et la nature nous parle encore et encore de la bonté de Dieu.

"Je connais, moi, les desseins que je forme à votre sujet — oracle de l'Eternel — , desseins de paix et non de malheur." Jérémie 29 :11. Voilà le message qui, à la lumière de la croix, se dégage de la nature tout entière. Les cieux racontent la gloire de Dieu, et la terre est remplie de ce qu'il possède.

Chapitre 11 — Les leçons de la vie

Médite au sujet de la terre, elle t'instruira. Job 12 :8.

Le Maître des maîtres mettait ses auditeurs en contact avec la nature pour qu'ils puissent écouter la voix de la création ; au fur et à mesure que leurs cœurs et leurs esprits s'ouvraient, il les aidait à saisir la portée spirituelle de ce que voyaient leurs yeux. Les paraboles, dont il aimait à émailler ses enseignements, montrent combien son esprit était ouvert aux influences de la nature et combien il aimait dégager les leçons spirituelles de la vie quotidienne.

Les oiseaux du ciel, les lis des champs, le semeur et la semence, le berger et ses moutons, voilà avec quoi le Christ illustrait la vérité immortelle. D'autres images lui venaient encore des événements familiers à ses auditeurs : le levain, le trésor caché, la perle, le filet de pêche, la drachme perdue, le fils prodigue, la maison sur le roc et la maison sur le sable. Il y avait, dans ses leçons, de quoi intéresser toutes les intelligences, attirer tous les cœurs. Ainsi, l'ouvrage quotidien, au lieu d'être une routine pénible, terre à terre, resplendissait d'une valeur nouvelle, grandi par tout ce qu'il contient d'invisible et de spirituel.

[116]

C'est ainsi que nous devrions enseigner. Il faut que nos enfants apprennent à voir dans la nature l'amour et la sagesse divins ; que la pensée de Dieu soit pour eux indissociable de l'oiseau, de la fleur, de l'arbre ; que tout ce qu'ils voient témoigne de ce qu'ils ne voient pas, que chaque événement de leur vie leur apporte un enseignement divin.

Et pendant qu'ils étudient ainsi les leçons de la création et de la vie, il nous faut leur enseigner que les mêmes lois (qui régissent création et vie) doivent nous diriger ; qu'elles nous sont données pour notre bien et que c'est seulement en nous réglant sur elles que nous trouverons le bonheur et la réussite authentiques.

La loi du service

Tout, dans les cieux et sur la terre, proclame que la grande loi de la vie est de servir. Notre Père éternel assure la vie de chacune de ses créatures. Le Christ est venu sur terre comme "celui qui sert" Luc 22 :27. Les anges sont "des esprits au service (de Dieu), envoyés pour exercer un ministère en faveur de ceux qui doivent hériter du salut" Hébreux 1 :14. La même loi du service est écrite sur toutes choses dans la nature. Les oiseaux du ciel, les bêtes des champs, les arbres de la forêt, les feuilles, l'herbe, les fleurs, le soleil et les étoiles — tous ont un rôle. Lacs et océans, fleuves et sources, tous reçoivent pour donner.

Tout élément de la nature, en participant à la vie du monde, assure par là la sienne propre. "Donnez, et l'on vous donnera" (Luc 6 :38) ; cette leçon est inscrite au creux de la nature aussi sûrement que dans les pages du saint Livre.

[117] Les coteaux et les plaines se creusent pour permettre au torrent des montagnes d'atteindre la mer, et cela leur est rendu au centuple. Le ruisseau qui s'en va chantant laisse sur son passage beauté et abondance. A travers les champs nus et brûlés par le soleil d'été, le courant a tracé une ligne de verdure ; chaque arbre, chaque bourgeon, chaque fleur nous montre quelle récompense Dieu accorde par sa grâce à tous ceux qui en sont les canaux de par le monde.

Semer et croire

Des innombrables leçons que nous offrent les différents processus de croissance, quelques-unes des plus précieuses nous sont présentées dans la parabole de la semence. Jeunes et moins jeunes y trouveront des enseignements.

"Il en est du royaume de Dieu comme d'un homme qui jette de la semence en terre : qu'il dorme ou qu'il veille, nuit et jour, la semence germe et croît sans qu'il sache comment. La terre produit d'elle-même, premièrement l'herbe, puis l'épi, enfin le blé bien formé dans l'épi." Marc 4 :26-28.

La semence porte en elle un germe de vie que Dieu lui-même lui a accordé ; cependant, abandonnée à elle-même, elle n'aurait absolument pas le pouvoir de croître. L'homme a son rôle à jouer dans la croissance de la graine ; mais au-delà d'un certain point, il ne peut rien faire. Il doit compter sur celui qui a associé les semailles à la moisson par les liens merveilleux de sa toute-puissance.

Il y a dans la semence un germe de vie, dans le sol un pouvoir ; mais sans la puissance infinie qui est à l'œuvre jour et nuit, la graine ne produirait rien. Les averses doivent désaltérer les champs ; le soleil dispenser la chaleur ; l'électricité se communiquer à la plante enfouie dans le sol. La vie que le Créateur a accordée, le Créateur seul peut la faire croître. C'est par la puissance de Dieu que germent les semences, que se développent les plantes.

"La semence, c'est la parole de Dieu." Luc 8 :11. "Comme la terre fait sortir son germe, et comme un jardin fait germer ses semences, ainsi le Seigneur, l'Eternel, fera germer la justice et la louange." Ésaïe 61 :11. Il en est de même des semailles spirituelles comme des semailles matérielles : seule la puissance de Dieu engendre la vie.

Le travail du semeur est œuvre de foi. Il ne peut comprendre les mystères de la germination et de la croissance de la semence ; mais il a confiance dans les moyens que Dieu suscite pour faire s'épanouir la végétation. Il jette la graine et espère en retirer une abondante moisson. C'est ainsi que les parents et les maîtres doivent travailler, escomptant qu'une moisson surgira de la semence qu'ils ont jetée.

Il se peut que pendant un temps la bonne graine soit enfouie dans le cœur, comme si elle n'avait pas pris racine ; mais lorsque souffle l'esprit de Dieu, elle se développe et enfin porte du fruit. Dans l'œuvre de notre vie, nous ne savons pas ce qui, de ceci ou de cela, réussira. Nous n'avons pas à en décider. "Dès le matin sème ta semence, et le soir ne laisse pas reposer ta main." Ecclésiaste 11 :6. Dieu s'est engagé à ce que "tant que la terre subsistera, les semailles et la moisson..." ne cessent pas. Genèse 8 :22. Confiant en cette promesse le cultivateur laboure et sème. Ce n'est pas avec moins de confiance que nous devons travailler à des semailles spirituelles, car Dieu nous a donné cette assurance : "Ainsi en est-il de ma parole qui sort de ma bouche : elle ne retourne pas à moi sans effet, sans avoir exécuté ma volonté et accompli avec succès ce pour quoi je l'ai envoyée." Ésaïe 55 :11. "Celui qui s'en va en pleurant, quand il porte la semence à répandre, s'en revient avec cris de triomphe, quand il porte ses gerbes." Psaumes 126 :6.

[118]

[119]

La germination de la plante représente le début de toute vie spirituelle, le développement de la plante est une illustration du développement du caractère. Il ne peut y avoir de vie sans croissance. La plante doit croître ou mourir. Elle grandit silencieusement et imperceptiblement, mais sans cesse ; ainsi doit-il en être de notre caractère. A chaque étape de son développement notre vie peut être parfaite ; néanmoins si le plan conçu pour nous par Dieu se réalise, nous progresserons sans cesse.

C'est en recevant ce que Dieu a préparé pour elle que croît la plante. De même, c'est en collaborant avec les agents divins que nous grandirons spirituellement. Comme la plante s'enracine dans le sol, ainsi nous devons nous enraciner en Christ. Comme la plante reçoit le soleil, la rosée, la pluie, nous devons recevoir le Saint-Esprit. Si nous nous appuyons sur le Christ de tout notre cœur, "il viendra pour nous comme une ondée, comme la pluie du printemps qui arrose la terre" Osée 6 :3. Comme le soleil de justice, il se lèvera sur nous, "et la guérison sera sous ses ailes" Malachie 4 :2. Nous fleurirons "comme le lis", "comme la vigne" Osée 14 :6, 8.

"La terre produit [...] premièrement l'herbe, puis l'épi, enfin le blé bien formé dans l'épi." Marc 4 :28. Le but du paysan lorsqu'il sème et cultive est de récolter du grain pour obtenir du pain pour ceux qui ont faim et de la semence pour d'autres moissons. De même le divin laboureur espère une moisson. Il souhaite reproduire son image dans les cœurs et les vies de ses disciples pour qu'à travers eux elle se reproduise aussi dans d'autres cœurs et d'autres vies.

* * * * *

Le développement progressif de la plante issue de la semence nous apporte un enseignement de pédagogie pratique. "Premièrement l'herbe, puis l'épi, enfin le blé bien formé dans l'épi." Marc 4 :28. Celui qui raconta cette parabole créa la minuscule semence, lui donna son germe de vie et mit en place les lois qui en régissent la croissance. Les vérités enseignées par cette parabole, il les applique dans sa propre vie. Lui, le roi des cieux, le roi de gloire, devint petit enfant à Bethléem, et pendant un temps, nouveau-né désarmé, dépendant des soins de sa mère. Dans son enfance, il parla et agit comme un garçon de son âge, honorant ses parents et respectant leurs désirs avec gentillesse. Mais dès que son intelligence s'éveilla, il ne cessa de grandir dans la grâce et la connaissance de la vérité.

Les parents et les maîtres devraient avoir pour but de cultiver les tendances de la jeunesse de telle façon qu'à chaque étape de la vie elles s'épanouissent dans toute leur beauté, comme les fleurs au jardin.

Les petits devraient être élevés dans la simplicité de l'enfance. Ils devraient apprendre à être heureux des devoirs modestes, des plaisirs et des expériences de leur âge. L'enfance, c'est l'herbe de la parabole, et l'herbe possède une beauté qui n'est qu'à elle. Les enfants ne devraient pas être poussés vers une maturité trop précoce, mais devraient garder aussi longtemps que possible la fraîcheur et la grâce de leurs jeunes années. Plus la vie d'un enfant est paisible et simple — plus elle s'éloigne de tout ce qui est agitation, artifice et plus elle est en harmonie avec la nature — , plus elle est propice au développement d'une vitalité physique et intellectuelle, d'une force spirituelle.

[121]

*****

Le miracle des cinq mille personnes nourries par Jésus montre comment la puissance de Dieu œuvre pour la moisson. Jésus nous fait découvrir le monde naturel et nous révèle la force créatrice qui agit sans cesse pour notre bien. En multipliant la semence jetée dans le sol, celui qui multiplia les pains accomplit chaque jour un miracle. C'est par un miracle qu'il nourrit sans discontinuer des millions de personnes du produit des champs. Les hommes ont été appelés à collaborer avec lui pour surveiller la semence et préparer le pain et, en faisant cela, ils ont oublié l'action divine. On attribue l'œuvre de Dieu à des causes naturelles ou à l'ingéniosité des hommes et trop souvent, ses dons, dénaturés, sont utilisés à des fins égoïstes et deviennent source de malédictions et non de bénédictions. Dieu cherche à changer tout cela. Il désire que nos sens émoussés retrouvent leur finesse pour discerner sa bonté miséricordieuse et pour que ses dons soient pour nous les bénédictions qu'il veut nous accorder.

C'est la parole de Dieu, c'est sa vie, qui donne vie à la semence ; et nous devenons participants de cette vie en mangeant le grain. Dieu désire que nous le comprenions ; il désire que lorsque nous recevons notre pain de chaque jour nous puissions reconnaître son action et nous approcher de lui plus intimement.

* * * * *

Grâce aux lois de Dieu, dans la nature les effets suivent les causes à coup sûr. La moisson atteste les semailles. Ici, aucune feinte n'est possible. Les hommes peuvent tromper leurs semblables et recevoir des louanges et des rémunérations pour des services qu'ils n'ont pas rendus. Mais la nature ne trompe pas. La moisson condamne le cultivateur infidèle. C'est vrai aussi dans le domaine spirituel. C'est en apparence, non en réalité que le mal triomphe. L'enfant qui fait l'école buissonnière, le jeune qui néglige ses études, l'employé ou l'apprenti qui méconnaît les intérêts de son employeur, l'homme qui, dans quelque travail, quelque profession que ce soit, manque à ses responsabilités, peut se flatter que, tant que le mal est caché, il en tire un avantage. Mais non ; il se trompe lui-même. La moisson de notre vie, c'est notre caractère, qui décide de notre avenir, tant pour cette vie que pour la vie future.

La moisson nous montre la reproduction de la semence qui a été jetée en terre. Chaque semence porte du fruit selon son espèce. Il en est de même des traits de caractère que nous cultivons. L'égoïsme, l'amour de soi, la vanité, la recherche des plaisirs n'engendrent qu'eux-mêmes et n'entraînent que misère et ruine. "Celui qui sème pour sa chair, moissonnera de la chair la corruption ; mais celui qui sème pour l'Esprit, moissonnera de l'Esprit la vie éternelle." Galates 6 :8. L'amour, la solidarité, la bonté produisent des fruits bénis, une moisson immortelle.

Pour la récolte, la semence se multiplie. Grâce à un seul grain de froment, semé et semé encore, une terre immense peut se couvrir de gerbes dorées. Une seule vie, une seule action même peuvent avoir une influence comparable.

A quels actes d'amour n'a pas poussé, tout au long des siècles, le souvenir de ce vase d'albâtre brisé pour Jésus ! A quels dons innombrables la générosité d'une pauvre veuve, restée anonyme, seulement "deux petites pièces faisant un quart de sou" (Marc 12 :42), n'a-t-elle pas entraîné les hommes, pour le Sauveur !

Mourir pour vivre

La leçon des semailles nous enseigne la générosité. "Celui qui sème en abondance moissonnera en abondance." 2 Corinthiens 9 :6.

Dieu dit : "Heureux vous qui partout semez le long des eaux." Ésaïe 32 :20. Celui qui sème le long des eaux, c'est celui qui apporte sa collaboration partout où c'est nécessaire. Cela ne le précipitera pas dans la pauvreté : "Celui qui sème en abondance moissonnera en abondance." C'est en jetant la graine que le semeur la multiplie ; de même, c'est parce que nous donnons que nous recevons toujours plus de bénédictions. Dieu nous promet de nous accorder tout ce qui nous est nécessaire, afin que nous puissions continuer à donner.

Mieux encore : lorsque nous partageons les bénédictions de cette vie, celui qui les reçoit se prépare, par la reconnaissance qui remplit son cœur, à accepter les vérités spirituelles ; c'est une moisson pour la vie éternelle.

*****

Le grain jeté en terre illustre le sacrifice accompli pour nous par Jésus. "En vérité, en vérité, je vous le dis, si le grain de blé ne tombe en terre et ne meurt, il reste seul ; mais s'il meurt, il porte beaucoup de fruit." Jean 12 :24. Seul le sacrifice du Christ, semence de vie, pouvait porter du fruit pour le royaume de Dieu. Suivant la loi du monde végétal, la vie naît de la mort.

Ainsi, en tous ceux qui veulent travailler avec le Christ, porter du fruit en lui, l'amour égoïste de soi-même doit mourir ; il faut jeter sa vie dans le sillon du monde et de ses besoins. Mais cet abandon de soi est une sauvegarde. Le cultivateur conserve sa graine en la semant. C'est la vie librement donnée au service de Dieu et des hommes qui est sauvée.

[124]

La semence meurt, pour jaillir en une vie nouvelle. C'est la leçon de la résurrection. Du corps qui va partir en poussière dans la tombe, il est dit : "Semé corruptible, on ressuscite incorruptible. Semé méprisable, on ressuscite glorieux. Semé plein de faiblesse, on ressuscite plein de force." 1 Corinthiens 15 :42, 43.

*****

Que les parents et les maîtres qui essayent d'enseigner tout cela donnent des leçons pratiques. Que les enfants eux-mêmes préparent la terre et sèment les graines. Pendant qu'ils travailleront, parents ou maîtres pourront leur parler de ce jardin qu'est le cœur, qui peut recevoir lui aussi bonnes ou mauvaises graines ; leur dire que, de même que la terre doit être préparée pour recevoir les semences matérielles, le cœur doit l'être pour la semence de vérité. Lorsque la graine sera dans le sol, ils pourront parler de la mort du Christ ; de sa résurrection lorsque pointera le germe. Et, lorsque la plante grandira, ils continueront à comparer semailles matérielles et semailles spirituelles.

C'est ainsi que les jeunes doivent être instruits. La culture du sol nous offre toutes sortes de leçons. Personne ne s'attend à ce qu'un terrain en friche produise tout de suite une moisson. Il faudra un travail assidu, tenace, pour préparer le sol, semer, mener à bien la récolte. Il en est de même pour les semailles spirituelles : le jardin du cœur doit être cultivé. Son sol doit être retourné par la repentance ; les mauvaises herbes qui étouffent le bon grain doivent être arrachées. Comme la terre autrefois envahie par les ronces ne peut être remise en valeur que par un travail diligent, les tendances mauvaises qui sont en nous ne peuvent être maîtrisées que grâce à des efforts persévérants accomplis au nom et avec la puissance du Christ.

[125]

* * * * *

En travaillant, le cultivateur attentif verra des trésors insoupçonnés se révéler à lui. Aucun agriculteur, aucun jardinier ne peut mener à bien sa tâche sans tenir compte des lois de la nature. Chaque plante a des exigences particulières, qui doivent être connues. A chacune correspond une terre, un mode de culture qu'il faut respecter pour réussir. Il faut savoir soigneusement transplanter une plante, en aérer et bien placer les moindres racines, s'occuper des jeunes pousses, tailler et arroser, protéger du froid de la nuit comme du soleil trop ardent, des mauvaises herbes, des maladies, des insectes nuisibles ; tout ce travail nous apporte de précieux enseignements au sujet de la formation du caractère, mais est aussi en soi un moyen de croissance. Développer le soin, la patience, la précision, apprendre à respecter les lois, tout cela est essentiel à l'éducation de l'être humain. Le contact permanent avec les mystères de la vie et la beauté de la nature, la sensibilité qui naît lorsqu'on s'occupe de ces admirables créatures de Dieu tendent à vivifier l'intelligence, à affiner et ennoblir le caractère ; les leçons ainsi apprises préparent l'ouvrier à s'occuper avec plus de succès d'autres esprits.

Chapitre 12 — D'autres leçons encore

Que celui qui est sage prenne garde à ces choses et comprenne les actes bienveillants de l'Eternel. Psaumes 107 :43.

Dieu possède un pouvoir de guérison qui s'exerce à travers la nature entière. Si un arbre est coupé, si un être humain est blessé, la nature entreprend immédiatement de réparer le mal. Avant même que le besoin ne s'en fasse sentir, les puissances de restauration sont prêtes ; dès qu'un coup est porté, toutes les énergies se concentrent pour guérir la blessure. Il en est de même dans le domaine spirituel. Dieu avait prévu un remède au péché avant même son apparition. L'âme qui cède à la tentation est blessée, meurtrie par l'adversaire ; mais là où il y a péché, le Sauveur vient. Il appartient au Christ de "guérir ceux qui ont le cœur brisé ; [...] proclamer aux captifs la délivrance, [...] renvoyer libres les opprimés." Luc 4 :18.

Nous devons participer à cette œuvre. "Si un homme vient à être surpris en quelque faute [...], redressez-le..." Galates 6 :1. Le mot traduit ici par "redresser" signifie "remettre en place", comme l'on remet en place un os déboîté. Quelle image évocatrice ! Celui qui tombe dans l'erreur ou le péché est en rupture avec ce qui l'entoure. Il peut prendre conscience de sa faute et être rempli de remords, mais il ne peut se "redresser" seul. Il est dans un état profond de confusion, de doute, de défaite, d'impuissance. Il a besoin d'être débarrassé de ses souffrances, soigné, réhabilité. "Vous qui êtes spirituels, redressez-le." Galates 6 :1. Seul l'amour qui jaillit du cœur du Christ peut guérir. Seul celui en qui a pénétré cet amour, comme la sève dans l'arbre, le sang dans le corps, peut soulager l'âme meurtrie.

L'amour possède un pouvoir merveilleux car il vient de Dieu. Si nous connaissions "la réponse douce qui calme la fureur" (Proverbes 15 :1), si nous possédions "l'amour [...] patient [...], serviable" (1 Corinthiens 13 :4) qui "couvre une multitude de péchés" (1 Pierre 4 :8), de quel pouvoir de guérison ne serions-nous pas gratifiés !

Comme la vie serait différente : la terre deviendrait alors un avant-goût du ciel.

Ces enseignements précieux peuvent être dispensés simplement et compris même des petits enfants. Le cœur de l'enfant est sensible et impressionnable. Lorsque nous qui sommes plus âgés deviendrons "comme les petits enfants" (Matthieu 18 :3), lorsque nous aurons pénétré la simplicité, la douceur, l'amour profond du Sauveur, nous pourrons sans peine atteindre les cœurs des tout-petits et leur enseigner ce ministère de guérison qui est un ministère d'amour.

* * * * *

La perfection se trouve dans toutes les œuvres de Dieu, des plus petites aux plus grandes. La main qui a suspendu les mondes dans l'espace est celle qui a dessiné les fleurs des champs. Regardez au microscope la plus petite, la plus banale des fleurs qui poussent au bord du chemin, et voyez combien elle est belle et achevée dans les moindres détails. Dans tout ce qu'il y a de plus humble peut exister la perfection ; les tâches les plus communes, accomplies avec amour et fidélité, sont splendides au regard de Dieu. En accordant aux petites choses une attention scrupuleuse nous deviendrons ouvriers avec lui, et recevrons l'approbation de celui qui voit et sait tout.

L'arc qui jette dans le ciel sa courbe de lumière est le témoin de "l'alliance perpétuelle entre Dieu et tous les êtres vivants qui sont sur la terre" Genèse 9 :16. L'arc qui environne le trône divin est aussi pour les enfants de Dieu le témoin de son alliance de paix.

Comme l'arc dans la nue est issu de l'union du soleil et de la pluie, l'arc du trône est l'union de la grâce et de la justice divines. Au pécheur repentant, Dieu dit : "Vis" ; "J'ai trouvé une rançon" Job 33 :24.

"J'avais juré que les eaux de Noé ne se répandraient plus sur la terre ; je jure de même de ne plus m'indigner contre toi et de ne plus te menacer. Quand les montagnes s'ébranleraient, quand les collines chancelleraient, ma bienveillance pour toi ne sera pas ébranlée, et mon alliance de paix ne chancellera pas, dit l'Eternel, qui a compassion de toi." Ésaïe 54 :9, 10.

Le message des étoiles

Les étoiles aussi ont un message d'encouragement pour chacun de nous. A ces heures auxquelles nul n'échappe, où le cœur est faible et la tentation cruelle, où les difficultés semblent insurmontables, les objectifs que l'on s'est fixés hors d'atteinte, où les plus belles promesses de la vie s'évanouissent comme un mirage, où puiser courage et résolution mieux que dans l'enseignement que Dieu nous offre à travers la course paisible des étoiles ?

"Levez les yeux en haut, et regardez ! Qui a créé ces choses ? C'est celui qui fait sortir leur armée au complet. Il les appelle toutes par leur nom, par son grand pouvoir et sa force puissante : pas une qui ne fasse défaut. Pourquoi dis-tu, Jacob, pourquoi répètes-tu, Israël : ma destinée est cachée à l'Eternel, mon droit passe inaperçu de mon Dieu ? Ne l'as-tu pas reconnu ? Ne l'as-tu pas entendu ? C'est le Dieu d'éternité, l'Eternel, qui a créé les extrémités de la terre ; il ne se fatigue ni ne se lasse ; son intelligence est insondable. Il donne de la force à celui qui est fatigué et il augmente la vigueur de celui qui est à bout de ressources." Ésaïe 40 :26-29. "Sois sans crainte, car je suis avec toi ; n'ouvre pas des yeux inquiets, car je suis ton Dieu ; je te fortifie, je viens à ton secours, je te soutiens de ma droite victorieuse. [...] Je suis l'Eternel, ton Dieu, qui saisit ta main, qui te dit : sois sans crainte, je viens à ton secours." Ésaïe 41 :10, 13.

* * * * *

Le palmier, malgré l'ardeur du soleil et la brutalité des tempêtes de sable, se dresse vert, resplendissant, fécond, au milieu du désert. Il est nourri par des sources vives. Son feuillage domine l'étendue brûlée, désertique. Et le voyageur épuisé presse ses pas défaillants vers l'ombre fraîche et l'eau vivifiante.

L'arbre du désert symbolise ce que Dieu attend de ses enfants. Ils doivent guider les âmes fatiguées, troublées, près de mourir dans le désert du péché, vers la source de vie. Ils doivent diriger leurs prochains vers celui qui fait cette invitation : "Si quelqu'un a soif, qu'il vienne à moi et qu'il boive." Jean 7 :37.

* * * * *

Le fleuve large et profond qui sert de voie de communication et d'échange aux peuples du monde est considéré comme un avantage universel ; et les petits ruisseaux qui ont contribué à former ce vaste cours d'eau ? Sans eux, il n'y aurait plus de fleuve ; son existence dépend d'eux. De même les hommes appelés à diriger quelque grand ouvrage sont loués comme si la réussite de l'entreprise n'était due qu'à eux, et non à la collaboration fidèle d'innombrables travailleurs modestes — des hommes dont le monde ne sait rien. La plupart des travailleurs peinent sans jamais recevoir d'éloges, sans que leur ouvrage soit même reconnu. Beaucoup en sont mécontents ; ils ont le sentiment que leur vie est gâchée. Mais le ruisselet qui va sans bruit son petit bonhomme de chemin à travers bocages et prairies, prodiguant bien-être, beauté et fertilité, est aussi utile que le fleuve. Et en participant à la vie de celui-là, il l'aide à accomplir ce que le grand cours d'eau ne pourrait faire seul.

Nous sommes nombreux à avoir besoin de cette leçon. On idolâtre le talent, on espère se faire une place dans la société. Trop de gens ne veulent rien faire à moins d'être considérés comme des chefs. Trop ont besoin d'être loués pour s'intéresser à leur travail. Nous devons apprendre à utiliser avec fidélité les dons et les occasions qui sont nôtres et à être heureux de ce que Dieu nous accorde.

Une leçon de confiance

"Interroge donc les bêtes, elles t'instruiront, les oiseaux du ciel, ils te le révéleront, [...] et les poissons de la mer te le raconteront." Job 12 :7, 8. "Va vers la fourmi [...] ; considère ses voies." Proverbes 6 :6. "Regardez les oiseaux du ciel." Matthieu 6 :26. "Considérez les corbeaux." Luc 12 :24.

[132]

Nous ne devons pas nous contenter de parler aux enfants de ces créatures de Dieu. Les animaux eux-mêmes ont des leçons à leur apprendre. Les fourmis leur enseigneront l'assiduité patiente, la persévérance nécessaire pour franchir les obstacles, la prévoyance. Et les oiseaux leur enseigneront la confiance. Notre Père céleste veille à ce qu'ils aient tout ce qu'il leur faut, mais ils doivent chercher leur nourriture, bâtir leurs nids, élever leurs petits. A tout instant ils peuvent être à la merci d'ennemis décidés à les détruire. Et pourtant comme ils travaillent gaiement ! Comme leurs petits chants sont joyeux !

Elle est belle, la description que fait le psalmiste de la façon dont Dieu veille sur les créatures des bois :

> Les montagnes élevées sont pour les bouquetins,
> Les rocs sont le refuge des damans.

Psaumes 104 :18

Dieu commande aux sources de courir à travers les coteaux où habitent les oiseaux, où "ils font retentir leur voix parmi le feuillage" Psaumes 104 :12. Toutes les créatures des bois et des collines font partie de sa grande maisonnée. Il ouvre la main et rassasie "à souhait tout ce qui a vie" Psaumes 145 :16.

* * * * *

L'aigle des Alpes est parfois rabattu par la tempête dans d'étroits défilés. D'épais nuages entourent alors le grand oiseau de la forêt, et le séparent des hauteurs ensoleillées où il a construit son nid. Tous les efforts qu'il fait pour leur échapper semblent vains. Il s'élance çà et là, battant l'air de ses ailes puissantes et jetant ses appels à tous les échos. Enfin, avec un cri de triomphe, il part en flèche, traverse les nuages et rejoint le ciel clair, laissant bien loin au-dessous de lui l'obscurité et la tempête. Nous pouvons nous aussi être assiégés par les difficultés, le découragement, les ténèbres, assaillis par les mensonges, les malheurs, les injustices, plongés dans des nuages que nous ne pouvons chasser, aux prises avec des événements contre lesquels nous nous battons en vain. Il n'y a qu'une seule issue. Les brouillards et les nuages s'accrochent à la terre ; plus haut brille la lumière de Dieu. C'est vers elle que nous pouvons nous élever sur les ailes de la foi.

* * * * *

Il est tant d'enseignements que nous pouvons recevoir ainsi ! L'arbre qui pousse seul dans la plaine ou au flanc de la montagne, qui enfonce profondément en terre ses racines et qui, de toute sa puissance rugueuse, défie la tempête, nous apprend à compter sur nous-mêmes. Le tronc noueux, informe, d'un arbre tordu lorsqu'il n'était encore qu'arbuste et auquel aucun pouvoir terrestre n'a pu redonner son harmonie perdue, nous montre la force des premières influences. Le nénuphar qui, dans quelque mare pleine de vase, environné de mauvaises herbes et de saletés, enfonce ses racines jusque dans le sable pur et, trouvant là de quoi vivre, élève à la lumière une fleur parfumée et immaculée, nous révèle le secret d'une vie sainte.

* * * * *

Ainsi, pendant que les enfants et les jeunes s'instruisent auprès de leurs maîtres, à l'aide de leurs manuels, qu'ils apprennent aussi à tirer les leçons des faits, à discerner la vérité par eux-mêmes. Lorsqu'ils jardinent, interrogez-les sur ce qu'ils découvrent en veillant sur leurs plantes. Lorsqu'ils admirent un paysage, demandez-leur pourquoi Dieu a revêtu les champs et les bois de tant de nuances différentes et délicates ; pourquoi tout n'est-il pas brun ? Lorsqu'ils font un bouquet, amenez-les à chercher pourquoi le Seigneur a permis aux fleurs égarées loin de l'Eden de conserver pour nous leur beauté. Enseignez-leur à découvrir tout ce qui dans la nature prouve que Dieu se préoccupe de nous, et la façon merveilleuse dont tout concourt à nos besoins et à notre bonheur.

[134]

Seul celui qui reconnaît dans la nature l'ouvrage de son Père céleste, qui voit dans les richesses et les beautés de la terre l'empreinte du Seigneur peut tirer de ce qui l'environne des leçons profondes et bénéficier au maximum des bienfaits prodigués par la nature. Seul peut apprécier la colline et la vallée, le fleuve et la mer celui qui voit Dieu à travers eux.

Les écrivains bibliques ont tiré de la nature de nombreuses illustrations et c'est en observant l'univers que nous pourrons, sous l'influence du Saint-Esprit, comprendre plus pleinement les leçons de la Parole de Dieu. C'est ainsi que la nature devient la clé de la Parole.

Il faudrait encourager les enfants à chercher dans la nature les éléments qui illustrent les enseignements de la Bible, à relever dans la Bible les comparaisons tirées de la nature. Ils devraient s'efforcer de découvrir dans la nature et dans l'Ecriture sainte également tout ce qui représente le Christ, et aussi ce qu'il utilise pour illustrer la vérité. Qu'ils apprennent à le voir à travers l'arbre et la vigne, le lis et la rose, le soleil et l'étoile ; qu'ils entendent sa voix dans le chant des oiseaux, le murmure de la forêt, le grondement du tonnerre, la symphonie de la mer. Que tout dans la nature leur prodigue de précieuses leçons !

Pour ceux qui seront ainsi en contact avec le Christ, la terre ne paraîtra plus jamais vide et désolée. Ce sera la maison de leur Père, remplie de la présence de celui qui autrefois habitait parmi les hommes.

La Bible, un éducateur

[138]

Ils te dirigeront dans ta marche, ils te garderont sur ta couche, ils te parleront à ton réveil. Proverbes 6 :22.

[139] # Chapitre 13 — Culture mentale et spirituelle

C'est par la connaissance que les chambres se remplissent de tous les biens précieux et agréables. Proverbes 24 :4.

La loi divine demande que la vigueur de l'esprit et de l'âme, comme celle du corps, s'acquière et se développe par des efforts et un entraînement constant. Dieu nous a donné dans sa Parole des indications propres à notre développement intellectuel et spirituel.

La Bible contient tous les principes que les hommes ont besoin d'assimiler pour être aptes à cette vie comme à la vie à venir. Tous peuvent comprendre ces principes. Le moindre passage de la Parole de Dieu suscitera, chez tous ceux qui la lisent avec un esprit bien disposé, des réflexions bénéfiques. Mais l'enseignement le plus précieux ne sera pas saisi à travers une étude fortuite, intermittente. L'ensemble des vérités profondes de la Bible ne peut être discerné par un lecteur pressé ou peu attentif. Bien des trésors sont cachés en profondeur et ne peuvent être découverts qu'à force de recherches assidues et d'efforts persévérants. Ces vérités qui forment un grand tout doivent être poursuivies et rassemblées, "un peu ici, un peu là"
[140] Ésaïe 28 :10.

Alors on constatera qu'elles s'accordent parfaitement entre elles. Chaque évangile complète les autres, chaque prophétie explique l'autre, les vérités se répondent et se parachèvent. La signification du judaïsme devient évidente grâce à l'Evangile. Chaque principe a sa place dans la Parole de Dieu, chaque fait a son sens. Et l'ensemble, par son dessein et sa facture, témoigne de son auteur. Seul le Dieu infini pouvait le concevoir et en venir à bout.

L'étude des différentes parties de la Bible et des relations qui existent entre elles engage dans une activité intense les plus hautes facultés de l'esprit de l'homme. Personne ne peut se lancer dans une telle étude sans développer ses possibilités mentales.

La valeur de l'étude de la Bible ne réside pas seulement dans la recherche et la synthèse des vérités qu'elle nous offre, mais aussi dans l'effort qu'il faut accomplir pour saisir les sujets offerts. La pensée préoccupée seulement de questions banales se rétrécit et s'affaiblit. Si elle ne s'exerce jamais sur des vérités profondes et de grande portée, elle perdra, au bout d'un certain temps, la possibilité de se développer. L'étude de la Parole de Dieu est la meilleure protection contre la dégénérescence, le meilleur stimulant au progrès de l'esprit. La Bible est un moyen de formation intellectuelle plus efficace que n'importe quel autre livre, et même que tous les autres livres réunis. La grandeur de ses sujets, la simplicité digne de ses expressions, la beauté de ses images stimulent et élèvent les pensées mieux que tout autre ouvrage ne le ferait. L'effort à fournir pour saisir les formidables vérités de la révélation développe une force mentale qu'aucune autre étude ne pourrait dispenser. L'esprit mis ainsi en contact avec la pensée du Dieu infini ne peut que croître et s'affermir.

[141]

Le pouvoir de la Bible sur notre développement spirituel est encore plus grand. L'homme, créé pour être le compagnon de Dieu, ne peut trouver de vie réelle, de progrès profond que dans une relation avec le Seigneur. Créé pour éprouver en Dieu toute sa joie, il ne peut trouver ailleurs de quoi apaiser les désirs de son cœur, satisfaire la faim et étancher la soif de son âme. Celui qui étudie la Parole de Dieu avec sincérité, en souhaitant s'instruire de ses vérités, établira une relation avec son auteur ; et il n'y aura pas de limites aux progrès de cet homme, à moins qu'il n'en pose lui-même.

Par la diversité de ses styles et de ses sujets, la Bible peut intéresser tous les esprits, attirer tous les cœurs. Dans ses pages, on trouve l'histoire de la plus haute Antiquité, les biographies les plus exactes, des principes de gouvernement, d'économie domestique — que la sagesse humaine n'a jamais égalés. On y trouve la philosophie la plus profonde, la poésie la plus délicate et la plus grandiose, la plus vibrante et la plus émouvante. Même sur ces plans-là les textes bibliques sont incomparablement supérieurs à tous les autres textes. Mais si on les considère en rapport avec la grande pensée centrale, leur valeur, leur portée deviennent immenses. Chaque sujet prend alors un sens nouveau. Les vérités les plus simplement dites contiennent des principes dont les dimensions approchent celles des cieux et de l'éternité.

Le thème central de la Bible, celui auquel se rattachent tous les autres, est le plan de la rédemption, la restauration en l'homme de l'image de Dieu. De la première lueur d'espoir donnée en Eden jusqu'aux promesses glorieuses de l'Apocalypse : "Ses serviteurs verront sa face, et son nom sera sur leurs fronts" (Apocalypse 22 :4), la substance de chaque livre, de chaque passage de la Bible est la révélation de cette merveille : la rédemption de l'homme, et donc la puissance de Dieu "qui nous donne la victoire par notre Seigneur Jésus-Christ !" 1 Corinthiens 15 :57.

[142]

Celui qui s'empare de cette pensée voit s'ouvrir devant lui un champ d'étude infini. Il possède la clé qui lui ouvrira le trésor de la Parole de Dieu.

La science de la rédemption est la science suprême ; les anges et les mondes fidèles à Dieu l'étudient, notre Seigneur et Sauveur lui accorde toute son attention ; elle entre dans le plan préparé par le Créateur et "tenu secret dès l'origine des temps" (Romains 16 :25) ; les rachetés la sonderont aux siècles des siècles. L'homme ne peut s'engager dans une étude plus haute ; mieux que toute autre, elle aiguise l'esprit et élève l'âme.

"L'avantage de la connaissance c'est que la sagesse fait vivre ceux qui la possèdent." Ecclésiaste 7 :12. "Les paroles que je vous ai dites sont Esprit et vie." Jean 6 :63. "La vie éternelle, c'est qu'ils te connaissent, toi, le seul vrai Dieu, et celui que tu as envoyé, Jésus-Christ." Jean 17 :3.

L'énergie créatrice qui appelle les mondes à l'existence jaillit de la Parole de Dieu. Cette Parole communique la force, engendre la vie. Chaque prescription est une promesse qui apporte la vie divine à qui l'accepte de toute sa volonté et la reçoit dans son âme. La Parole de Dieu transforme le caractère et recrée l'homme à l'image de son Seigneur.

La vie ainsi engendrée se poursuivra, fortifiée de même "de toute parole qui sort de la bouche de Dieu" Matthieu 4 :4.

[143]

L'esprit et l'âme sont faits de ce dont ils se nourrissent, et il nous revient de choisir leur nourriture. Chacun doit décider de ce qui occupera ses pensées et façonnera son caractère. Dieu dit de ceux qui ont le privilège d'accéder aux Ecritures : "Que j'écrive pour lui tous les détails de ma loi." Osée 8 :12. "Invoque-moi, et je te répondrai ; je t'annoncerai de grandes choses, des choses cachées, que tu ne connaissais pas." Jérémie 33 :3.

Avec la Parole de Dieu entre les mains, tout être humain, quelle que soit sa part dans cette vie, peut choisir ses amis. Il peut s'entretenir avec les plus nobles, les meilleurs des hommes ; il peut écouter la voix de l'Eternel qui leur parle. Tout en étudiant et en méditant les thèmes dans lesquels "les anges désirent plonger leurs regards" (1 Pierre 1 :12) il peut jouir de la compagnie des messagers de Dieu. Il peut suivre les pas du divin Maître et écouter les paroles qu'il prononça sur la montagne, dans la plaine, au bord de la mer. Il peut vivre sur cette terre dans une atmosphère céleste, communiquant à ceux qui souffrent et qui sont tentés l'espérance et le désir d'une vie sainte ; s'approchant toujours plus de Dieu, semblable à celui qui marcha avec lui, toujours plus près du seuil du monde éternel, jusqu'à ce que les portes s'ouvrent et qu'il puisse entrer. Il ne s'y sentira pas étranger. Les voix qui le salueront seront celles des saints qui étaient déjà sur terre ses compagnons invisibles — des voix qu'il aura appris à connaître et à aimer. Lui qui aura vécu de la Parole de Dieu en communion avec le ciel se sentira chez lui en compagnie des êtres célestes.

Chapitre 14 — Science et Bible

Qui ne reconnaît chez eux la preuve que la main de l'Eternel a fait tout cela. Job 12 :9.

Puisque le livre de la nature et le livre de la révélation sont issus à l'origine de la même intelligence, ils ne peuvent que s'accorder. De façons différentes, dans des langages différents, ils attestent les mêmes vérités. La science découvre sans cesse de nouvelles merveilles et aucune de ses recherches, si nous les comprenons bien, n'entre en contradiction avec la révélation divine. La nature et la parole écrite s'éclairent mutuellement. Elles nous font connaître Dieu en nous enseignant certains aspects des lois à travers lesquelles il agit.

Toutefois des conclusions erronées tirées de faits naturels ont poussé les hommes à imaginer que la science et la révélation s'opposaient ; et dans un désir profond de rétablir l'harmonie, on a adopté pour les Ecritures des interprétations qui sapent et détruisent l'autorité de la Parole de Dieu. On a pensé que la géologie était en contradiction flagrante avec l'interprétation littérale du récit mosaïque de la création. Il a fallu des millions d'années — est-il proclamé — pour que le monde sorte du chaos ; alors, pour adapter la Bible à cette prétendue révélation de la science, on a considéré que chaque jour de la création recouvrait une période infiniment longue : des milliers ou même des millions d'années.

Une telle conclusion est totalement déplacée. Le récit de la Bible ne se contredit ni ne contredit la nature. Du premier jour consacré au travail de la création, il est dit : "Il y eut un soir et il y eut un matin : ce fut un jour." Genèse 1 :5. Chacun des six jours de la création est présenté de façon analogue. La parole inspirée nous déclare que chacune de ces périodes a été un jour, avec un soir et un matin, comme tous les autres jours depuis lors. En ce qui concerne le travail de création lui-même, la Bible nous dit : "Car il dit, et [la chose] arrive ; il ordonne, et elle existe." Psaumes 33 :9.

Combien de temps fallait-il donc à Celui qui peut ainsi appeler à la vie des mondes innombrables, pour faire sortir la terre du chaos ? Pour rendre compte de ses œuvres, devons-nous dénaturer sa Parole ?

Il est vrai que des vestiges trouvés en terre attestent l'existence d'hommes, d'animaux, de plantes beaucoup plus grands que ceux que nous connaissons. On les considère comme des preuves d'une existence végétale et animale antérieure au temps du récit mosaïque. Mais l'histoire telle que nous la trouvons dans la Bible nous fournit d'abondantes explications à ce sujet. Avant le déluge, le développement de la faune et de la flore était incomparablement supérieur à ce qu'il est maintenant. Au moment du déluge, la surface de la terre fut brisée, d'importants changements eurent lieu et la croûte terrestre se reconstitua, renfermant en son sein de nombreux témoignages de la vie antédiluvienne. Les immenses forêts enfouies sous terre au temps du déluge se transformèrent pour devenir d'immenses bassins houillers et des gisements de pétrole si précieux à notre confort d'aujourd'hui. Tous ces faits, au fur et à mesure qu'on les découvre, se révèlent être autant de témoins muets de la véracité de la Parole divine. [147]

Une autre théorie va de pair avec la théorie de l'évolution de la terre : c'est celle qui rattache l'homme, couronnement de la création, à une ascendance de quadrupèdes, de mollusques et de bactéries.

Mesurons les occasions de recherche qui s'offrent à l'homme, la brièveté de sa vie ; voyons combien son action est limitée, combien sa vision des choses est restreinte, ses erreurs de conclusion nombreuses et importantes, surtout en ce qui concerne les faits considérés comme antérieurs à l'époque biblique ; à quel rythme les prétendues démonstrations scientifiques sont revues ou rejetées ; avec quelle promptitude on ajoute ou on retranche de temps à autre quelques millions d'années à la période présumée être celle de l'évolution de la terre ; à quel point les théories avancées par les savants diffèrent les unes des autres. Face à tout cela, accepterons-nous, pour avoir le privilège de descendre de bactéries, de mollusques et d'anthropoïdes, de rejeter cette déclaration de la Parole sainte, si grande en sa simplicité : "Dieu créa l'homme à son image : il le créa à l'image de Dieu." Genèse 1 :27. Répudierons-nous cet arbre généalogique — plus noble que celui d'un roi — "fils d'Adam, fils de Dieu" Luc 3 :38 ?

Bien comprises, les découvertes de la science et les expériences de la vie s'avèrent être en parfait accord avec le témoignage que nous donnent les Ecritures de l'œuvre incessante de Dieu dans la nature.

Dans l'hymne rapportée par Néhémie, les Lévites chantent ainsi : "C'est toi, Eternel, toi seul, qui as fait les cieux, les cieux des cieux et toute leur armée, la terre et tout ce qui est sur elle, les mers et tout ce qu'elles renferment. A tout cela, tu donnes la vie..." Néhémie 9:6.

L'Ecriture déclare le travail de la création achevé en ce qui concerne notre terre : "Les œuvres de Dieu étaient [...] faites depuis la fondation du monde." Hébreux 4:3. Mais Dieu continue de sa toute-puissance à soutenir ses créatures. Il n'y a pas de mécanisme qui une fois mis en mouvement continue sur sa propre lancée pour que le cœur batte de lui-même, que la respiration s'effectue seule. Chaque souffle, chaque battement prouve que celui en qui nous avons "la vie, le mouvement, l'être" (Actes 17:28) veille sur nous. Toute créature, du plus minuscule insecte jusqu'à l'homme, dépend chaque jour de la providence divine.

> Tous ces animaux mettent leur espoir en toi,
> > Pour que tu leur donnes leur nourriture en son temps.
> Tu la leur donnes et ils la recueillent ;
> > Tu ouvres la main et ils se rassasient de biens.
> Tu caches ta face ; ils sont épouvantés ;
> > Tu leur retires le souffle : ils expirent
> Et retournent dans leur poussière.
> > Tu envoies ton souffle : ils sont créés,
> Et tu renouvelles la face du sol.
>
> Psaumes 104:27-30

> Il étend le septentrion sur le vide,
> > Il suspend la terre sur le néant.
> Il renferme les eaux dans ses nuages,
> > Et les nuées ne crèvent pas sous leur poids. [...]
> Il a tracé un cercle à la surface des eaux,
> > Jusqu'à la limite entre la lumière et les ténèbres.
> Les colonnes du ciel s'ébranlent

> Et s'étonnent à sa menace.
> Par sa force il fait trembler la mer, [...]
> Par son souffle le ciel devient immaculé,
> Sa main transperce le serpent fuyard.
> Si telles sont les moindres de ses actions,
> — Et combien léger est l'écho que nous en percevons —,
> Alors qui comprendra le tonnerre de sa puissance ?

Job 26 :7-14

> L'Eternel [fraye] son chemin dans le tourbillon,
>   dans la tempête,
> Les nuées sont la poussière de ses pieds.

Nahum 1 :3

La puissance qui s'exerce à travers la nature entière et qui nourrit toutes choses n'est pas, comme l'affirment certains savants, un pur principe, une énergie en action qui s'insinue partout. Dieu est esprit ; et pourtant c'est une personne, puisque l'homme a été fait à son image. Il s'est révélé à nous à travers son Fils en tant que personne. Jésus, rayonnement de la gloire du Père, et "expression de son être" (Hébreux 1 :3), était sur terre semblable aux hommes. C'est une personne, notre Sauveur, qui vint dans le monde, qui remonta aux cieux, où il intercède pour nous. Devant le trône de Dieu il parle en notre faveur "comme un fils d'homme" Daniel 7 :13.

L'apôtre Paul, guidé par le Saint-Esprit, déclare à propos du Christ que "tout a été créé par lui et pour lui. Il est avant toutes choses et tout subsiste en lui" Colossiens 1 :16, 17. La main qui soutient les mondes dans l'espace, qui maintient dans un ordre parfait, dans une activité incessante toutes choses à travers l'univers est celle de Jésus cloué pour nous sur la croix.

La grandeur de Dieu échappe à notre compréhension. "L'Eternel a son trône dans les cieux" (Psaumes 11 :4) ; cependant, par son esprit, il est présent partout. Il connaît intimement chacune de ses œuvres, il s'intéresse personnellement à chacune.

> Qui est semblable à l'Eternel, notre Dieu ?
>   Il s'élève très haut pour siéger ;

[150]

> Il s'abaisse pour regarder
> Les cieux et la terre.

Psaumes 113 :5, 6

> Où irais-je loin de ton Esprit
> Et où fuirais-je loin de ta face ?
> Si je monte aux cieux, tu y es ;
> Si me couche au séjour des morts, t'y voilà.
> Si je prends les ailes de l'aurore,
> Et que j'aille demeurer au-delà de la mer,
> Là aussi ta main me conduira,
> Et ta droite me saisira.

Psaumes 139 :7-10

> Tu sais quand je m'assieds et quand je me lève,
> Tu comprends de loin ma pensée ;
> Tu sais quand je marche et quand je me couche,
> Et tu pénètres toutes mes voies...
> Tu m'entoures par derrière et par devant,
> Et tu mets ta main sur moi.
> Une telle science est trop merveilleuse pour moi,
> Trop élevée pour que je puisse la saisir.

Psaumes 139 :2, 3, 5, 6

C'est le Créateur de toutes choses qui a fait en sorte que les moyens soient adaptés aux fins, les remèdes aux besoins. C'est lui qui a veillé à ce que, dans le monde matériel, chaque désir légitime soit satisfait. Lui qui a engendré l'âme humaine, avec ses aptitudes à savoir et aimer. Et il n'est pas dans la nature de Dieu de laisser les demandes de l'âme sans réponse. Aucun principe impalpable, aucune substance impersonnelle, aucune abstraction ne pourra assouvir les besoins et les aspirations des hommes aux prises dans cette vie avec le péché, la tristesse et la souffrance. Il ne peut suffire de croire dans la loi et dans la puissance, dans des choses qui n'éprouvent aucun sentiment de compassion, qui n'entendent jamais les appels au secours. Nous avons besoin d'un bras puissant qui nous soutienne, d'un ami parfait qui ait pitié de nous. Nous avons besoin de serrer une main chaleureuse, de nous confier en un cœur plein de tendresse. Et Dieu dans sa Parole se révèle tel.

Celui qui étudie en profondeur les mystères de la nature prendra pleinement conscience de son ignorance et de sa faiblesse. Il comprendra qu'il existe des abîmes qu'il ne peut sonder, des sommets qu'il ne peut atteindre, des secrets qu'il ne peut pénétrer, de vastes champs de connaissances qu'il ne peut approfondir. Il pourra dire, avec Newton : "Je m'imagine avoir été un jeune garçon qui a joué sur la plage, qui a trouvé parfois un caillou mieux poli, une coquille plus gracieuse tandis que le grand océan des vérités étalait devant lui son mystère."

Ceux qui étudient en profondeur la science sont contraints de reconnaître qu'un pouvoir infini est à l'œuvre dans la nature. Pour l'homme livré à sa seule raison, les enseignements de la nature ne peuvent qu'être contradictoires et décevants. Ils ne pourront être correctement interprétés qu'à la lumière de la révélation. "C'est par la foi que nous comprenons." Hébreux 11 :3.

"Au commencement Dieu…" Genèse 1 :1. C'est là seulement que l'esprit agité de questions incessantes, comme la colombe qui se réfugiait dans l'arche, trouve le repos. L'amour de Dieu se trouve partout, en haut, en bas, au-delà, il est à l'œuvre en toutes choses pour accomplir "tous les desseins bienveillants de sa bonté" 2 Thessaloniciens 1 :11.

"Les (perfections) invisibles de Dieu, sa puissance éternelle et sa divinité, se voient fort bien depuis la création du monde, quand on les considère dans ses ouvrages." Romains 1 :20. Mais leur témoignage ne peut être compris qu'avec l'aide du divin Maître. "Qui donc, parmi les hommes, sait ce qui concerne l'homme, si ce n'est l'esprit de l'homme qui est en lui ? De même, personne ne connaît ce qui concerne Dieu, si ce n'est l'Esprit de Dieu." 1 Corinthiens 2 :11.

"Quand il sera venu, lui, l'Esprit de vérité, il vous conduira dans toute la vérité." Jean 16 :13. C'est seulement par l'Esprit, qui, au commencement "planait au-dessus des eaux", par la Parole par laquelle "tout a été fait", par "la véritable lumière qui, en venant dans le monde, éclaire tout homme", que le témoignage de la science peut être correctement interprété. C'est sous leur direction uniquement que nous pouvons discerner les vérités les plus profondes.

Ce n'est que si nous nous remettons entre les mains du Dieu omniscient que nous pourrons, en étudiant ses œuvres, modeler nos pensées sur les siennes.

Chapitre 15 — Principes et méthodes de travail

Celui qui marche dans l'intégrité marchera en sécurité. Proverbes 10 :9.

La Bible nous offre les éléments de préparation indispensables à toute activité légitime. Ses principes d'assiduité, d'honnêteté, d'économie, de modération, de pureté sont le secret d'une réussite authentique. Présentés dans le livre des Proverbes, ils forment un trésor de sagesse pratique. Où donc le marchand, l'artisan, le directeur d'entreprise trouveront-ils de meilleures règles de conduite pour eux-mêmes et leurs employés que dans ces paroles du sage :

"Si tu vois un homme habile dans son ouvrage il se tiendra devant des rois ; il ne se tiendra pas devant des gens obscurs." Proverbes 22 :29.

"En tout travail se trouve du profit, mais les paroles toutes seules ne mènent qu'à la disette." Proverbes 14 :23.

"L'âme du paresseux a des désirs qui n'aboutissent à rien." Proverbes 13 :4.

"L'ivrogne et celui qui fait des excès s'appauvrissent, et l'assoupissement fait porter des haillons." Proverbes 23 :21.

"Celui qui répand la calomnie dévoile les secrets ; ne fréquente pas celui qui ouvre ses lèvres." Proverbes 20 :19.

"Celui qui ménage ses discours possède la connaissance." Proverbes 17 :27.

"Mais tout homme stupide est déchaîné." Proverbes 20 :3.

"N'entre pas dans le sentier des méchants." Proverbes 4 :14.

"Quelqu'un marchera-t-il sur des charbons ardents, sans que ses pieds soient brûlés ?" Proverbes 6 :28.

"Celui qui marche avec les sages devient sage." Proverbes 13 :20.

"Celui qui a des amis peut les avoir pour son malheur." Proverbes 18 :24.

Nos obligations mutuelles sont ainsi définies par le Christ : "Tout ce que vous voulez que les hommes fassent pour vous, vous aussi, faites-le de même pour eux." Matthieu 7 :12.

* * * * *

Combien d'hommes auraient échappé à la faillite, à la ruine, s'ils avaient prêté attention aux avertissements maintes fois répétés, avec insistance, par les Ecritures !

"Celui qui se hâte de s'enrichir ne sera pas tenu pour innocent." Proverbes 28 :20.

"Les biens mal acquis diminuent, mais celui qui amasse peu à peu les augmente." Proverbes 13 :11.

"Des trésors acquis par une langue fausse sont une vanité fugitive de gens qui recherchent la mort." Proverbes 21 :6.

"Celui qui emprunte est l'esclave de celui qui prête." Proverbes 22 :7.

"Celui qui se porte garant pour autrui s'en trouve mal, mais celui qui déteste les engagements est en sécurité." Proverbes 11 :15.

"Ne déplace pas la borne ancienne et n'entre pas dans le champ des orphelins ; car leur vengeur est puissant : il défendra leur cause contre toi." Proverbes 23 :10, 11.

"Celui qui opprime l'indigent, (arrive) à l'enrichir, celui qui donne au riche, n'(arrive) qu'à l'appauvrir." Proverbes 22 :16.

"Celui qui creuse une fosse y tombe, et la pierre revient sur celui qui la roule." Proverbes 26 :27.

Du respect de ces principes dépend le bien-être de la société et des communautés, tant profanes que religieuses. Ce sont ces principes qui garantissent la sécurité de la propriété et de la vie. Pour tout ce qui rend possibles la confiance et la collaboration, le monde est redevable à la loi divine, telle que nous la donne la Parole, cette loi dont il subsiste encore des traces, souvent bien légères, presque effacées, dans le cœur de l'homme.

* * * * *

La phrase du psalmiste : "Mieux vaut pour moi la loi de la bouche que mille objets d'or et d'argent" (Psaumes 119 :72) affirme une vérité valable en dehors de toute considération religieuse. Elle révèle une vérité absolue, reconnue dans le monde des affaires. Même à notre époque de course à l'argent, où la rivalité est si vive, les méthodes si peu délicates, il est encore généralement reconnu qu'un jeune homme débutant dans la vie possédera, avec l'honnêteté, l'assiduité, la modération, la pureté, le sens de l'économie, un capital plus précieux que ne le serait n'importe quelle somme d'argent.

* * * * *

Pourtant, même parmi ceux qui apprécient ces qualités et reconnaissent qu'elles sont issues de la Bible, peu discernent sur quel principe elle repose.

La base de l'honnêteté dans les affaires, et d'une réussite authentique, c'est la reconnaissance que Dieu possède toutes choses. Le Créateur est le premier propriétaire ; nous sommes ses intendants. Tout ce que nous avons, c'est lui qui nous l'a confié, pour que nous l'utilisions selon ses voies.

Cette obligation repose sur chaque homme, et concerne toutes les activités humaines. Que nous le reconnaissions ou non, nous sommes des administrateurs auxquels Dieu a accordé talents et aptitudes, placés dans le monde pour accomplir l'œuvre qu'il nous a confiée.

A chaque homme est distribuée "sa tâche" (Marc 13 :34), tâche à laquelle le disposent ses capacités, tâche dont sortira le plus grand bien pour lui-même et pour ses semblables, à la plus grande gloire de Dieu.

Ainsi notre travail, notre vocation fait partie du plan divin, et tant que nous l'assumons selon la volonté du Seigneur, il prend lui-même la responsabilité des résultats. "Comme ouvriers avec Dieu" (1 Corinthiens 3 :9), notre part est d'accepter avec foi la direction divine. Alors il n'y a pas place pour l'inquiétude. Il nous faut être assidus, fidèles, appliqués, économes, réservés. Chacune de nos possibilités doit être exploitée au maximum. Nous ne dépendons pas de l'issue de nos efforts, mais de la promesse de Dieu. La parole qui nourrissait Israël au désert, et Elisée pendant la famine, a toujours la même puissance. "Ne vous inquiétez donc pas, en disant : Que mangerons-nous ? Ou : Que boirons-nous ? [...] Cherchez premièrement son royaume et sa justice (de Dieu), et tout cela vous sera donné pardessus." Matthieu 6 :31, 33.

* * * * *

Celui qui accorde aux hommes le pouvoir de devenir riches leur assigne en même temps un devoir. Il nous demande une part bien précise de tout ce que nous acquérons. La dîme appartient au Seigneur. "Toute dîme (des produits) de la terre, soit des semences de la terre, soit des fruits des arbres", "toute dîme de gros et de menu bétail [...] sera consacrée à l'Eternel" Lévitique 27 :30, 32. L'engagement pris par Jacob à Béthel montre l'importance de cette obligation : "Je te donnerai la dîme de tout ce que tu me donneras." Genèse 28 :22.

"Apportez à la maison du trésor toute la dîme" (Malachie 3 :10) est l'ordre de Dieu. Ce n'est pas un appel à la reconnaissance ou à la générosité. Il n'y a là qu'une simple question d'honnêteté. La dîme appartient au Seigneur ; il nous demande de lui rendre ce qui lui appartient.

[158] "Ce qu'on demande des administrateurs, c'est que chacun soit trouvé fidèle." 1 Corinthiens 4 :2. Si la probité est un principe essentiel dans le monde des affaires, ne reconnaîtrons-nous pas notre obligation envers Dieu, une obligation qui sous-tend toutes les autres ?

* * * * *

Les termes de l'économat chrétien nous prescrivent des devoirs non seulement à l'égard de Dieu, mais aussi à l'égard des hommes. Chaque être humain est redevable de la vie à l'amour infini du Rédempteur. Notre nourriture, notre vêtement, notre logement, notre corps, notre esprit, notre âme, il les a payés de son sang. Le Christ nous attache aux autres hommes par les liens de la reconnaissance que nous avons envers lui : "Par amour, soyez serviteurs les uns des autres." Galates 5 :13. "Dans la mesure où vous avez fait cela à l'un de ces plus petits de mes frères, c'est à moi que vous l'avez fait." Matthieu 25 :40.

"Je me dois, dit Paul, aux Grecs et aux Barbares, aux savants et aux ignorants." Romains 1 :14. Il en est de même pour nous. Toutes les bénédictions que nous recevons dans notre vie, nous devons les mettre au service de tous ceux à qui nous pouvons faire du bien.

Ces vérités sont aussi valables dans le domaine des affaires que dans la vie privée. Les richesses que nous possédons ne nous appartiennent pas, nous ne pouvons l'oublier sans risque. Nous ne sommes que des administrateurs, et de la manière dont nous nous acquittons de notre tâche dépend le bien-être de nos semblables, de même que notre destin ici-bas et dans la vie à venir.

"Tel, qui fait des largesses, devient plus riche ; et tel, qui épargne à l'excès, ne fait que s'appauvrir. Celui qui répand la bénédiction sera dans l'abondance, et celui qui arrose sera lui-même arrosé." Proverbes 11 :24, 25. [159]

"Jette ton pain à la surface des eaux, car avec le temps tu le retrouveras." Ecclésiaste 11 :1.

"Ne te fatigue pas pour t'enrichir. [...] Tes yeux volent-ils vers (la richesse) ? Il n'y a plus rien ! Car elle se fait des ailes, et comme l'aigle, elle s'envole vers le ciel." Proverbes 23 :4, 5.

"Donnez, et l'on vous donnera : on versera dans votre sein une bonne mesure, serrée, secouée et qui déborde ; car on vous mesurera avec la mesure dont vous mesurez." Luc 6 :38.

"Honore l'Eternel avec tes biens et avec les prémices de tout ton revenu : alors tes greniers seront abondamment remplis, et tes cuves regorgeront de vin nouveau." Proverbes 3 :9, 10.

"Apportez à la maison du trésor toute la dîme, afin qu'il y ait des provisions dans ma Maison ; mettez-moi de la sorte à l'épreuve, dit l'Eternel des armées. (Et vous verrez) si je n'ouvre pas pour vous les écluses du ciel. Si je ne déverse pas pour vous la bénédiction, au-delà de toute mesure. Pour vous je menacerai celui qui dévore, et il ne vous détruira pas les fruits du sol, et la vigne ne sera pas stérile dans vos campagnes. [...] Toutes les nations vous diront heureux, car vous serez un pays de délices." Malachie 3 :10-12.

"Si vous suivez mes prescriptions, si vous observez mes commandements et les mettez en pratique, je vous donnerai les pluies en leur saison, la terre donnera ses productions, et les arbres de la campagne donneront leurs fruits. Le vannage durera jusqu'à la vendange et la vendange durera jusqu'aux semailles ; vous mangerez votre pain à satiété et vous habiterez en sécurité dans votre pays. Je [160] mettrai la paix dans le pays, vous dormirez sans que personne ne vous trouble." Lévitique 26 :3-6.

"Apprenez à faire le bien, recherchez le droit, ramenez l'oppresseur dans le bon chemin, faites droit à l'orphelin, défendez la veuve." Ésaïe 1 :17.

"Heureux celui qui agit avec discernement envers le faible ! Au jour du malheur l'Eternel le délivre ; l'Eternel le garde et le fait vivre ; il est heureux sur la terre ; tu ne le livreras pas au désir de ses ennemis." Psaumes 41 :1, 2.

"Celui qui a pitié de l'indigent prête à l'Eternel, qui lui rendra ce qui lui est dû." Proverbes 19 :17.

Celui qui investit ainsi ses richesses double son trésor. En plus de celle qu'il devra quitter un jour, même s'il en tire parti avec sagesse, il s'amasse une fortune pour l'éternité — notre caractère est notre plus grande fortune sur terre comme au ciel.

Honnêteté dans les affaires

"L'Eternel connaît les jours des hommes intègres, et leur héritage dure à jamais. Ils ne sont pas dans la honte au temps du malheur, et aux jours de la famine, ils sont rassasiés." Psaumes 37 :18, 19.

"[...] Celui qui marche dans l'intégrité, qui pratique la justice et qui dit la vérité selon son cœur. [...] Il ne se rétracte pas, s'il fait un serment à son préjudice." Psaumes 15 :2, 4.

"Celui qui [...] refuse un gain acquis par extorsion, qui secoue les mains pour ne pas toucher un présent, [...] et qui se bande les yeux pour ne pas voir le mal, celui-là habitera dans les lieux élevés ; [...] le pain lui sera donné, et l'eau lui sera assurée. Tes yeux verront le roi dans sa beauté, ils contempleront le pays dans toute son étendue." Ésaïe 33 :15-17.

Dieu nous a donné, dans sa Parole, l'exemple d'un homme prospère — un homme dont la vie était vraiment une réussite, un homme que les cieux et la terre honoraient avec joie. Ecoutons Job lui-même parler de son expérience :

Tel que j'étais aux jours de ma pleine maturité,
    Quand Dieu veillait en ami sur ma tente,
  Quand le Tout-Puissant était encore avec moi,
    Et que mes jeunes fils m'entouraient ; [...]

Quand je sortais (pour aller) à la porte de la ville,
> Et que je me faisais préparer un siège sur la place,

Les jeunes gens me voyaient et se retiraient,
> Les vieillards se levaient et se tenaient debout.

Les princes arrêtaient leurs propos
> Et mettaient la main sur leur bouche ;

La voix des chefs se taisait, [...]
> Car l'oreille qui (m') entendait me disait heureux,

L'œil qui (me) voyait me rendait témoignage ;
> En effet je délivrais le malheureux qui implorait de l'aide,

Et l'orphelin que personne ne secourait.
> La bénédiction de celui qui allait périr venait sur moi ;

Je remplissais de joie le cœur de la veuve.
> Je me revêtais de la justice ; elle me revêtait.

J'avais mon droit pour manteau et pour turban.
> J'étais des yeux pour l'aveugle

Et des pieds pour le boiteux.
> J'étais un père pour les pauvres,

J'examinais la cause de l'inconnu.

Job 29 :4, 5, 7-16

L'étranger ne passait pas la nuit dehors,
> J'ouvrais ma porte au voyageur.

Job 31 :32.

On m'écoutait et l'on restait dans l'attente, [...]
> Ils ne pouvaient faire disparaître la lumière de mon visage.

Je choisissais d'aller avec eux, et je m'asseyais à leur tête ;
> Je demeurais comme un roi au milieu d'une troupe,

Comme celui qui console les affligés.

Job 29 :21, 24, 25

"C'est la bénédiction de l'Eternel qui enrichit, et il n'y ajoute aucun chagrin." Proverbes 10 :22.

"Avec moi sont la richesse et la gloire, les biens durables et la justice." Proverbes 8 :18.

La Bible nous montre aussi les conséquences d'un manquement aux justes principes, aussi bien dans nos rapports avec Dieu qu'avec notre prochain. A ceux qui reçoivent ses dons mais restent sourds à ses demandes, Dieu dit :

"Réfléchissez à votre conduite ! Vous avez beaucoup semé et vous rapportez peu, vous mangez sans être rassasiés, vous buvez, mais pas à votre soûl, vous êtes vêtus sans avoir chaud ; le salarié reçoit son salaire dans un sac percé. [...] Vous comptiez sur beaucoup, et voici que vous avez eu peu ; vous l'avez rapporté à la maison, mais j'ai soufflé dessus." Aggée 1 :5, 6, 9.

"Alors, quand on venait à un tas de vingt (mesures), il n'y en avait que dix ; quand on venait au pressoir pour puiser cinquante cuvées, il n'y en avait que vingt." Aggée 2 :16.

"A cause de quoi ? — Oracle de l'Eternel des armées : A cause de ma Maison qui est en ruines." Aggée 1 :9.

"Un être humain peut-il frustrer Dieu ? Car vous me frustrez et vous dites : En quoi t'avons-nous frustré ? C'est sur la dîme et le prélèvement !" Malachie 3 :8.

"C'est pourquoi le ciel vous a retenu la rosée, et la terre a retenu ses produits." Aggée 1 :10.

"Aussi, parce que vous avez foulé l'indigent [...] vous avez bâti des maisons en pierre de taille, mais vous ne les habiterez pas ; vous avez planté d'excellentes vignes, mais vous n'en boirez pas le vin." Amos 5 :11.

"L'Eternel enverra contre toi la malédiction, le trouble et la menace, dans toutes tes entreprises. [...] Tes fils et tes filles seront livrés à un autre peuple, tes yeux le verront et languiront tout le jour après eux, et tu n'y pourras rien." Deutéronome 28 :20, 32.

"Tel est celui qui acquiert des richesses injustement ; au milieu de ses jours il doit les quitter, et au moment de sa fin, il n'est qu'un insensé." Jérémie 17 :11.

Les comptes de toutes les affaires, les détails de toutes les transactions sont soumis au regard de vérificateurs invisibles, représentants de celui qui ne fait aucun compromis avec l'injustice, qui ne ferme jamais les yeux sur le mal et ne le dissimule jamais.

"Si tu vois dans une province qu'on opprime le pauvre et qu'on viole le droit et la justice, ne t'étonne pas de la chose ; car un grand protège un autre grand." Ecclésiaste 5 :7.

"Il n'y a ni ténèbres ni ombre de la mort, où puissent se cacher ceux qui commettent l'injustice." Job 34 :22.

"Ils élèvent leur bouche jusqu'aux cieux, [...] et l'on dit : Comment Dieu (le) connaîtrait-il ? Y a-t-il même de la connaissance chez le Très-Haut ?" Psaumes 73 :9, 11.

"Voilà ce que tu as fait, et je me suis tu. Tu t'es imaginé que j'étais comme toi, mais je vais te faire des reproches et tout mettre sous tes yeux." Psaumes 50 :21.

"Je levai de nouveau les yeux et j'eus la vision que voici : un rouleau volait. [...] C'est la malédiction qui se répand à la surface de tout le pays ; en effet d'après elle tout voleur sera chassé d'ici, et d'après elle tout parjure sera chassé d'ici. Je la répands — oracle de l'Eternel des armées — afin qu'elle entre dans la maison du voleur et dans la maison de celui qui jure faussement par mon nom, afin qu'elle s'y loge et qu'elle la consume avec sa charpente et ses pierres." Zacharie 5 :1, 3, 4.

La loi de Dieu prononce la condamnation du méchant. Celui-là peut ignorer l'avertissement, essayer de l'étouffer ; c'est en vain. Une voix le poursuit, une voix qui résonne ; elle détruit sa paix. S'il n'y prête pas attention, elle le poursuivra jusqu'à sa mort. Elle portera témoignage contre lui au jour du jugement. C'est un feu inextinguible qui finira par le consumer, corps et âme.

* * * * *

"Que sert-il à un homme de gagner le monde entier, s'il perd son âme ? Que donnerait un homme en échange de son âme ?" Marc 8 :36, 37.

* * * * *

Cette question mérite d'être examinée attentivement par tous les parents, tous les maîtres, tous les élèves — par tous les êtres humains, de tous âges. Aucun plan de travail, aucun projet de vie ne peut être solide ou complet s'il ne vise que les années de vie terrestre et n'embrasse pas l'éternité. Il faut que les jeunes apprennent à tenir compte de la vie éternelle. Qu'ils apprennent à choisir des principes, à rechercher des biens durables — à amasser pour eux-mêmes "un trésor inépuisable dans les cieux, où il n'y a pas de voleur qui approche, ni de mite qui détruise" (Luc 12:33) ; à se faire des amis "avec les richesses injustes" afin que lorsqu'elles leur feront défaut, ils les reçoivent "dans les tabernacles éternels" Luc 16:9.

Ceux qui agissent ainsi se préparent de leur mieux pour cette vie. Personne ne peut s'amasser un trésor dans le ciel sans enrichir et ennoblir par là même sa vie terrestre.

"La piété est utile à tout, elle a la promesse de la vie présente et de la vie à venir." 1 Timothée 4:8.

Chapitre 16 — Les biographies bibliques

[...] qui, par la foi, vainquirent des royaumes, exercèrent la justice, [...] reprirent des forces après avoir été malades. Hébreux 11 :33, 34.

Pour un éducateur, aucune partie de la Bible n'est plus précieuse que les biographies. Leur particularité est qu'elles sont absolument conformes à la vérité. Aucun esprit limité ne peut interpréter correctement, dans tous leurs aspects, les agissements de ses semblables. Seul celui qui sait lire dans les cœurs, qui discerne les ressorts les plus secrets de nos actions peut avec une fidélité absolue décrire le caractère, la vie d'un homme. La Parole de Dieu nous offre de telles descriptions.

La Bible nous enseigne d'une façon parfaitement claire que ce que nous faisons est le résultat de ce que nous sommes. Nos expériences sont essentiellement le fruit de nos pensées et de nos actions.

"La malédiction sans cause n'arrive pas." Proverbes 26 :2.

"Dites : le juste est en bonne voie, on mangera le fruit de ses œuvres. Malheur au méchant ! Il est sur la mauvaise (voie), car il lui sera fait ce que ses mains auront préparé." Ésaïe 3 :10, 11.

[168]

"Ecoute, terre ! Voici : c'est moi qui fais venir sur ce peuple le malheur ; fruit de ses pensées." Jérémie 6 :19.

Cette vérité est redoutable et devrait être bien comprise. Chaque acte a un retentissement sur son auteur. L'être humain est obligé de reconnaître que les maux qui le frappent sont la conséquence de ses propres agissements. Mais malgré cela, nous ne sommes pas privés d'espoir.

Pour obtenir le droit d'aînesse que Dieu lui avait pourtant déjà promis, Jacob eut recours à la supercherie, et moissonna la haine de son frère. Pendant ses vingt années d'exil, il fut lui-même traité injustement et trompé, et dut finalement chercher le salut dans la fuite ; il moissonna encore une seconde récolte, car les défauts de son propre caractère ressurgirent dans ses fils — images trop vraies des rétributions qui attendent l'homme.

Mais Dieu dit : "Je ne veux pas contester à toujours, ni garder une éternelle indignation, quand devant moi tombent en défaillance les esprits, les êtres que j'ai faits. A cause de son avidité coupable, je me suis indigné et je l'ai frappé, je me suis caché dans mon indignation ; mais il a suivi, rebelle, la voie de son cœur. J'ai vu ses voies, mais je le guérirai ; je le guiderai et je le comblerai de consolations, lui et ceux qui sont en deuil avec lui. [...] Paix, paix à celui qui est loin et à celui qui est près ! dit l'Eternel. Je les guérirai." Ésaïe 57 :16-19.

[169] Jacob ne se laissa pas submerger par le désespoir. Il s'était repenti, il s'était efforcé d'expier le mal commis à l'égard de son frère. Menacé de mort par la colère d'Esaü, il rechercha l'aide divine. "Il lutta avec un ange, et fut vainqueur, il pleura et lui demanda grâce." Osée 12 :4. "Et il le bénit là." Genèse 32 :30. Dans la main puissante de Dieu, l'homme gracié se redressa ; ce n'était plus un usurpateur, mais un prince avec Dieu. Non seulement il était libéré de la colère de son frère, mais il était libéré de lui-même. Le pouvoir qu'avait exercé sur lui le mal était brisé ; son caractère était transformé.

Au soir de sa vie, c'était la lumière. Jacob, se remémorant sa propre existence, reconnaissait la puissance vitale de Dieu, "le Dieu qui est mon berger depuis que j'existe jusqu'à ce jour, [...] l'ange qui m'a racheté de tout mal" Genèse 48 :15, 16.

La même expérience s'est répétée pour les fils de Jacob : le péché et ses conséquences, la repentance qui mène à la vie.

Dieu n'infirme pas ses lois. Il n'agit pas à leur encontre. Il n'annule pas le résultat du péché. Il transforme : par sa grâce, d'une malédiction jaillit une bénédiction.

* * * * *

Parmi les fils de Jacob, Lévi était l'un des plus cruels et des plus rancuniers, l'un de ceux qui portaient la plus grande responsabilité dans le meurtre perfide des Sichémites. Les traits de caractère de Lévi, reflétés chez ses descendants, attirèrent sur eux ce jugement divin : "Je les séparerai dans Jacob, et je les disséminerai dans Israël." Genèse 49 :7. Mais leur repentance entraîna un changement de vie ;

et grâce à leur fidélité à Dieu face à l'apostasie des autres tribus, la malédiction fut suivie d'un témoignage d'honneur insigne.

"L'Eternel mit à part la tribu de Lévi, pour porter l'arche de l'alliance de l'Eternel, pour se tenir devant l'Eternel afin d'être à son service et pour bénir le peuple en son nom." Deutéronome 10 :8. "Mon alliance demeurait avec lui, c'était la vie et la paix. Je les lui ai données pour qu'il me craigne, et il a eu pour moi de la crainte, il a tremblé devant mon nom. [...] Il a marché avec moi dans la paix et dans la droiture, et il a détourné du mal beaucoup d'hommes." Malachie 2 :5, 6.

Ministres du sanctuaire, les Lévites ne reçurent aucune terre en héritage. Ils habitaient des villes qui leur étaient réservées, et vivaient des dîmes et des offrandes consacrées au service de Dieu. Ils enseignaient le peuple, participaient aux fêtes et étaient partout honorés comme serviteurs et représentants de Dieu. La nation entière avait reçu ce commandement : "Aussi longtemps que tu vivras sur ton sol, garde-toi de délaisser le Lévite." Deutéronome 12 :19. "C'est pourquoi Lévi n'a ni part ni héritage avec ses frères : l'Eternel est son héritage." Deutéronome 10 :9.

Conquérir par la foi

Le proverbe affirmant que l'homme est tel "que sont les arrière-pensées de son âme" (Proverbes 23 :7) trouve d'autres illustrations dans l'expérience d'Israël. Aux frontières de Canaan, les espions, revenus de leur exploration, firent leur rapport. Ils redoutaient tant les difficultés qui pouvaient surgir pour conquérir cette terre qu'ils en oubliaient sa beauté et sa fertilité. Les villes, dont les murailles se dressaient jusqu'au ciel, les guerriers géants, les chars de fer, tout cela décourageait leur foi. Négligeant de consulter Dieu, le peuple fit écho aux espions incrédules : "Nous ne pouvons pas monter pour combattre ce peuple, car il est plus fort que nous." Nombres 13 :31. Ces paroles s'avérèrent exactes : ils ne purent pas monter contre Canaan, et moururent dans le désert.

Cependant, deux des Douze qui avaient exploré le pays parlaient autrement : "Nous en serons vainqueurs !" Nombres 13 :30. Ils exhortaient le peuple, estimant que la promesse de Dieu avait bien plus de puissance que les géants, les villes fortifiées, les chars de fer. Ils avaient raison, en ce qui les concernait personnellement. Caleb et Josué durent partager les quarante années d'errance de leurs frères, mais ils entrèrent dans la terre promise. Aussi plein de courage que le jour où il avait, avec les armées de l'Eternel, quitté l'Egypte, Caleb demanda et obtint pour héritage la forteresse des géants. Avec la puissance de Dieu, il chassa les Cananéens. Les vignes, les oliveraies dont il avait foulé le sol si longtemps auparavant lui appartenaient désormais. Les peureux et les rebelles périrent dans le désert, mais les hommes de foi goûtèrent au raisin d'Eschol.

La Bible souligne très vivement le danger que présente la moindre déviation loin de la droite ligne — danger pour celui qui dévie, et pour tous ceux qui peuvent être atteints par son influence. La force de l'exemple est immense ; quand elle se place du côté de nos tendances mauvaises, elle devient presque irrésistible.

La citadelle du mal la plus solide dans notre monde n'est pas la vie inique du pécheur livré à lui-même, ou celle de l'homme avili ; c'est la vie de celui qui semble vertueux, honorable, noble, mais qui se laisse aller à une faute, qui cède à une faiblesse. Pour l'être qui combat en secret quelque énorme tentation, qui vacille au bord du précipice, un tel exemple est une incitation puissante au mal. Et celui qui, malgré sa haute conception de la vie, de la vérité, de l'honneur transgresse sciemment un seul précepte de la loi divine, celui-là dénature les dons qu'il a reçus, et les transforme en pièges. Le génie, le talent, la sympathie, même les actes bons et généreux, peuvent servir à Satan d'embûches pour précipiter les êtres vers leur perte.

C'est pourquoi Dieu nous a donné tant d'exemples qui nous montrent les conséquences d'une seule action mauvaise. De la triste histoire du péché qui introduisit la mort dans le monde, et notre malheur, avec la perte de l'Eden, à celle de l'homme qui, pour trente pièces d'argent, vendit le roi de gloire, les biographies bibliques abondent en récits de cette sorte dressés comme des phares pour nous signaler les voies qui risquent de nous détourner du chemin de la vie.

Nous sommes également mis en garde contre le fléchissement de la foi, qui peut entraîner l'homme à céder, ne serait-ce qu'une seule fois, à la faiblesse et à l'erreur humaine.

Pour avoir manqué de confiance, une seule fois, Elie coupa court à l'œuvre de sa vie. Lourd était le fardeau qui pesait sur lui, pour Israël ; il avait fidèlement prévenu sa nation contre l'idôlatrie qui la gagnait ; son intérêt pour son peuple était si profond que pendant trois ans et demi il avait guetté le moindre signe de repentance. Seul il resta fidèle à Dieu au mont Carmel. Par la puissance de sa foi, l'idôlatrie fut renversée et la pluie bénie annonça les averses de grâce qui s'apprêtaient à se répandre sur Israël. C'est alors que faible, fatigué, il s'enfuit devant les menaces de Jézabel, et, seul au désert, il demanda la mort. La foi lui manquait. Il ne pouvait pas achever l'œuvre qu'il avait commencée. Aussi Dieu lui demanda-t-il d'oindre un autre prophète à sa place.

[173]

Mais Dieu avait été attentif au dévouement de son serviteur. Elie n'allait pas mourir, seul et découragé, dans le désert. Ce n'était pas la descente au tombeau qui l'attendait, mais l'enlèvement au ciel au milieu des anges.

Ces biographies nous enseignent ce que chaque homme comprendra un jour — que le péché ne peut mener qu'à la honte et à la perdition ; que l'incrédulité entraîne l'échec ; mais que la miséricorde divine est insondable et que la foi élève celui qui se repent au rang de fils de Dieu.

La discipline de la souffrance

Tous ceux qui, dans ce monde, servent fidèlement Dieu et les hommes passent par l'école de la souffrance. Plus lourde est la responsabilité et plus élevée la charge, plus dure est l'épreuve et plus rigoureuse la discipline.

Voyez Joseph et Moïse, Daniel et David. Comparez la jeunesse de David et celle de Salomon, observez-en les résultats.

David jeune homme faisait partie des familiers de Saül, et son séjour à la cour, son appartenance à la maisonnée du roi lui permirent de pénétrer les soucis, les chagrins et les problèmes dissimulés sous le chatoiement et le faste royaux. Il vit combien la gloire humaine était impuissante à apporter la paix à l'âme. C'est avec soulagement et joie qu'il quitta la cour du roi et retrouva ses troupeaux.

Quand la jalousie de Saül l'obligea à fuir au désert, David, privé de tout soutien humain, s'appuya davantage sur Dieu. Les incer-

[174] titudes et la fatigue de sa vie sauvage, les dangers incessants, la contrainte à laquelle il était soumis de fuir toujours plus loin, le caractère des hommes qui se rassemblaient autour de lui — "tous ceux qui se trouvaient dans la détresse, qui avaient des créanciers ou qui étaient mécontents" (1 Samuel 22 :2), tout cela rendait indispensable une autodiscipline rigoureuse. Ces expériences éveillèrent et firent grandir en lui ses capacités de meneur d'hommes, la bienveillance à l'égard des opprimés et la haine de l'injustice. A travers ces années d'attente et de danger, David apprit à trouver en Dieu son réconfort, son soutien, sa vie. Il apprit que seul le pouvoir de Dieu l'amènerait au trône et qu'il ne pourrait régner sagement qu'en se confiant à la sagesse divine. C'est pour avoir été formé à la dure école de la souffrance que David put laisser le souvenir — malheureusement altéré par la faute qu'il commit ensuite — d'un roi qui "faisait droit et justice à tout son peuple" 2 Samuel 8 :15.

Cette discipline que David apprit dès sa jeunesse manqua à Salomon. Pourtant celui-là semblait favorisé entre tous par sa condition, son caractère, la vie qu'il menait. Les débuts du règne de Salomon, jeune homme puis homme mûr plein de noblesse, bien-aimé de son Dieu, laissaient espérer une prospérité et une gloire incomparables. Les nations étaient en admiration devant les connaissances et le discernement de celui auquel l'Eternel avait accordé la sagesse. Mais s'enorgueillissant de sa prospérité, Salomon se détourna de Dieu ; délaissant la joie de l'union avec son Seigneur, il rechercha la satisfaction des sens. Ecoutons-le :

"J'ai exécuté de grands ouvrages : je me suis bâti des maisons ; je me suis planté des vignobles ; je me suis fait des jardins et des parcs, [...] J'ai acquis des esclaves hommes et femmes, [...] Je me suis aussi amassé de l'argent et de l'or, précieux trésor des rois et [175] des provinces. Je me suis procuré des chanteurs et des chanteuses, et raffinement pour les humains, des dames en grand nombre. Je suis devenu grand, et j'ai surpassé tous ceux qui étaient avant moi à Jérusalem. [...] Tout ce que mes yeux ont réclamé, je ne les en ai pas privés ; je n'ai refusé aucune joie à mon cœur ; car mon cœur se réjouissait de tout mon travail ; [...] Puis, j'ai envisagé tous les ouvrages que mes mains avaient faits, et la peine que j'avais prise à les faire ; et voici que tout est vanité et poursuite du vent, il n'en reste rien sous le soleil. Alors j'ai envisagé de voir la sagesse, ainsi que la démence et la folie. — En effet que fera l'homme qui succédera au roi ? Ce qu'on a déjà fait." Ecclésiaste 2 :4-12.

"J'ai donc haï la vie. [...] J'ai haï toute la peine que je me donne sous le soleil." Ecclésiaste 2 :17, 18.

Par cette expérience amère, Salomon connut le vide d'une vie qui pense trouver le bien suprême dans les choses terrestres. Il n'éleva des autels aux idoles païennes que pour apprendre combien étaient vaines leurs promesses de repos pour les âmes.

Dans ses dernières années, lassé des citernes crevassées de la terre, et toujours assoiffé, il retourna boire à la source de vie. Pour les générations à venir, il rapporta, sous l'influence de l'Esprit, l'histoire de ses années perdues et des enseignements qu'elles contenaient. Ainsi, quoique son peuple ait eu à moissonner les récoltes issues de la mauvaise graine qu'elle avait jetée, la vie de Salomon ne fut pas entièrement inutile. En lui aussi la discipline de la souffrance finit par accomplir son œuvre.

Mais, avec une telle aurore, comme la journée de Salomon aurait pu être belle, s'il avait appris dès sa jeunesse ce que la souffrance avait enseigné à d'autres ! [176]

L'épreuve de Job

A ceux qui aiment Dieu, "qui sont appelés selon son dessein" (Romains 8 :28), les biographies de la Bible offrent une illustration plus forte encore du ministère de la souffrance. "Vous êtes mes témoins, — oracle de l'Eternel — : c'est moi qui suis Dieu." Ésaïe 43 :12. Nous sommes témoins de sa bonté suprême. "Nous avons été en spectacle au monde, aux anges et aux hommes." 1 Corinthiens 4 :9.

L'amour d'autrui, principe de base du royaume de Dieu, est détesté de Satan ; il en refuse l'existence. Dès le début de sa lutte contre Dieu, il a cherché à prouver que les mobiles de Dieu étaient égoïstes, et il procède de la même façon avec tous ceux qui servent Dieu. L'œuvre du Christ et de tous ceux qui portent son nom est de démontrer la fausseté des revendications de Satan.

C'était pour donner par sa propre vie une illustration de l'amour d'autrui que Jésus est venu sur terre sous forme humaine. Et tous ceux qui acceptent ce principe sont appelés à être ouvriers avec Dieu en l'appliquant dans leur vie quotidienne. Choisir le bien parce que c'est le bien, défendre la vérité au prix de souffrances, de sacrifices — "tel est l'héritage des serviteurs de l'Eternel, telle est la justice qui leur vient de moi — oracle de l'Eternel" Ésaïe 54 :17.

La vie de cet homme au sujet duquel Satan entra en lutte est tôt placée dans l'histoire du monde.

De Job, le patriarche d'Uz, celui qui sonde les cœurs rendait ainsi témoignage : "Il n'y a personne comme lui sur la terre ; c'est un homme intègre et droit, qui craint Dieu et s'écarte du mal." Job 1 :8.

[177]

Satan répondit en attaquant avec mépris : "Est-ce d'une manière désintéressée que Job craint Dieu ? Ne l'as-tu pas protégé, lui, sa maison et tout ce qui lui appartient ? [...] Etends ta main, touche à tout ce qui lui appartient, [...] touche à ses os et à sa chair et je suis sûr qu'il te maudira en face." Job 1 :9-11 ; 2 :5.

L'Eternel dit à Satan : "Tout ce qui lui appartient est en ton pouvoir. [...] Le voici, il est en ton pouvoir : seulement, épargne sa vie." Job 1 :12 ; 2 :6.

Alors Satan fit disparaître tout ce que possédait Job — ses troupeaux, ses serviteurs et ses servantes, ses fils et ses filles ; "puis il frappa Job d'un ulcère malin, depuis la plante du pied jusqu'au sommet de la tête" Job 2 :7.

Mais sa coupe d'amertume n'était pas pleine encore. Ses amis, considérant que son malheur n'était rien d'autre que la rétribution de son péché, poursuivaient son esprit meurtri et accablé de leurs accusations.

Apparemment abandonné du ciel et de la terre, Job se cramponnait cependant à Dieu, et, conscient de son intégrité, s'écriait, plein d'angoisse et de doute :

Mon âme est dégoûtée de la vie.

Job 10 :1

Oh ! si tu voulais me cacher dans le séjour des morts,
    M'y tenir au secret jusqu'à ce que ta colère s'apaise,
Et me fixer un terme pour que tu te souviennes de moi !

Job 14 :13

Si je crie à la violence, nul ne répond ;
    Si j'appelle au secours, point de jugement ! [...]
Il m'a dépouillé de ma gloire,
    Il a ôté la couronne de ma tête. [...]
Je suis abandonné de mes proches,
    Je suis oublié de mes intimes. [...]
Ceux que j'aimais se sont tournés contre moi. [...]
    Ayez pitié, ayez pitié de moi, vous, mes amis !
Car la main de Dieu m'a frappé.

Job 19 :7, 9, 14, 19, 21

Oh, si je savais où le trouver,
    Si je pouvais arriver jusqu'à sa résidence, [...]
Mais, si je vais à l'orient, il n'y est pas ;
    A l'occident, je ne le remarque pas ;
Est-il occupé au nord, je ne puis le voir ;
    Se cache-t-il au midi, je ne puis l'apercevoir.
Il connaît pourtant la voie où je me tiens ;
    Quand il m'aura mis à l'épreuve, j'en sortirai (pur) comme l'or.

Job 23 :3, 8-10

Même s'il voulait me tuer, je m'attendrais à lui.

Job 13 :15

Mais je sais que mon rédempteur est vivant,
    Et qu'il se lèvera le dernier sur la terre,
Après que ma peau aura été détruite,
    Moi-même en personne, je contemplerai Dieu.
C'est lui que moi je contemplerai,
    Que mes yeux verront, et non quelqu'un d'autre.

Job 19 :25-27

[178]

    Il fut fait à Job selon sa foi. "Quand il m'aura mis à l'épreuve, j'en sortirai (pur) comme l'or." Job 23 :10. C'est ce qui advint. Par sa patience, son endurance, il se défendit avec succès et défendit par là même celui qu'il représentait. Et "l'Eternel rétablit la situation de Job, [...] et l'Eternel lui accorda le double de tout ce qu'il avait possédé. [...] L'Eternel bénit la dernière partie (de la vie) de Job plus que la première." Job 42 :10, 12.

* * * * *

[179] Au nombre de ceux qui ont communié aux souffrances du Christ par leur abnégation, il faut citer Jonathan et Jean-Baptiste — un homme de l'Ancien, un homme du Nouveau Testament.

Jonathan, héritier du trône par sa naissance, savait qu'il en était écarté par décision divine ; il fut pour son rival le plus tendre et le plus fidèle des amis, protégeant la vie de David au péril de la sienne propre ; en même temps loyal envers son père près duquel il resta durant les dernières années d'un règne déclinant, mourant finalement à ses côtés. Le nom de Jonathan est chéri dans les cieux et témoigne sur la terre de l'existence et de la puissance de l'amour désintéressé.

Jean-Baptiste, lorsqu'il apparut comme le précurseur du Messie, bouleversa la nation. De partout venaient pour le suivre des foules d'hommes et de femmes de tous rangs, de toutes conditions. Mais lorsque arriva celui auquel il avait porté témoignage, tout changea. Les foules suivaient Jésus, et l'œuvre de Jean semblait terminée. Sa foi ne vacilla pas. "Il faut qu'il croisse, disait-il, et que je diminue." Jean 3 :30.

Le temps passait et le royaume que Jean avait espéré avec confiance n'était pas établi. Dans la prison d'Hérode, loin de l'air vivifiant et de la liberté qu'il avait connue au désert, il attendait avec vigilance.

Aucune armée n'apparut pour le délivrer et les portes de sa prison restèrent closes. Mais la guérison des malades, la prédication de l'Evangile et le relèvement des âmes déchues témoignaient de la mission du Christ.

Seul dans sa prison, voyant où son sentier — comme celui de son Maître — le menait, Jean accepta sa charge : participer au sacrifice du Christ. Les messagers célestes l'accompagnèrent jusqu'à la tombe.
[180] L'univers entier — les êtres déchus comme les êtres fidèles à Dieu — pouvait témoigner qu'il avait œuvré pour défendre l'amour d'autrui.

Depuis lors, nombreuses ont été les âmes souffrantes encouragées par la vie de Jean. En prison, sur l'échafaud, sur le bûcher, des hommes et des femmes, au long de siècles de ténèbres, ont été fortifiés par le souvenir de celui dont le Christ a dit : "Parmi ceux qui sont nés de femmes, il ne s'en est pas levé de plus grand que Jean-Baptiste." Matthieu 11 :11.

* * * * *

"Et que dirais-je encore ? Car le temps me manquerait si je passais en revue Gédéon, Barak, Samson, Jephté, [...] Samuel et les prophètes qui, par la foi, vainquirent des royaumes, exercèrent la justice, obtinrent des promesses, fermèrent la gueule des lions, éteignirent la puissance du feu, échappèrent au tranchant de l'épée, reprirent des forces après avoir été malades, furent vaillants à la guerre et mirent en fuite des armées étrangères.

" Des femmes retrouvèrent leurs morts par la résurrection. D'autres furent torturés et n'acceptèrent pas de délivrance, afin d'obtenir une résurrection meilleure. D'autres éprouvèrent les moqueries et le fouet, bien plus, les chaînes et la prison. Ils furent lapidés, mis à l'épreuve, sciés, ils furent tués par l'épée, ils allèrent çà et là, vêtus de peaux de brebis et de peaux de chèvres, dénués de tout, opprimés, maltraités — eux dont le monde n'était pas digne ! — errants dans les déserts, les montagnes, les cavernes et les antres de la terre.

" Et tous ceux-là, qui avaient reçu par leur foi un bon témoignage, n'ont pas obtenu ce qui leur avait été promis. Car Dieu avait en vue quelque chose de meilleur pour nous, afin qu'ils ne parviennent pas sans nous à la perfection." Hébreux 11 :32-40.

[181]

Chapitre 17 — Poésie et chant

Tes prescriptions sont le sujet de mes psaumes, Dans la maison où je suis étranger. Psaumes 119 :54.

C'est dans les Ecritures que l'on trouve les poèmes les plus anciens et les plus sublimes que l'homme connaisse. Avant que le premier des poètes du monde ne chantât, le berger de Madian rapportait ces paroles de Dieu à Job — paroles dont la splendeur n'a jamais été égalée ni même approchée par les plus beaux ouvrages du génie humain :

Où étais-tu quand je fondais la terre ? [...]
    Qui a fermé la mer avec des portes,
Quand elle s'élança et sortit du sein maternel ;
    Quand je fis de la nuée son vêtement,
Et de l'obscurité ses langes ;
    Quand je lui fixai mes prescriptions,
Et que je lui mis des verrous et des portes ;
    Quand je dis : Tu viendras jusqu'ici, tu n'iras pas au-delà ;
Ici s'arrêtera l'orgueil de tes flots ?
    Depuis que tu existes, as-tu commandé au matin ?
As-tu fait connaître sa place à l'aurore ? [...]
    Es-tu parvenu jusqu'aux sources de la mer ?
T'es-tu promené dans les profondeurs de l'abîme ?
    Les portes de la mer t'ont-elles été dévoilées,
As-tu vu les portes de l'ombre de la mort ?
    As-tu considéré l'immensité de la terre ?
Déclare-le, si tu sais toutes ces choses.
    Où est le chemin (qui conduit) à la demeure de la lumière
Et les ténèbres, où ont-elles leur emplacement ? [...]
    Es-tu parvenu jusqu'aux réserves de neige ?
As-tu vu les réserves de grêle ? [...]
    Où est le chemin par où la lumière se divise,
Et par où le vent d'orient se répand sur la terre ?

Qui a ouvert un passage aux averses
Et tracé le chemin de l'éclair et du tonnerre,
   Pour faire pleuvoir sur une terre sans hommes,
Sur un désert où il n'y a pas d'êtres humains,
   Pour abreuver des lieux dévastés et ravagés,
Et faire germer et sortir de l'herbe ? [...]
   Peux-tu nouer les liens des pléiades
Ou dénouer les cordages d'Orion ?
   Fais-tu paraître en leur temps les constellations,
Et conduis-tu la Grande Ourse avec ses petits ?

Job 38 : 4, 8-12, 16-19, 22,
24-27, 31, 32

Il faut lire aussi, dans le Cantique des Cantiques, la description du printemps, pour sa beauté :

Car (voilà) l'hiver passé ;
   La pluie a cessé, elle s'en est allée.
Dans le pays, les fleurs paraissent,
   Le temps de psalmodier est arrivé,
Et la voix de la tourterelle se fait entendre dans notre pays.
   Le figuier forme ses premiers fruits,
Et les vignes en fleur exhalent leur parfum.
   Lève-toi, ma compagne, ma belle, et viens !

Cantique des cantiques
2 : 11-13

La bénédiction que Balaam prononça contre son gré sur Israël n'est pas moins admirable :

Balak m'a fait descendre d'Aram,
   Le roi de Moab (m'a fait descendre) des montagnes de l'est.
Viens, maudis-moi Jacob !
   Viens, répands ta fureur contre Israël !
Comment vouerais-je à la malédiction celui que Dieu n'a pas
   maudit ?
Comment répandrais-je ma fureur quand l'Eternel n'est pas
   en fureur ?
Je le vois du sommet des rochers,
   Je le contemple (du haut) des collines :

[183]

> Voici un peuple qui a sa demeure à part,
> > Et qui ne fait point partie des nations. [...]
> Voici que j'ai reçu (l'ordre) de bénir :
> > (Dieu) a béni, je ne le révoquerai pas.
> Il n'aperçoit pas d'injustice en Jacob ;
> > Il ne voit rien de pénible en Israël ;
> L'Eternel, son Dieu, est avec lui,
> > Il fait entendre une clameur royale. [...]
> L'occultisme ne peut rien contre Jacob,
> > Ni la divination contre Israël ;
> Au temps marqué, il sera dit à Jacob et à Israël
> > Quelle est l'action de Dieu.

Nombres 23 :7-9, 20, 21, 23

> Oracle de celui qui entend les paroles de Dieu,
> > De celui qui voit la vision du Tout-Puissant, [...]
> Qu'elles sont belles, tes tentes, ô Jacob,
> > Tes demeures, ô Israël !
> Elles s'étendent comme des torrents,
> > Comme des jardins près d'un fleuve,
> Comme des aloès que l'Eternel a plantés,
> > Comme des cèdres le long des eaux.

Nombres 24 :4-6

> Oracle de celui qui entend les paroles de Dieu,
> > De celui qui connaît les desseins du Très-Haut, [...]
> Je le vois, mais non maintenant,
> > Je le contemple, mais non de près.
> Un astre sort de Jacob,
> > Un sceptre s'élève d'Israël, [...]
> Celui qui sort de Jacob règne en souverain.

Nombres 24 :16, 17, 19

[184]

Le chant de louange, c'est l'atmosphère du ciel ; quand le ciel rejoint la terre, on entend de la musique et des mélodies, "les chœurs et le chant des psaumes" Ésaïe 51 :3.

Au-dessus de la terre nouvelle-née, qui s'étendait dans une beauté sans tache, sous le sourire divin, "ensemble les étoiles du matin éclataient en chants de triomphe, et [...] tous les fils de Dieu lançaient des acclamations" Job 38 :7. De la même façon, les hommes, en communion avec le ciel, ont répondu à la bonté de Dieu par des accents de louange. Le chant a été associé à de nombreux événements de l'histoire humaine.

Le premier cantique des hommes que nous rapporte la Bible est cette splendide explosion de reconnaissance qui jaillit du sein des armées d'Israël après le passage de la mer Rouge :

> Je chanterai à l'Eternel, car il a montré sa souveraineté,
>> Il a jeté dans la mer le cheval et son cavalier.
> L'Eternel est ma force et l'objet de mes cantiques,
>> Il est devenu mon salut.
> Il est mon Dieu : Je veux lui rendre hommage.
> Il est le Dieu de mon père : je l'exalterai.

Exode 15 :1, 2

> Ta droite, ô Eternel ! est magnifiée par sa vigueur ;
>> Ta droite, ô Eternel ! a écrasé l'ennemi. [...]
> Qui est comme toi parmi les dieux, ô Eternel ?
>> Qui est comme toi magnifique en sainteté,
> Redoutable (et digne) de louanges,
>> Opérant des miracles ?

Exode 15 :6, 11

> L'Eternel régnera éternellement et à toujours. [...]
>> Chantez à l'Eternel, car il a montré sa souveraineté.

Exode 15 :18, 21

En réponse à leurs chants de louange, les hommes reçurent de grandes bénédictions. Ces quelques lignes qui retracent une expérience d'Israël lors de la traversée du désert contiennent une leçon qui mérite réflexion :

"De là (ils allèrent) à Beer. C'est ce Beer, où l'Eternel dit à Moïse : Rassemble le peuple, et je leur donnerai de l'eau. Alors Israël chanta ce cantique :

> Monte, puits ! Entonnez un hymne en son honneur !
> Puits, que des princes ont foré,
> Que les notables du peuple ont creusé,
> Avec le sceptre, avec leurs cannes !"
>
> Nombres 21 :16-18

Si souvent se répète cette expérience spirituelle ! Si souvent jaillissent du plus profond du cœur des cantiques de repentir, de confiance, d'espoir, de joie, d'amour !

C'est avec des chants de louange que les armées d'Israël se levèrent pour délivrer le peuple d'une guerre qui menaçait, sous le règne de Josaphat. "On vint [...] informer Josaphat, en disant : Une multitude nombreuse s'avance contre toi [...] les fils de Moab et les fils d'Ammon, et avec eux, d'autres Ammonites." 2 Chroniques 20 :2, 1. "Josaphat éprouva de la crainte et décida de consulter l'Eternel. Il proclama un jeûne pour tout Juda. Juda se rassembla pour chercher l'Eternel et l'on vint de toutes les villes de Juda pour chercher l'Eternel." 2 Chroniques 20 :3, 4. Et Josaphat se tint debout dans la cour du temple devant son peuple ; il répandit son âme en prière, reconnaissant l'impuissance d'Israël et implorant le secours divin. "Nous sommes sans force devant cette multitude nombreuse qui s'avance contre nous, et nous ne savons que faire, mais nos yeux sont sur toi." 2 Chroniques 20 :12.

[186] "Alors l'esprit de l'Eternel saisit [...] Yayaziel [...] Lévite [...] et Yahaziel dit : Soyez attentifs, tout Juda et habitants de Jérusalem, et toi, roi Josaphat ! Ainsi vous parle l'Eternel : Soyez sans crainte et sans effroi devant cette multitude nombreuse, car ce n'est pas votre combat, mais celui de Dieu. [...] Vous n'aurez pas à y combattre : présentez-vous, tenez-vous (là) et vous verrez le salut de l'Eternel en votre faveur. [...] Soyez sans crainte et sans effroi : demain, sortez à leur rencontre, et l'Eternel sera avec vous !" 2 Chroniques 20 :14, 15, 17.

"Ils se levèrent de bon matin et sortirent vers le désert de Teqoa." 2 Chroniques 20 :20. Devant l'armée marchaient des chantres, qui élevaient leurs voix pour remercier Dieu — le remercier de la victoire promise.

Le quatrième jour, l'armée rentra à Jérusalem, chargée de butin, chantant sa reconnaissance pour la victoire remportée.

C'est grâce au chant que David, au milieu des difficultés de sa vie instable, resta en communion avec Dieu. Avec quelle douceur son expérience de berger ne se reflète-t-elle pas ici :

> L'Eternel est mon berger : je ne manquerai de rien.
>   Il me fait reposer dans de verts pâturages,
> Il me dirige près des eaux paisibles. [...]
>   Quand je marche dans la vallée de l'ombre de la mort,
> Je ne crains aucun mal, car tu es avec moi :
>   Ta houlette et ton bâton, voilà mon réconfort.
>
> Psaumes 23 :1, 2, 4

Plus tard, fugitif traqué, cherchant refuge dans les rochers et les cavernes du désert, il écrivit :

> O Dieu ! tu es mon Dieu, je te cherche,
>   Mon âme a soif de toi, mon corps soupire après toi,
> Dans une terre aride, desséchée, sans eau. [...]
>   Car tu es mon secours,
> Et je crie de joie à l'ombre de tes ailes.
>
> Psaumes 63 :2, 8

[187]

> Pourquoi t'abats-tu, mon âme, et gémis-tu sur moi ?
>   Attends-toi à Dieu, car je le célébrerai encore ;
> Il est mon salut et mon Dieu.
>
> Psaumes 42 :12

> L'Eternel est ma lumière et mon salut :
>   De qui aurais-je crainte ?
> L'Eternel est le refuge de ma vie :
>   De qui aurais-je peur ?
>
> Psaumes 27 :1

La même confiance se lit dans les chants que David écrivit lorsque, roi détrôné, il fuyait Jérusalem devant la révolte d'Absalom. Epuisé de chagrin et de fatigue, il s'était arrêté avec ses compagnons pour prendre quelques heures de repos au bord du Jourdain. On le réveilla pour le presser de poursuivre sa fuite. Dans l'obscurité, les hommes, les femmes, les enfants devaient traverser le fleuve profond et rapide, car le fils infidèle les talonnait. A cette heure pénible, David composa ce chant :

> A haute voix je crie à l'Eternel,
>   Et il me répond de sa montagne sainte.
> Je me couche et je m'endors ;
>   Je me réveille, car l'Eternel me soutient.
> Je ne crains pas les myriades de gens
>   Qui de toutes parts se sont mis contre moi.

Psaumes 3 :5-7

Après sa grande faute, rongé de remords et de dégoût, il se tourna encore vers Dieu comme vers son meilleur ami :

> O Dieu ! fais-moi grâce selon ta bienveillance,
>   Selon ta grande compassion, efface mes crimes. [...]
> Purifie-moi avec l'hysope, et je serai pur ;
>   Lave-moi, et je serai plus blanc que la neige.

Psaumes 51 :3, 9

[188]

Dans sa longue vie, David ne trouva sur terre aucun lieu de repos. "Nous sommes devant toi des étrangers et des résidents temporaires, comme tous nos pères, disait-il, nos jours sur la terre sont comme l'ombre, et il n'y a point d'espérance." 1 Chroniques 29 :15.

> Dieu est pour nous un refuge et un appui,
>   Un secours qui se trouve toujours dans la détresse.
> C'est pourquoi nous sommes sans crainte quand la terre est
>   bouleversée,
> Et que les montagnes chancellent au cœur des mers, [...]
>   Il est un fleuve dont les courants réjouissent la cité de Dieu,
> Le sanctuaire des demeures du Très-Haut,
>   Dieu est au milieu d'elle : elle ne chancelle pas ;
> Dieu la secourt dès l'aube du matin. [...]

L'Eternel des armées est avec nous,
Le Dieu de Jacob est pour nous une haute retraite.

Psaumes 46 : 2, 3, 5, 6, 8

Voilà le Dieu qui est notre Dieu éternellement et à perpétuité ;
   Il sera notre guide jusqu'à la mort.

Psaumes 48 : 15

C'est avec un cantique que Jésus, sur terre, affrontait la tentation. Souvent, quand avaient été prononcées des paroles dures et blessantes, quand l'atmosphère était lourde de tristesse, de mécontentement, de méfiance ou de peur, s'élevait son chant de foi et de joie sainte.

Le dernier soir du dîner de la Pâque, alors qu'il s'apprêtait à souffrir la trahison et la mort, il entonna ce psaume :

Que le nom de l'Eternel soit béni,
   Dès maintenant et à toujours !
Du lever du soleil jusqu'à son couchant,
   Que le nom de l'Eternel soit loué !

Psaumes 113 : 2, 3

J'aime l'Eternel, car il entend
   Ma voix, mes supplications ;
Car il a tendu son oreille vers moi ;
   Et je l'invoquerai toute ma vie.
Les liens de la mort m'avaient enserré,
   Et les angoisses du séjour des morts m'avaient atteint ;
J'avais atteint (le fond de) la détresse et du chagrin.
   Mais j'invoquai le nom de l'Eternel :
Je t'en prie, Eternel, sauve mon âme !

L'Eternel fait grâce et il est juste,
   Notre Dieu est compatissant ;
L'Eternel garde les simples ;
   J'étais affaibli, et il m'a sauvé.
Mon âme, retourne à ton repos,
   Car l'Eternel t'a fait du bien.

[189]

> Oui, tu as délivré mon âme de la mort,
>> Mes yeux des larmes,
> Mes pieds de la chute.

Psaumes 116 :1-8

Malgré les ombres qui s'étendront sur la terre au moment de la crise finale, la lumière de Dieu brillera de tout son éclat, et des chants d'espoir et de foi retentiront avec vigueur.

> En ce jour, on chantera ce cantique dans le pays de Juda :
>> Nous avons une ville forte ;
> Il nous donne le salut pour murailles et pour rempart.
>> Ouvrez les portes,
> Qu'elle entre, la nation juste,
>> Qui a gardé la fidélité.
> A celui qui est ferme dans ses dispositions,
>> Tu assures la paix, la paix,
> Parce qu'il se confie en toi.
>> Confiez-vous en l'Eternel pour toujours,
> Car l'Eternel, l'Eternel
>> Est le rocher des siècles.

Ésaïe 26 :1-4

"Ainsi ceux que l'Eternel a libérés retourneront, ils arriveront dans Sion avec chants de triomphe, et une joie éternelle couronnera leur tête ; l'allégresse et la joie s'approcheront, le chagrin et les gémissements s'enfuiront." Ésaïe 35 :10.

"Ils viendront et triompheront sur les hauteurs de Sion, ils afflueront vers les biens de l'Eternel, [...] leur âme sera comme un jardin arrosé, et ils n'éprouveront plus de panique." Jérémie 31 :12.

Le pouvoir du chant

L'histoire des hymnes de la Bible est pleine d'indications qui nous permettent de comprendre l'utilité et les bienfaits de la musique et du chant. La musique est souvent dénaturée, mise au service du mal, et devient ainsi un des moyens de tentation les plus séduisants. Mais bien employée, elle est un don précieux de Dieu, destiné à élever les esprits et les âmes à de nobles pensées.

Les enfants d'Israël cheminant à travers le désert s'encourageaient par des chants sacrés ; Dieu nous invite à adoucir de la même façon notre pèlerinage terrestre. Il y a peu de moyens plus efficaces pour retenir les paroles divines que de les répéter en chantant. De tels chants possèdent des pouvoirs merveilleux ; ils peuvent apaiser les tempéraments violents et frustes, affiner la pensée, éveiller la sympathie, favoriser l'action communautaire, et chasser la tristesse et les pressentiments débilitants et destructeurs.

C'est un des moyens les plus efficaces pour imprimer dans les cœurs les vérités divines. Bien souvent l'être angoissé, au bord du désespoir, entendra revenir à sa mémoire quelque parole de Dieu — un chant d'enfant depuis longtemps oublié — et les tentations perdront de leur pouvoir, la vie prendra un sens nouveau, une direction nouvelle, le courage et la joie reviendront et rejailliront sur d'autres âmes.

[191]

Il ne faudrait jamais perdre de vue que le chant est un précieux moyen d'éducation. Ces hymnes purs et doux, chantons-les chez nous, et la bonne humeur, l'espoir, la joie remplaceront les paroles de blâme. Chantons-les à l'école, et les élèves se sentiront plus près de Dieu, de leurs maîtres, plus près les uns des autres.

Lors du culte, le chant est un acte d'adoration, tout autant que la prière. D'ailleurs, nombre de chants sont des prières. Si l'enfant comprend cela, il sera plus attentif aux mots qu'il prononce en chantant, et plus profondément soumis à leur influence.

Alors que notre Rédempteur nous mène au seuil du royaume, inondé de la gloire de Dieu, nous pouvons percevoir les cantiques de louange et de reconnaissance que chante le chœur des anges autour du trône ; l'écho s'en répercute dans nos demeures terrestres, et nos cœurs se rapprochent des chantres célestes. C'est sur terre que commence la communion avec le ciel. C'est ici que nos cœurs apprennent à s'accorder avec l'harmonie céleste.

[192]

[193]

Chapitre 18 — Les mystères de la Bible

"Peux-tu découvrir les profondeurs de Dieu ?" Job 11 :7.

Aucun esprit fini ne peut pleinement comprendre le caractère et les œuvres de l'Etre infini. Nous ne pouvons pas découvrir les profondeurs de Dieu. Pour les esprits les plus puissants, les plus cultivés, tout comme pour les plus faibles et les plus ignorants, l'Etre saint demeure un mystère. Mais si "la nuée et l'obscurité l'environnent, la justice et le droit sont la base de son trône" Psaumes 97 :2. Nous arrivons à discerner, dans les rapports de Dieu avec nous, une miséricorde sans limites, jointe à une puissance infinie. Nous pouvons saisir une partie des desseins divins ; mais lorsque notre entendement est dépassé, nous ne pouvons plus que faire confiance à la main toute-puissante, au cœur plein d'amour.

La Parole de Dieu, tout comme le caractère de son auteur, contient des mystères qui ne pourront jamais être totalement élucidés par des êtres finis. Mais Dieu a donné dans les Ecritures des signes suffisants de leur autorité divine. Sa propre existence, son caractère, la véracité de sa Parole, tant de signes s'adressant à notre raison les ont établis de manière satisfaisante. Il est vrai qu'il n'a pas écarté la possibilité du doute ; la foi repose sur des indices, non sur des démonstrations ; ceux qui veulent douter peuvent le faire ; ceux qui désirent connaître la vérité ont de quoi fonder leur foi.

Nous n'avons pas à douter de la Parole de Dieu parce que nous ne pouvons pas comprendre les mystères de sa providence. La nature nous offre constamment des merveilles qui dépassent notre compréhension. Serions-nous donc surpris de trouver dans le monde spirituel des mystères insondables ? C'est dans la faiblesse et dans l'étroitesse de l'esprit humain que réside la difficulté.

Les mystères de la Bible, loin d'être un argument contre elle, sont au contraire un des signes les plus convaincants de son inspiration divine. Si la Bible ne rapportait de Dieu que ce que nous pouvons comprendre ; si la grandeur et la majesté divines étaient à la portée d'esprits finis, alors le saint Livre ne contiendrait pas, comme il le fait, des preuves indubitables de l'existence de Dieu. La grandeur de ses thèmes devrait nous amener à reconnaître en elle la Parole de Dieu.

La Bible révèle la vérité avec une telle simplicité, elle répond si bien aux besoins et aux aspirations du cœur humain qu'elle saisit d'étonnement et ravit les esprits les plus cultivés tout en montrant aux hommes humbles et ignorants le chemin de la vie. "Ceux qui le suivront, même les insensés, ne pourront s'égarer." Ésaïe 35 :8. Aucun enfant ne devrait se tromper. Aucun de ceux qui cherchent en tremblant ne devrait manquer de voir la pure et sainte Lumière. Et pourtant les vérités les plus simples nous présentent des sujets élevés, vastes, dépassant infiniment l'intelligence humaine — des mystères où se cache la gloire de Dieu, des mystères qui subjuguent l'esprit, mais insufflent à ceux qui les étudient avec sincérité respect et foi. Plus nous sondons la Bible, plus profonde est notre conviction que nous avons en elle la Parole du Dieu vivant, et la raison humaine se prosterne devant la grandeur de la révélation divine.

[195]

Dieu désire que les vérités de sa Parole se déploient sans cesse devant le chercheur fervent. Car si "les choses cachées sont à l'Eternel, notre Dieu, les choses révélées sont à nous et à nos fils" Deutéronome 29 :28. L'idée que certaines parties de la Bible sont incompréhensibles nous a conduits à négliger quelques-unes des vérités les plus importantes. Il nous faut souligner et répéter souvent que les mystères de la Bible ne sont pas tels parce que Dieu cherche à dissimuler certains aspects de la vérité, mais parce que notre faiblesse et notre ignorance nous rendent incapables de les comprendre ou de les assimiler. Ce n'est pas le Seigneur qui pose des limites, c'est nos facultés qui sont limitées. Et ces passages de l'Ecriture que nous délaissons sous prétexte qu'ils sont impossibles à comprendre, Dieu désire que nous nous efforcions d'en tirer tout ce que nous pouvons. "Toute écriture est inspirée de Dieu [...] afin que l'homme de Dieu soit adapté et préparé à toute œuvre bonne." 2 Timothée 3 :16, 17.

Il est impossible à l'esprit humain d'épuiser ne serait-ce qu'un seul principe, une seule promesse de la Bible. L'un en saisit un aspect, l'autre un autre ; mais nous n'en discernons que des lueurs. La pleine lumière, nous ne la voyons pas.

Contempler la Parole de Dieu, c'est regarder une source qui s'élargit et se creuse sous nos yeux. Sa largeur, sa profondeur dépassent notre intelligence. La vision s'étend à mesure que nous la fixons ; elle est comme une mer sans limites, sans rivage.

Une telle étude a un pouvoir vivifiant. L'esprit et le cœur y puisent une force, une vie nouvelle.

C'est le meilleur indice que la Bible est l'œuvre de Dieu. La Parole de Dieu nourrit notre âme, comme le pain nourrit notre corps. Le pain subvient aux besoins de notre organisme ; nous savons d'expérience qu'il devient sang, os, cerveau. Et la Bible ? Quand ses principes sont effectivement devenus des composantes de notre caractère, quel en a été le résultat ? Qu'est-ce qui a changé dans notre vie ? "Les choses anciennes sont passées ; voici : (toutes choses) sont devenues nouvelles." 2 Corinthiens 5 :17. Par sa puissance, hommes et femmes ont brisé les chaînes du péché. Ils ont abandonné leur égoïsme. Les impies sont devenus respectueux, les alcooliques sobres, les débauchés vertueux. Les êtres qui portaient l'empreinte de Satan ont été transformés à l'image de Dieu. Cette transformation est le miracle des miracles. Une transformation opérée par la Parole est l'un des plus grands mystères de cette Parole. Nous ne pouvons pas le comprendre, nous pouvons seulement croire, comme le déclarent les Ecritures, que c'est "Christ en vous, l'espérance de la gloire" Colossiens 1 :27.

La connaissance de ce mystère offre la clé de tous les autres. Elle découvre à l'âme les trésors de l'univers, les possibilités d'un développement infini.

C'est à travers la révélation incessante du caractère de Dieu — gloire et mystère de la Parole écrite — que nous nous développons. S'il nous était possible d'accéder à une compréhension parfaite de Dieu et de sa Parole, il n'y aurait plus pour nous de progrès dans la découverte et la connaissance de la vérité, ni d'épanouissement possible. Dieu ne serait plus au-dessus de tous, l'homme cesserait de progresser. Remercions le Seigneur. Il n'en est rien. Dieu est infini, en lui sont les trésors de la sagesse, et nous aurons l'éternité pour chercher, pour étudier sans jamais en épuiser les richesses, sa sagesse, sa bonté, sa puissance.

Chapitre 19 — Histoire et prophétie

Qui a fait entendre cela depuis les origines [...] ? N'est-ce pas moi, l'Eternel ? En dehors de moi, il n'y a point de Dieu. Ésaïe 45 :21.

La Bible est le livre d'histoire le plus ancien et le plus complet que les hommes possèdent. Elle jaillit de la source de vérité éternelle, et, à travers les âges, la main de Dieu a préservé sa pureté. Elle éclaire le passé lointain que l'homme cherche en vain à pénétrer. C'est uniquement dans la Parole de Dieu que nous pouvons contempler la puissance qui a posé les fondements de la terre et déployé les cieux. C'est là seulement que nous trouvons l'explication véridique de l'origine des nations. Là seulement que nous pouvons trouver une histoire de notre race pure de tout orgueil, de tout préjugé.

Dans les annales de l'histoire moderne, la croissance des nations, la grandeur et la décadence des empires semblent dépendre de la volonté et des prouesses des hommes. La tournure des événements paraît relever essentiellement de leur pouvoir, de leur ambition, de leur caprice. Mais dans la Parole de Dieu le rideau est tiré, et nous pouvons voir, au-delà du jeu des intérêts, des pouvoirs, des passions des hommes, la puissance du Dieu miséricordieux accomplissant silencieusement et patiemment ses desseins.

[200]

La Bible nous révèle la vraie philosophie de l'histoire. Avec des mots d'une beauté et d'une délicatesse incomparables, l'apôtre Paul fait connaître aux sages athéniens les intentions divines concernant les races et les peuples : "Il a fait que toutes les nations humaines, issues d'un seul (homme) habitent sur toute la face de la terre ; il a déterminé les temps fixés pour eux et les bornes de leur demeure, afin qu'ils cherchent Dieu, pour le trouver si possible, en tâtonnant." Actes 17 :26, 27. Dieu déclare que quiconque le veut peut être conduit "par le lien de l'alliance" Ezéchiel 20 :37. Lors de la création, il souhaitait que la terre soit habitée d'êtres dont l'existence serait une bénédiction pour eux-mêmes, pour les autres, et un honneur pour leur Créateur. Tous ceux qui le veulent peuvent participer à la réalisation de ce projet. D'eux, il est écrit : "Le peuple que je me suis formé publiera mes louanges." Ésaïe 43 :21.

Dieu a révélé dans sa loi les principes qui sous-tendent toute véritable prospérité, tant pour les peuples que pour les individus. "Ce sera là votre sagesse et votre intelligence" (Deutéronome 4 :6), déclare Moïse aux Israélites à propos de la loi de Dieu. "Ce n'est pas pour vous une parole creuse ; c'est votre vie." Deutéronome 32 :47. Les bénédictions accordées à Israël sont aussi bien accordées à toutes les nations, à tous les individus sous les vastes cieux.

Le pouvoir exercé sur terre par tout chef d'Etat lui est confié par Dieu ; de l'usage qu'il en fait dépend sa réussite. A chacun le Vigilant divin dit : "Je t'ai pourvu d'une ceinture, sans que tu me connaisses." Ésaïe 45 :5. Pour chacun les mots autrefois adressés à Nebucadnetsar sont une leçon de vie : "Mets un terme à tes péchés par la justice et à tes fautes par la compassion envers les malheureux, et ta tranquillité se prolongera." Daniel 4 :24.

Comprendre cela, comprendre que "la justice élève une nation" (Proverbes 14 :34), que "c'est par la justice que le trône s'affermit" (Proverbes 16 :12), qu'il est soutenu par la bienveillance (voir Proverbes 20 :28) ; reconnaître que ces principes sont à l'œuvre dans les manifestations de la puissance de celui "qui renverse les rois et qui établit les rois" (Daniel 2 :21) — c'est comprendre la philosophie de l'histoire.

Seule la Parole de Dieu met tout cela bien en évidence. Elle nous montre que la force des nations, des individus ne réside pas dans des occasions, des facilités qui semblent les rendre invincibles, ni dans leur valeur tant vantée. Elle se mesure à la fidélité avec laquelle ils accomplissent les desseins divins.

Un exemple nous en est donné dans l'histoire de l'ancienne Babylone. Au roi Nebucadnetsar, l'objectif que doit se fixer un gouvernement fut présenté sous la forme d'un grand arbre : "Sa cime atteignait le ciel, et on le voyait des extrémités de toute la terre. Son feuillage était beau, et ses fruits abondants ; il portait de la nourriture pour tous ; sous lui, les bêtes des champs trouvaient de l'ombre ; dans ses branches habitaient les oiseaux du ciel." Daniel 4 :8, 9. C'est là le gouvernement selon Dieu qui protège et forme la nation.

Dieu exalta Babylone pour qu'elle puisse atteindre ce but. Cette nation prospéra et parvint à une richesse, une puissance qui n'ont jamais été égalées depuis — elle a été à juste titre symbolisée dans les Ecritures par "la tête d'or" Daniel 2 :38.

Mais le roi omit de reconnaître le pouvoir qui l'avait élevé. Nebucadnetsar, dans l'orgueil de son cœur, dit : "N'est-ce pas ici Babylone la grande que j'ai bâtie comme résidence royale, par la puissance de ma force et pour l'honneur de ma gloire ?" Daniel 4 :27.

[202]

Au lieu de protéger les hommes, Babylone se mit à les écraser de son arrogante cruauté. Les paroles inspirées qui dépeignent la férocité et la rapacité des chefs d'Israël nous révèlent les raisons de la chute de Babylone et de bien d'autres royaumes, depuis la fondation du monde : "Vous mangez la graisse, vous êtes vêtus avec la laine, vous avez sacrifié les bêtes grasses, vous ne faites pas paître les brebis. Vous n'avez pas fortifié celles qui étaient faibles, soigné celle qui était malade, pansé celle qui était blessée ; vous n'avez pas ramené celle qui s'égarait, cherché celle qui était perdue ; mais vous les avez dominées avec force et avec rigueur." Ezéchiel 34 :3, 4.

Sur le roi de Babylone descendit la parole divine : "C'est à toi que l'on parle, roi Neboukadnetsar. Ta royauté s'est retirée de toi." Daniel 4 :28.

> Descends, assieds-toi dans la poussière,
>   Vierge, fille de Baylone !
> Assieds-toi à terre, sans trône, [...]
>   Assieds-toi en silence
> Et va dans les ténèbres,
>   Fille des Chaldéens !
> On ne t'appellera plus
>   La souveraine des royaumes.

Ésaïe 47 :1, 5

> Toi qui demeures près des grandes eaux
>   Et qui as d'immenses trésors,
> Ta fin est venue, à la mesure de ta cupidité !

Jérémie 51 :13

> Et Babylone, l'ornement des royaumes,

La fière parure des Chaldéens,
Sera comme Sodome et Gomorrhe que Dieu bouleversa.

Ésaïe 13 :19

"J'en ferai le domaine du hérisson et un marécage, et je la balaierai avec le balai de la destruction, oracle de l'Eternel des armées." Ésaïe 14 :23.

Toutes les nations du monde ont eu leur rôle à jouer et l'occasion de réaliser le plan du "Vigilant" et du "Saint".

La prophétie a annoncé la grandeur et la décadence des grands empires mondiaux — Babylone, les Mèdes et les Perses, la Grèce, Rome. Pour chacun d'eux, comme pour les nations moins puissantes, l'histoire se répéta. Tous eurent une période d'épreuve, tous échouèrent ; leur gloire passa, leur puissance s'évanouit, une autre les remplaça.

Tandis que les nations rejetaient les principes de Dieu et couraient à leur propre ruine, il était clair cependant que le dessein divin se réalisait à travers tous leurs mouvements.

C'est ce qu'enseigne l'extraordinaire vision accordée au prophète Ezéchiel pendant son exil en Chaldée. Elle lui fut donnée alors qu'il était accablé de souvenirs désolés et de pressentiments inquiétants. La terre de ses pères n'était plus que désolation. Jérusalem était dépeuplée. Le prophète lui-même était étranger dans un pays où l'ambition et la cruauté régnaient en maîtres. Ne voyant autour de lui que tyrannie et injustice, il était dans le désarroi et se lamentait jour et nuit. Mais la vision qu'il reçut lui révéla une puissance bien supérieure aux puissances terrestres.

Au bord du fleuve Kebar "je regardai et voici qu'il vint du nord un vent de tempête, une grosse nuée et une gerbe de feu, qui répandait tout autour une clarté. Il y avait comme un éclat étincelant sortant du milieu d'elle, du milieu du feu." Ezéchiel 1 :4. Des roues, imbriquées les unes dans les autres, étaient mues par quatre êtres vivants. Au-dessus "il y avait quelque chose qui avait l'aspect d'un saphir et l'apparence d'un trône ; et par-dessus cette sorte de trône apparaissait une forme humaine" Ezéchiel 1 :26. "On voyait aux chérubins une forme de main humaine sous leur ailes." Ezéchiel 10 :8. La disposition des roues était si compliquée qu'à première vue tout paraissait être en désordre ; en fait tout fonctionnait parfaitement. Les êtres célestes, soutenus et guidés par la main qu'on voyait sous les ailes des chérubins, poussaient ces roues ; au-dessus d'eux, sur le trône de saphir, se trouvait l'Eternel, et autour du trône, l'arc, emblème de la miséricorde divine.

De même que les rouages compliqués étaient dirigés par la main qu'on voyait sous les ailes des chérubins, de même le jeu embrouillé des événements de l'histoire de l'humanité est soumis au contrôle divin. Au milieu des querelles et du tumulte des nations, celui qui est assis au-dessus des chérubins conduit toujours les affaires du monde.

L'histoire des nations qui l'une après l'autre ont pris place dans le temps et l'espace, témoins inconscients d'une vérité dont elles ne connaissaient pas elles-mêmes le sens, nous parle. A chaque nation, à chaque homme d'aujourd'hui, Dieu a donné une place précise dans son plan. Les hommes et les nations d'aujourd'hui sont mesurés par celui qui ne se trompe pas. Ils décident eux-mêmes de leur destinée, et Dieu dirige toutes choses pour l'accomplissement de ses desseins.

L'histoire que le grand JE SUIS traça dans sa Parole, maillon après maillon dans une chaîne prophétique, de l'éternité du passé à l'éternité du futur, nous apprend à quel endroit nous nous trouvons dans le défilé des siècles, et ce que nous pouvons attendre du temps à venir. Tout ce que la prophétie a prédit, jusqu'à nos jours, s'est accompli dans l'histoire, et nous pouvons être sûrs que ce qui doit encore arriver arrivera en son temps.

[205]

La ruine finale de tous les royaumes terrestres est clairement annoncée dans la Parole. Dans la prophétie qui accompagne le jugement de Dieu sur le dernier roi d'Israël, nous trouvons ce message : "Ainsi parle le Seigneur, l'Eternel : La tiare sera ôtée, la couronne sera enlevée. [...] Ce qui est abaissé sera élevé, et ce qui est élevé sera abaissé. Une ruine, une ruine, une ruine ! C'est ce que j'en ferai. Tout a déjà changé, en attendant la venue de celui à qui appartient le jugement et à qui je le remettrai." Ezéchiel 21 :31, 32.

La couronne enlevée à Israël passa à l'Empire de Babylone, puis à l'Empire des Mèdes et des Perses, ensuite à la Grèce, et à Rome. Dieu dit : "Une ruine, une ruine, une ruine ! C'est ce que j'en ferai. Tout a déjà changé, en attendant la venue de celui à qui appartient le jugement et à qui je le remettrai."

Ce moment est proche. Aujourd'hui les signes des temps nous disent que nous sommes au seuil d'événements solennels. Notre monde n'est qu'agitation. A nos yeux s'accomplit la prophétie dans laquelle le Sauveur parle de ce qui précédera son retour : "Vous allez entendre parler de guerres et de bruits de guerres : [...] Une nation s'élèvera contre une nation, et un royaume contre un royaume, et il y aura, par endroits, des famines et des tremblements de terre." Matthieu 24 :6, 7.

Notre époque présente un intérêt extrême. Les chefs et les hommes d'Etat, tous ceux qui occupent des postes de confiance et de responsabilité, les hommes et les femmes de toutes conditions, qui réfléchissent, ont les yeux fixés sur ce qui se passe autour d'eux.

[206] Ils examinent les relations tendues, difficiles des nations entre elles. Ils observent la violence qui s'empare de la terre et ils reconnaissent que quelque chose d'immense, de décisif, va se passer — que le monde est au bord d'une crise extraordinaire.

En ce moment les anges retiennent les vents des guerres, pour qu'ils ne soufflent pas avant que le monde n'ait été averti qu'il va à sa perte ; mais la tempête se prépare, prête à se déchaîner sur la terre ; et quand Dieu ordonnera à ses anges de lâcher les vents, éclatera un conflit indescriptible.

La Bible, la Bible seule donne une vision exacte de ces choses. Elle révèle les dernières et terribles scènes de l'histoire de notre monde, ces événements dont nous apercevons déjà l'ombre, et dont la rumeur fait trembler la terre et défaillir de peur les hommes.

"Voici que l'Eternel dévaste la terre et la dépeuple, il en bouleverse la face, en disperse les habitants : [...] Ils enfreignaient les lois, altéraient les prescriptions, ils rompaient l'alliance éternelle. C'est pourquoi la malédiction dévore la terre, et ses habitants en portent la culpabilité ; [...] l'allégresse des tambourins a cessé, le bruit des amusements a pris fin, l'allégresse de la cithare a cessé." Ésaïe 24 :1, 5, 6, 8.

"Ah ! quel jour ! Car le jour de l'Eternel est proche : Il vient comme un ravage du Tout-Puissant. [...] Les semences ont séché sous les mottes ; les greniers sont vidés, les magasins sont en ruines, car le blé est épuisé. Comme les bêtes gémissent ! Les troupeaux de gros bétail sont errants, parce qu'ils n'ont point de pâture ; et même les troupeaux de petit bétail sont punis." Joël 1 :15-18.

"La vigne est épuisée, le figuier est desséché ; le grenadier, comme le palmier et le pommier, tous les arbres des champs sont secs... La gaieté est tarie, pour les humains." Joël 1 :12.

"Je souffre de toutes les fibres de mon cœur ! Mon cœur frémit, je ne puis me taire ; car tu entends, mon âme, le son du cor, la clameur guerrière. On annonce désastre sur désastre, car tout le pays est dévasté." Jérémie 4 :19, 20.

"Je regarde la terre, et voici qu'elle est informe et vide, vers les cieux, et leur lumière n'est plus. Je regarde les montagnes, et voici qu'elles sont ébranlées ; et toutes les collines chancellent. Je regarde, et voici que l'homme n'est plus ; et tous les oiseaux des cieux ont pris la fuite. Je regarde, et voici le Carmel : c'est un désert ; et toutes ses villes sont abattues, devant l'Eternel." Jérémie 4 :23-26.

"Malheur ! Car ce jour est grand, aucun autre n'est comme lui. C'est un temps d'angoisse pour Jacob ; mais il en sortira sauvé." Jérémie 30 :7.

"Va, mon peuple, entre dans tes chambres, et ferme tes portes derrière toi ; cache-toi pour quelques instants jusqu'à ce que la fureur soit passée." Ésaïe 26 :20.

> Car tu es mon refuge, ô Eternel !
> — Tu fais du Très-Haut ta retraite — .
> Aucun malheur ne t'arrivera,
>   Aucun fléau n'approchera de ta tente.
>
> Psaumes 91 :9, 10

> Dieu, Dieu, l'Eternel, parle et convoque la terre,
>   Depuis le soleil levant jusqu'au couchant.
> De Sion, beauté parfaite,
>   Dieu resplendit.
> Il vient, notre Dieu, il ne reste pas en silence.
>
> Psaumes 50 :1-3

> Il crie vers les cieux en haut
>   Et vers la terre, pour juger son peuple : [...]

> Et les cieux annonceront sa justice,
> Car c'est Dieu qui est juge.

Psaumes 50 :4, 6

"Fille de Sion, [...] l'Eternel te rachètera de la main de tes ennemis, maintenant des armées nombreuses (se sont rassemblées) contre toi : elle est dans la souillure, disent-elles ; nos yeux se fixent sur Sion ! Mais elles ne connaissent pas les pensées de l'Eternel, elles ne comprennent pas ses desseins." Michée 4 :10-12.

"Car je te rétablirai, je te guérirai de tes plaies, — oracle de l'Eternel. Puisqu'ils t'appellent la bannie, — c'est Sion — celle que nul ne recherche, ainsi parle l'Eternel : Voici : je fais revenir les captifs des tentes de Jacob, j'ai compassion de ses demeures." Jérémie 30 :17, 18.

> En ce jour l'on dira :
>   Voici notre Dieu,
> C'est en lui que nous avons espéré
>   Et c'est lui qui nous a sauvés ;
> C'est l'Eternel, en qui nous avons espéré ;
>   Soyons dans l'allégresse,
> Et réjouissons-nous de son salut !

Ésaïe 25 :9

"Il anéantit la mort pour toujours ; [...] il fait disparaître de toute la terre le déshonneur de son peuple ; car l'Eternel a parlé." Ésaïe 25 :8.

"Regarde Sion, la cité de nos rencontres ! Tes yeux verront Jérusalem, séjour serein, tente qui ne sera plus transportée, [...] car l'Eternel est notre juge, l'Eternel est notre législateur, l'Eternel est notre roi." Ésaïe 33 :20, 22.

"Il jugera les pauvres avec justice, avec droiture il sera l'arbitre des malheureux de la terre." Ésaïe 11 :4.

Alors le dessein de Dieu sera accompli ; les principes de son royaume seront respectés partout dans le monde.

> On n'entendra plus (parler) de violence dans ton pays,
>   Ni de ravage ni de ruines dans tes frontières ;

> Tu donneras à tes murailles le nom de salut
> Et à tes portes celui de louange.

Ésaïe 60 :18

> Tu seras affermie par la justice ;
> Tiens-toi éloignée de l'oppression,
> Car tu n'as rien à craindre,
> Et de la terreur,
> Car elle n'approchera pas de toi.

Ésaïe 54 :14

Les prophètes à qui ont été révélées ces scènes désiraient ardemment en comprendre le sens. Ils "ont fait de ce salut l'objet de leurs recherches et de leurs investigations. Ils se sont appliqués à découvrir à quelle époque et à quelles circonstances se rapportaient les indications de l'Esprit de Christ qui était en eux [...]. Il leur fut révélé que ce n'était pas pour eux-mêmes, mais pour vous qu'ils étaient ministres de ces choses. Maintenant, elles vous ont été annoncées [...], et les anges désirent y plonger leurs regards." 1 Pierre 1 :10-12.

Pour nous qui sommes tout près de leur accomplissement, l'esquisse des choses à venir — que les enfants de Dieu, depuis que nos premiers parents se sont éloignés de l'Eden, ont espérées, attendues, et pour la réalisation desquelles ils ont prié — a un intérêt, une importance immenses.

Aujourd'hui, en cette période qui précède la grande crise finale, comme avant la première destruction du monde, les hommes sont absorbés par la recherche des plaisirs. Absorbés par ce qui est visible et passager, ils ont perdu de vue les choses invisibles et éternelles. Aux richesses éphémères ils sacrifient les richesses immortelles. Il faut qu'ils lèvent la tête, que leur vision de la vie s'élargisse ! Il faut les sortir de leur léthargie, de leur rêve terrestre.

Il faut qu'ils apprennent, à travers la grandeur et la décadence des nations, telles que nous l'explique la sainte Ecriture, combien est vaine la gloire terrestre, toute d'apparence. Babylone, puissante et magnifique, telle que notre monde n'a plus jamais rien contemplé de semblable, Babylone qui semblait si forte et si solide — il ne reste plus rien de toi. Comme "l'herbe des champs", tu as passé. Ainsi passe tout ce qui ne se fonde pas sur Dieu. Seul peut subsister ce qui est lié au dessein divin, ce qui exprime le caractère de Dieu. Ses principes sont les seules données inébranlables de notre monde.

Voilà les grandes vérités que tous doivent apprendre, jeunes et vieux. Il nous faut étudier la réalisation du plan de Dieu à travers l'histoire des nations et la révélation de l'avenir, pour estimer à leur juste valeur les choses visibles et invisibles, pour comprendre quel est le véritable objectif de la vie, pour donner à chaque chose terrestre sa véritable place et son usage le plus noble, à la lumière de l'éternité. Ainsi, en étudiant ici-bas les principes du royaume de Dieu, en en devenant les sujets, les citoyens, nous serons prêts, au retour de Jésus, à entrer avec lui dans ce royaume.

Le jour est proche. Il nous faut apprendre, travailler, transformer notre caractère ; pour tout cela, le temps est court.

"Fils d'homme, voici ce que dit la maison d'Israël : La vision qu'il a n'est que pour des jours lointains, il prophétise pour des temps éloignés. C'est pourquoi dis-leur : Ainsi parle le Seigneur, l'Eternel : Toute parole que je dirai sera une parole qui se réalisera sans délai. — Oracle du Seigneur, l'Eternel." Ezéchiel 12 :27, 28.

Chapitre 20 — Enseignement et étude de la Bible

Si tu prêtes une oreille attentive à la sagesse, [...] si tu la recherches avec soin comme des trésors... Proverbes 2 :2, 4.

Enfant, adolescent, homme, Jésus étudia les Ecritures. Lorsqu'il était petit, sa mère, le prenant sur ses genoux, l'enseignait chaque jour à l'aide des rouleaux des prophètes. Plus tard, l'aube et le crépuscule le trouvèrent bien souvent seul sur la montagne ou dans la forêt, pour une heure paisible de prière et d'étude de la Parole de Dieu. Pendant son ministère, sa maîtrise des Ecritures attesta le soin qu'il avait mis à leur étude. Il s'instruisait comme nous pouvons nous instruire, et sa puissance mentale et spirituelle témoigne de la valeur de la Bible en tant que moyen d'éducation.

Notre Père céleste, en nous donnant sa Parole, n'a pas oublié les enfants. Dans tout ce que les hommes ont écrit, où pourrait-on trouver des histoires qui aient autant d'emprise sur le cœur, qui soient aussi propres à intéresser les petits, que dans la Bible ?

A travers ces histoires toutes simples, les grands principes de la loi de Dieu sont accessibles aux enfants. Ainsi, par des exemples tout à fait à la portée de l'intelligence enfantine, les parents et les maîtres peuvent suivre très tôt le commandement divin : "[...] ces paroles [...] tu les inculqueras à tes fils et tu en parleras quand tu seras dans ta maison, quand tu iras en voyage, quand tu te coucheras et quand tu te lèveras." Deutéronome 6 :7.

[212]

L'usage des leçons de choses, des tableaux noirs, de cartes géographiques, d'images sera d'une grande aide pour expliquer les principes divins et les fixer dans la mémoire. Parents et maîtres devraient s'efforcer de perfectionner constamment leurs méthodes. L'enseignement de la Bible requiert une pensée dispose, les instruments les meilleurs, les efforts les plus vigoureux.

La façon dont naîtra et se développera en nos enfants l'amour de l'étude de la Bible dépendra largement des moments d'adoration passés en famille. Les instants de culte du matin et du soir devraient compter parmi les plus doux, les plus salutaires de la journée. Comprenons qu'alors, aucune pensée inquiète, malveillante ne doit se glisser, que parents et enfants se réunissent pour rencontrer Jésus, pour inviter chez eux les saints anges. Que ces moments d'adoration soient courts et vivants, adaptés aux circonstances, variés. Que tous s'associent pour lire la Bible, apprendre et répéter la loi de Dieu. L'intérêt des enfants croîtra s'ils peuvent de temps à autre choisir le texte à lire. Posez-leur des questions sur ce texte, et laissez-les en poser. Utilisez tout ce qui peut aider à en comprendre le sens. Si le culte n'est pas trop long, que les petits prennent part à la prière et chantent, ne serait-ce qu'une strophe.

Pour rendre un culte digne de ce nom, il faut prendre le temps d'y penser, de le préparer. Les parents devraient chaque jour consacrer un moment à l'étude de la Bible en compagnie de leurs enfants. Sans doute cela demande des efforts, une organisation, des sacrifices; mais cela en vaut la peine.

Dieu demande aux parents de se préparer à enseigner ses préceptes en les enfouissant tout d'abord au fond de leur propre cœur: "Ces paroles que je te donne aujourd'hui seront dans ton cœur. Tu les inculqueras à tes fils." Deutéronome 6:6, 7. Nous pourrons intéresser nos enfants à la Bible, si nous nous y intéressons nous-mêmes; nous pourrons leur en faire aimer l'étude si nous l'aimons nous-mêmes. L'efficacité de notre enseignement dépendra de l'exemple que nous leur donnerons et de nos propres dispositions.

Dieu appela Abraham à enseigner sa Parole, il le choisit pour être le père d'une grande nation parce qu'il voyait qu'Abraham élèverait ses enfants et sa maison dans le respect de la loi divine. Ce qui donna toute sa force à l'enseignement d'Abraham fut l'exemple de sa propre vie. Sa maison comprenait plus de mille personnes, beaucoup d'entre elles étaient des chefs de famille, et la plupart n'avait abandonné le paganisme que récemment. Une telle maisonnée demandait une direction ferme; une conduite faible, hésitante ne pouvait convenir. D'Abraham, Dieu dit: "Je l'ai choisi afin qu'il ordonne à ses fils et à sa famille après lui." Genèse 18:19. Pourtant il exerçait son autorité avec tant de sagesse et de douceur qu'il gagnait tous les cœurs. Voici le témoignage du Vigilant divin. Ils garderont "la voie de l'Eternel, en pratiquant la justice et le droit" Genèse 18:19. Et l'influence d'Abraham dépassa largement le cadre de sa maison. Partout où il dressait sa tente, il bâtissait un autel. Quand la tente était démontée, l'autel restait ; et plus d'un Cananéen nomade, ayant appris à connaître Dieu à travers son serviteur Abraham, s'attarda auprès d'un de ces autels pour offrir un sacrifice à Jéhovah.

L'enseignement de la Parole de Dieu n'aura pas moins d'impact aujourd'hui s'il est aussi fidèlement reflété par la vie du maître.

Il ne suffit pas de savoir ce que les autres ont pensé ou ont étudié de la Bible. Chacun devra, au jour du jugement, rendre compte de lui-même à Dieu et chacun devrait étudier pour lui-même la vérité. Pour qu'une étude soit efficace, il faut que l'intérêt de l'élève soit éveillé. Ceci ne doit jamais être oublié, en particulier par ceux qui s'occupent d'enfants ou de jeunes dont le caractère, l'éducation, les modes de pensée sont différents les uns des autres. Lorsque nous enseignons la Bible aux enfants, nous pouvons progresser en observant la tournure de leurs esprits, les sujets qui les intéressent et en les encourageant à chercher ce que la Bible en dit. Celui qui nous créa si divers parle dans sa Parole à chacun de nous. Et lorsque les enfants constateront que les enseignements bibliques intéressent leur propre vie, amenez-les à prendre le saint Livre pour conseiller.

Aidez-les aussi à en apprécier la beauté merveilleuse. La lecture de nombre de livres sans valeur réelle, excitants et malsains est recommandée, ou tout du moins autorisée, sous prétexte que ces ouvrages ont une valeur littéraire. Pourquoi dirigerions-nous nos enfants vers des eaux polluées alors qu'ils ont librement accès à la source pure de la Parole de Dieu ? La Bible a une plénitude, une puissance, une profondeur inépuisables. Encourageons les enfants et les jeunes à découvrir les joyaux de sa pensée et de son style.

Au fur et à mesure que ces merveilles attireront leurs esprits, une puissance de paix touchera leur cœur. Ils s'approcheront de celui qui s'est ainsi révélé à eux et il y en aura bien peu qui ne désireront pas connaître davantage ses œuvres et ses voies.

Celui qui étudie la Bible doit l'approcher avec un esprit toujours disposé à apprendre. Nous ne cherchons pas dans ses pages de quoi étayer nos opinions, mais la Parole de Dieu.

Une véritable connaissance de la Bible ne peut être acquise qu'avec l'aide de l'Esprit qui l'a donnée. Pour atteindre cette connaissance nous devons en vivre. Ce que Dieu nous commande, nous devons l'accomplir. Ce qu'il nous promet, nous pouvons le demander. Notre vie doit être celle que la Parole nous enjoint de vivre, par sa puissance. C'est ainsi seulement que nous pourrons étudier la Bible utilement.

Cette étude nous demande des efforts assidus et persévérants. Comme le mineur creuse la terre pour trouver de l'or, avec ardeur et obstination, nous devons chercher le trésor de la Parole de Dieu.

Dans l'étude quotidienne, la méthode qui consiste à examiner le texte verset par verset est souvent très utile. Que l'étudiant choisisse un verset et concentre son esprit pour bien comprendre la pensée que Dieu y a placée pour lui ; ensuite qu'il approfondisse cette pensée jusqu'à ce qu'elle soit bien sienne. Etudier un court passage jusqu'à ce qu'il soit clairement saisi est plus précieux que lire plusieurs chapitres sans but défini, sans recherche effective.

[216] Une des principales causes de la faiblesse intellectuelle et morale est l'incapacité à se concentrer sur des sujets dignes d'intérêt. Nous nous enorgueillissons de l'abondance de la littérature, mais la multiplication des livres, même de ceux qui ne sont pas mauvais, peut être un véritable fléau. Sous le flot des textes imprimés, jeunes et vieux prennent l'habitude de lire rapidement et superficiellement, et leur esprit perd la faculté d'élaborer une réflexion suivie et vigoureuse. En outre, une bonne partie de ces revues et de ces livres qui, comme les grenouilles en Egypte, envahissent la terre, n'est pas seulement pleine d'idées banales, futiles, débilitantes, mais aussi d'idées impures et dégradantes. Tout cela n'a pas pour seul effet d'intoxiquer et de miner l'intelligence, mais aussi de corrompre et de détruire l'âme. L'esprit, le cœur indolent, désœuvré est une proie facile pour le mal. C'est dans les organismes malades, sans vigueur, que se forment les tumeurs. L'esprit oisif est l'atelier de Satan. Il faut que les facultés se tendent vers des idéaux élevés et saints, que la vie ait un noble but, un projet qui l'occupe tout entière, et le mal ne trouvera guère de prise.

Que les jeunes apprennent à étudier de près la Parole de Dieu. Dans leur cœur, elle élèvera un puissant rempart contre la tentation : "Je serre ta promesse dans mon cœur, afin de ne pas pécher contre toi." Psaumes 119 :11. "Par la parole de tes lèvres, je me garde des sentiers des violents." Psaumes 17 :4.

La Bible est son propre interprète. Ce n'est qu'à l'Ecriture que l'on peut comparer l'Ecriture. Celui qui l'étudie doit apprendre à considérer la Parole de Dieu comme un tout, et à voir les relations qui existent entre ses différentes parties. Il doit apprendre à connaître le thème central du saint Livre : le plan originel de Dieu pour le monde, la montée du grand conflit, l'œuvre de la rédemption. Il doit comprendre la nature des deux forces qui se combattent, apprendre à en relever l'empreinte dans les récits de l'histoire et de la prophétie, jusqu'à l'accomplissement de toutes choses. Il doit voir que cette lutte se poursuit à tous les instants de l'expérience humaine, que dans chacun de ses actes il agit lui-même selon l'une ou l'autre de ces forces antagonistes et qu'à chaque instant il choisit son camp, qu'il le veuille ou non.

[217]

Chaque partie de la Bible est inspirée et utile. L'Ancien Testament doit retenir notre attention aussi bien que le Nouveau. Nous trouverons, en l'étudiant, des sources d'eau vive là ou le lecteur négligent ne voit qu'aridité.

L'Apocalypse demande tout particulièrement d'être étudiée en rapport avec le livre de Daniel. Que chaque maître respectueux de Dieu décide de la façon la plus simple de saisir et de présenter l'Evangile que notre Sauveur vint lui-même révéler à son serviteur Jean : "Révélation de Jésus-Christ, que Dieu lui a donnée pour montrer à ses serviteurs ce qui doit arriver bientôt." Apocalypse 1 :1. Personne ne devrait se laisser décourager par les symboles apparemment obscurs de l'Apocalypse. "Si quelqu'un d'entre vous manque de sagesse, qu'il la demande à Dieu qui donne à tous libéralement et sans faire de reproche." Jacques 1 :5.

"Heureux celui qui lit et ceux qui écoutent les paroles de la prophétie et gardent ce qui s'y trouve écrit ! Car le temps est proche !" Apocalypse 1 :3.

Lorsque s'est éveillé un amour authentique pour la Bible, et que celui qui l'étudie comprend l'immensité du champ qui s'offre à lui et la valeur du trésor qu'il possède, il désirera saisir toutes les occasions de s'approcher de la Parole de Dieu. Son étude ne se limitera pas à un lieu, à un moment particuliers. Incessante, elle sera un des meilleurs moyens d'entretenir cet amour pour les Ecritures. Vous qui voulez la sonder, ayez toujours votre Bible avec vous. Lorsque vous en avez l'occasion, lisez un texte et méditez-le. Quand vous marchez dans la rue, quand vous attendez un train ou l'heure d'un rendez-vous, profitez-en pour glaner dans le trésor de vérité quelque précieuse pensée.

Les grandes forces motrices de l'être sont la foi, l'espérance et la charité, et c'est vers elles que mène une étude approfondie de la Bible. La beauté extérieure de la Bible, ses images, son style, n'est que l'écrin de sa véritable richesse — sa sainteté. Dans les récits retraçant la vie des hommes qui marchèrent avec Dieu nous pouvons entrevoir la gloire divine. A travers celui dont toute la personne est désirable (Cantique des cantiques 5 :16), nous voyons celui dont la terre et les cieux ne sont qu'un faible reflet. "Et moi, quand j'aurai été élevé de la terre, j'attirerai tous (les hommes) à moi." Jean 12 :32. L'être qui contemple le Rédempteur sent s'élever en lui une force mystérieuse de foi, d'adoration, d'amour. Le regard fixé sur le Christ, il se transforme à la ressemblance de celui qu'il adore. Les mots de l'apôtre Paul deviennent ceux de son âme : "Je considère tout comme une perte à cause de l'excellence de la connaissance du Christ-Jésus [...]. Mon but est de le connaître, lui, ainsi que la puissance de sa résurrection et la communion de ses souffrances." Philippiens 3 :8, 10.

Les sources de la paix et de la joie célestes libérées dans une âme par la parole du Saint-Esprit ruisselleront de bénédictions pour tous ceux qui en approcheront. Que les jeunes d'aujourd'hui, les jeunes qui grandissent, Bible en main, deviennent les vases et les canaux où coulera l'eau de la vie ; quels flots de bénédictions se répandront alors à travers le monde — des influences dont nous ne concevons pas la puissance de guérison, de réconfort —, des fleuves d'eau vive, des sources jaillissant "jusque dans la vie éternelle" ! (Voir Jean 4 :14.)

Le développement du corps

Bien-aimé, je souhaite que tu prospères à tous égards et que tu sois en bonne santé, comme prospère ton âme. 3 Jean 1 :2.

[221] # Chapitre 21 — Etude de la physiologie

Je suis une créature merveilleuse. Psaumes 139 :14.

Etant donné que l'esprit et l'âme s'expriment au moyen du corps, l'énergie mentale et l'énergie spirituelle dépendent dans une grande mesure de la robustesse et de l'activité de ce corps ; tout ce qui favorise la santé physique favorise également le développement d'un esprit solide et d'un caractère équilibré. Sans la santé, personne ne peut concevoir clairement ses obligations envers soi-même, ses semblables, son Créateur, ni, à plus forte raison, s'en acquitter entièrement. Il faut donc veiller sur la santé aussi attentivement que sur le caractère. A la base de tout effort d'éducation il devrait y avoir une connaissance assurée de la physiologie et de l'hygiène.

Quoique les bases de la physiologie soient maintenant assez bien comprises, l'indifférence aux principes de santé est inquiétante. Parmi ceux mêmes qui les connaissent il y en a peu qui les appliquent. On suit ses penchants, ses instincts aussi aveuglément que [222] si le hasard seul dirigeait la vie, et non des lois précises et immuables.

La jeunesse, dans la fraîcheur et l'ardeur de la vie, ne mesure pas pleinement l'énergie débordante qui l'anime. Ce trésor plus précieux que l'or, plus nécessaire aux progrès que le savoir, la condition sociale, les richesses — comme il est peu apprécié, comme il est imprudemment gaspillé ! Combien d'hommes, sacrifiant leur santé à l'argent, au pouvoir, sont tombés, impuissants, juste avant d'atteindre l'objet de leurs désirs, tandis que d'autres, au corps plus résistant, s'emparaient du prix convoité ! Combien ont été amenés par un état morbide, résultat de leur négligence à l'égard des lois de la santé, à des pratiques funestes, et à sacrifier tout espoir pour ce monde et le monde à venir !

Par l'étude de la physiologie, les élèves devraient être amenés à estimer la vigueur physique à sa juste valeur et à apprendre à la préserver, à la développer pour qu'elle participe de son mieux à la victoire dans la bataille de la vie.

Il faut que les enfants apprennent très tôt les rudiments de la physiologie et de l'hygiène, dans des leçons simples et faciles. Ce travail devrait être commencé par les mères, à la maison, et continué avec soin à l'école. Au fur et à mesure que les enfants avancent en âge, leurs connaissances dans ce domaine devraient grandir jusqu'à ce qu'ils soient capables de se prendre en charge. Ils devraient comprendre combien il est important de se défendre contre la maladie en veillant à la bonne santé de chaque organe, et apprendre à venir à bout des affections et accidents banals. Toutes les écoles devraient enseigner la physiologie et l'hygiène et avoir, autant que possible, les moyens d'illustrer ces leçons sur l'agencement, le fonctionnement et le soin du corps.

Certains sujets, qui ne sont pas inclus habituellement dans les études de physiologie, devraient attirer l'attention — des sujets d'une importance bien plus grande que beaucoup de ces détails techniques qui sont couramment enseignés aux étudiants dans cette discipline. Le point de départ de tout enseignement dans cette matière est le suivant : les jeunes devraient apprendre que les lois de la nature sont les lois de Dieu — au même titre que les préceptes du Décalogue. Les lois qui gouvernent notre organisme ont été écrites par Dieu sur chacun de nos nerfs, de nos muscles, sur chaque fibre de notre corps. Toute négligence, toute violation consciente de ces lois est une faute contre notre Créateur. [223]

Comme il est nécessaire, alors, qu'une connaissance approfondie de ces lois soit dispensée ! Il faudrait accorder aux principes d'hygiène relatifs à la nourriture, à l'exercice, à la garde des enfants, aux soins donnés aux malades et à bien d'autres sujets semblables beaucoup plus d'attention qu'il n'est coutume de le faire.

Les influences réciproques qu'exercent l'esprit sur le corps et le corps sur l'esprit doivent être soulignées. La puissance électrique du cerveau, stimulé par l'activité mentale, vivifie le corps entier et apporte ainsi une aide inestimable dans le combat contre la maladie. Il faut le mettre en évidence. Il faut montrer le pouvoir de la volonté, de la maîtrise de soi dans la protection et le recouvrement de la santé, le rôle déprimant et souvent désastreux de la colère, du mécontentement, de l'égoïsme, de l'impureté face à l'extraordinaire pouvoir vivifiant de la gaieté, de la générosité, de la reconnaissance.

Il se trouve, dans l'Ecriture, une vérité d'ordre physiologique sur laquelle nous devons réfléchir : "Un cœur joyeux est un bon remède." Proverbes 17 :22.

[224] Dieu dit : "Que ton cœur garde mes commandements ; car ils augmenteront la durée de tes jours, les années de ta vie et ta paix." Proverbes 3 :1, 2. "Car ils sont la vie pour ceux qui les trouvent, et pour tout leur corps c'est la santé." Proverbes 4 :22. "Les discours agréables sont un rayon de miel, douceur pour l'âme et remède pour le corps." Proverbes 16 :24.

Il faut que les jeunes comprennent le sens profond de cette parole biblique : "Auprès de toi est la source de la vie" Psaumes 36 :10. Dieu n'est pas seulement à l'origine de toutes choses, il est la vie de tout ce qui vit. C'est sa vie que nous recevons avec le soleil, l'air pur et doux, la nourriture qui construit nos corps et nous donne des forces. C'est par sa vie que nous existons, à chaque heure, à chaque instant. Tous les dons divins, à moins qu'ils ne soient dénaturés par le péché, concourent à la vie, à la santé, à la joie.

"Tout ce qu'il a fait est beau en son temps." Ecclésiaste 3 :11. Ce n'est pas en altérant l'ouvrage divin, mais c'est en s'accordant aux lois de celui qui a créé toutes choses et qui se plaît à leur beauté et à leur perfection que l'on atteindra la beauté véritable.

Lors de l'étude du corps humain et de ses mécanismes, il faudra attirer l'attention sur la façon remarquable dont moyens et fins se correspondent, sur le travail harmonieux et l'interdépendance des organes. Son intérêt ainsi éveillé, l'étudiant saisira alors l'importance de l'éducation physique et le maître pourra alors l'aider à croître de son mieux et à prendre de bonnes habitudes.

Une des premières choses à assurer est une attitude correcte, tant assise que debout. Dieu a créé l'homme "droit", et désire qu'il en retire des bienfaits physiques, mais aussi mentaux et spirituels : grâce, dignité et assurance, courage et indépendance, toutes qualités

[225] favorisées par cette position. Que le maître enseigne par l'exemple et la parole. Qu'il montre ce qu'est une attitude correcte et insiste pour qu'elle soit observée.

Viennent ensuite la respiration et l'éducation de la voix. Celui qui, assis ou debout, se tient droit est mieux à même que les autres de respirer correctement. Mais le maître fera comprendre à ses élèves l'importance d'une respiration en profondeur. Il montrera l'action bienfaisante des organes respiratoires, qui contribue à une bonne circulation du sang, revigore le corps entier, excite l'appétit, encourage la digestion et entraîne un sommeil sain, un sommeil qui ne se contente pas de détendre le corps mais qui apaise aussi l'esprit. D'autre part, en plus de cet enseignement théorique, il insistera sur la pratique de cette respiration profonde, fera exécuter des exercices adéquats et veillera à ce que de bonnes habitudes soient acquises.

La culture de la voix tient une place importante dans l'éducation physique, puisqu'elle permet aux poumons de se développer, de se fortifier, et de parer ainsi à la maladie. Pour assurer une lecture et une élocution correctes, veillons à ce que les muscles abdominaux agissent librement et à ce que les organes respiratoires ne soient pas comprimés. Que l'effort vienne de l'abdomen plutôt que de la gorge. On peut éviter ainsi une grande fatigue et de graves affections de la gorge et des poumons. Il faut accorder une attention toute particulière à la prononciation pour qu'elle soit distincte, harmonieuse, nuancée et pas trop rapide. Cela n'aura pas seulement un heureux effet sur la santé, mais contribuera grandement à l'agrément et à l'efficacité du travail de l'élève.

Cette étude offre l'occasion précieuse de dénoncer le caractère malsain des vêtements trop serrés et de tout ce qui limite les mouvements essentiels à la vie. Des modes malsaines entraînent des maladies presque sans fin, il faut en être soigneusement averti. Expliquons bien aux élèves le danger que présente un vêtement qui serre trop les hanches ou comprime un organe, quel qu'il soit. Les vêtements doivent permettre une respiration complète et laisser la liberté de lever les bras au-dessus de la tête sans aucune difficulté. Lorsque les poumons sont comprimés, d'une part ils ne se développent pas, d'autre part la digestion et la circulation du sang sont entravées ; le corps tout entier est affaibli. Tout cela amoindrit les facultés physiques et mentales, entrave les progrès de l'étudiant et l'empêche souvent de réussir.

[226]

Lorsqu'il enseignera l'hygiène, le maître consciencieux saisira toutes les occasions de montrer qu'une propreté parfaite est indispensable, aussi bien sur sa personne que dans son environnement. Il faut insister sur l'importance du bain quotidien qui favorise la santé et fortifie l'esprit. Accorder du prix à la lumière du soleil, à l'aération, à l'hygiène de la chambre à coucher et de la cuisine.

Apprendre aux élèves qu'une chambre salubre, une cuisine vraiment propre, une table garnie avec goût d'aliments sains procurera à la famille plus de bonheur et plus d'estime de la part du visiteur avisé que n'importe quels meubles coûteux dans le salon. Nous avons besoin aujourd'hui encore de cette leçon du divin Maître donnée il y a plus de dix-neuf siècles : "La vie est plus que la nourriture, et le corps plus que le vêtement." Luc 12 :23.

L'étudiant en physiologie doit savoir que des connaissances de faits et de principes lui seront de peu de profit si elles ne sont suivies d'une mise en application. S'il comprend l'importance de l'aération, si sa chambre est baignée d'air pur, mais qu'il ne remplit pas correctement ses poumons, il devra en subir les conséquences. A quoi bon avoir saisi l'utilité de la propreté, à quoi bon tous les moyens mis à sa disposition s'il n'en tire pas parti ? Il faut convaincre les élèves de l'importance de ces principes pour qu'ils les mettent consciencieusement en pratique.

Par une image impressionnante Dieu nous montre l'intérêt qu'il accorde à notre corps et la responsabilité qui nous incombe de veiller au mieux sur son bon fonctionnement. "Ne savez-vous pas ceci : votre corps est le temple du Saint-Esprit qui est en vous et que vous avez reçu de Dieu, et vous n'êtes pas à vous-mêmes ?" 1 Corinthiens 6 :19 ; voir 1 Corinthiens 3 :17.

Que les élèves se pénètrent de l'idée que leur corps est un temple dans lequel Dieu désire habiter, et qu'il doit être gardé pur, lieu de pensées nobles et élevées. En avançant dans l'étude de la physiologie, ils verront qu'ils sont assurément des "créatures merveilleuses" (Psaumes 139 :14) et seront remplis de respect. Au lieu de détériorer l'œuvre divine, ils voudront faire de leur mieux pour accomplir le plan merveilleux du Créateur. Ils verront alors dans la soumission aux lois de la santé non pas une occasion de sacrifice et de renoncement, mais le privilège et la bénédiction inestimables qui s'y trouvent véritablement.

Chapitre 22 — Tempérance et diététique

Tout lutteur s'impose toute espèce d'abstinences. 1 Corinthiens 9 :25.

Les étudiants doivent comprendre le rapport qu'il y a entre une vie simple et une pensée élevée. Il incombe à chacun de nous de décider, pour soi-même, si sa vie sera dirigée par le corps ou l'esprit. Les jeunes doivent, chacun pour soi, faire le choix dont dépendra leur vie ; il ne faut épargner aucun effort pour leur faire comprendre à quelles forces ils auront affaire et quelles influences agissent sur le caractère et la destinée.

L'intempérance est un ennemi dont tous doivent se garder. Elle se développe avec une telle rapidité, une telle puissance que tous ceux qui aiment leurs frères doivent se dresser contre elle. En invitant à l'étude de la tempérance les écoles font un pas dans la bonne direction qui devrait être suivi dans tous les établissements, tous les foyers. Il faut que les jeunes comprennent l'effet destructeur, tant pour l'esprit et l'âme que pour le corps, de l'alcool, du tabac et des autres poisons du même genre. Il faut montrer clairement que personne ne peut en user et jouir longtemps pleinement de ses facultés physiques, mentales, morales.

[230]

Mais pour traiter à fond l'intempérance, nous ne devons pas nous contenter de combattre l'usage de l'alcool et du tabac : le désœuvrement, une vie sans but, les mauvaises fréquentations peuvent être des facteurs déterminants. L'intempérance se rencontre souvent à la table de gens qui se croient stricts. Tout ce qui dérange la digestion, qui cause une excitation excessive ou qui, d'une façon ou d'une autre, affaiblit l'organisme, déséquilibrant les rapports de l'esprit et du corps, porte atteinte au contrôle qu'exerce l'esprit sur le corps et pousse à l'intempérance. L'échec de plus d'un jeune à l'avenir prometteur s'explique peut-être par une alimentation malsaine qui a entraîné des convoitises anormales.

Le thé, le café, les condiments, les sucreries et les pâtisseries provoquent des digestions pénibles. La viande aussi est nuisible. L'excitation qu'elle produit devrait suffire à en prévenir l'usage ; et l'état malsain des animaux, à peu près général, fournit une autre raison de la rejeter. Elle excite les nerfs, avive les émotions violentes et donne ainsi la part belle aux tendances les plus basses.

Ceux qui se sont habitués à une nourriture riche, excitante finissent par constater que leur estomac ne se satisfait plus d'aliments simplement préparés, mais réclame une cuisine de plus en plus assaisonnée, relevée, épicée. Des troubles nerveux s'ensuivent, l'organisme est affaibli, la volonté semble ne pas pouvoir résister à ces goûts contre nature. La délicate paroi stomacale s'irrite, s'enflamme et la nourriture la meilleure ne peut la soulager. Seule une boisson forte peut apaiser la soif qui a été déclenchée.

[231] Ainsi commencent des maux dont il faut précisément se garder. Il faut expliquer très clairement aux jeunes les conséquences de ce qui paraît être de petits écarts. Qu'ils comprennent qu'une nourriture simple et saine préviendra l'envie d'excitants artificiels ; qu'ils s'exercent au plus tôt à la maîtrise d'eux-mêmes ; qu'ils se pénètrent de l'idée qu'ils doivent être des maîtres et non des esclaves. Dieu les a établis souverains de leur royaume intérieur et ils doivent exercer cette royauté. Si cet enseignement est fidèlement transmis, il portera des fruits chez la jeunesse et ailleurs encore. Son influence atteindra et sauvera des milliers d'hommes et de femmes qui sont au bord de la catastrophe.

Alimentation et développement mental

Il faudrait prêter beaucoup plus d'attention qu'on ne le fait aux rapports qui existent entre l'alimentation et le développement intellectuel. Des erreurs d'alimentation sont souvent à l'origine de la confusion et de la lourdeur d'esprit.

On admet fréquemment que l'appétit est un bon guide dans le choix de la nourriture. Si l'on s'était toujours conformé aux lois de la santé, ce serait exact. Mais le goût a été tellement perverti par des générations de mauvaises habitudes qu'il réclame sans cesse des plaisirs nuisibles et que l'on ne peut plus s'y fier.

Dans leur cours d'hygiène, les élèves devront bien étudier la valeur nutritive des différents aliments, la portée d'une alimentation fortifiante étudiée avec soin, les conséquences d'une alimentation carencée. Le thé et le café, le pain de farine fine, les pickles, les légumes de mauvaise qualité, les sucreries, les condiments, les pâtisseries ne contiennent pas les nutriments convenables. Beaucoup d'étudiants se sont effondrés pour avoir usé de ces aliments. Et combien d'enfants chétifs, incapables du moindre effort physique ou intellectuel, victimes d'une nourriture pauvre ! Les céréales, les fruits, les oléagineux et les légumes, mélangés les uns aux autres dans des proportions convenables, contiennent tous les éléments nutritifs nécessaires ; correctement préparés ils assurent l'alimentation qui contribue le mieux au développement des forces physiques et mentales.

[232]

Mais il ne suffit pas de considérer la nourriture elle-même, il s'agit aussi de l'adapter à celui qui la reçoit. Souvent une nourriture qui peut être absorbée sans restriction par des travailleurs manuels, ne conviendra pas à des gens qui s'adonnent essentiellement à un travail intellectuel. Il faut aussi savoir associer les aliments. Ceux qui ont des activités cérébrales ou sédentaires ne devraient pas au cours d'un même repas consommer des aliments trop variés.

Il faut aussi se garder de trop manger, même la nourriture la plus saine. La nature utilise juste ce qu'il lui faut pour chaque organe ; ce qui est en trop encrasse l'organisme. On croit souvent que des étudiants tombent malades pour avoir trop travaillé, alors qu'en fait ils ont trop mangé. Si l'on accorde aux règles de santé une attention convenable, il n'y a guère à redouter le surmenage ; bien souvent ce prétendu épuisement intellectuel provient d'une surcharge de l'estomac qui fatigue le corps et affaiblit l'esprit.

Mieux vaudrait, le plus souvent, deux repas par jour plutôt que trois. Le dîner pris de bonne heure empiète sur la digestion du précédent repas. Pris tard, il n'est pas digéré avant le sommeil ; aussi l'estomac ne peut-il se reposer correctement. Sommeil troublé, nerfs et cerveau fatigués, pas d'appétit au petit déjeuner : l'organisme n'est ni détendu ni prêt à affronter les tâches de la journée.

Il ne faut pas négliger l'importance de la régularité des horaires, pour les repas et le sommeil. Les heures du repos sont des heures où

[233]

le corps se bâtit, et il est essentiel, pour les jeunes en particulier, de dormir régulièrement et suffisamment.

Nous devons, autant que possible, éviter de manger à la hâte. Moins nous aurons de temps pour un repas, moins nous devrons manger. Il vaut mieux supprimer un repas que manger sans mâcher correctement.

Le repas devrait être un moment de délassement et d'échange. Tout ce qui pèse ou irrite devrait être oublié. Laissons s'exprimer notre bonne humeur, notre confiance, notre reconnaissance envers celui qui nous accorde toutes choses, et la conversation sera joyeuse, faite de pensées qui n'importunent pas, mais élèvent.

La tempérance, la discipline ont un merveilleux pouvoir. Elles contribuent, bien mieux que les circonstances ou les aptitudes naturelles, à développer la douceur et l'égalité d'humeur qui aplanissent si bien le chemin de la vie. D'autre part, la maîtrise de soi ainsi acquise sera une des armes les plus solides pour affronter avec succès les dures réalités, les devoirs rigoureux qui sont le lot de chacun d'entre nous.

Les voies de la sagesse "sont des voies agréables, et tous ses sentiers (apportent) la paix" Proverbes 3 :17. Puisse chacun de nos jeunes, appelés à un destin plus haut que celui des plus puissants rois, méditer ces paroles : "Heureux toi, pays [...] dont les ministres mangent au temps convenable, pour (prendre) des forces, et sans beuveries !" Ecclésiaste 10 :17.

Chapitre 23 — Récréation

Il y a un moment pour tout. Ecclésiaste 3 :1.

Il faut distinguer entre récréation et amusement. La récréation, re-création, selon l'étymologie, est destinée à nous fortifier. Elle nous tire de nos soucis et de nos préoccupations pour restaurer notre corps et notre esprit et nous permettre de retourner, pleins d'une vigueur nouvelle, à notre ouvrage. L'amusement, lui, est recherché pour le plaisir et bien souvent excessif ; il consume l'énergie destinée au travail et se révèle être une entrave à la réussite d'une vie authentique.

Le corps entier est créé pour agir ; si les forces physiques ne sont pas activement entretenues, les forces mentales ne pourront pas donner longtemps leur pleine mesure. L'inactivité du corps, qui semble chose presque inévitable dans une salle de classe — jointe à d'autres conditions malsaines — est une épreuve pénible pour les enfants, surtout pour ceux qui sont fragiles. L'aération est souvent insuffisante. Des sièges mal étudiés provoquent de mauvaises positions qui gênent le travail des poumons et du cœur. Et de petits enfants doivent passer ainsi trois à cinq heures par jour à respirer un air vicié, peut-être même chargé de microbes. Rien d'étonnant à ce que certaines affections durables prennent naissance à l'école. Le cerveau, le plus délicat de nos organes, celui qui envoie à notre organisme tout entier l'influx nerveux, est durement malmené. L'activité prématurée ou excessive qui lui est demandée, dans de mauvaises conditions, l'affaiblit de façon souvent définitive.

[236]

Les enfants ne devraient pas être longuement enfermés, on ne devrait pas leur demander de s'adonner à une étude rigoureuse avant que leur développement physique n'ait reçu de bonnes bases. Pendant les huit ou dix premières années de leur vie, la meilleure école est un champ, un jardin, la meilleure institutrice est leur mère, le meilleur manuel, la nature. Même lorsque l'enfant est assez âgé pour aller en classe, il faut attacher plus d'importance à sa santé qu'à une connaissance livresque. Il doit être placé dans les meilleures conditions pour grandir à la fois physiquement et intellectuellement.

Les enfants ne sont pas seuls exposés au manque d'air et d'exercice. Dans l'enseignement supérieur comme dans le premier cycle, ces éléments indispensables à la santé sont encore trop souvent négligés. Tant d'étudiants restent assis, jour après jour, dans une pièce confinée, penchés sur leurs livres, la poitrine si comprimée qu'ils ne peuvent pas respirer à fond, le sang circulant mal, les pieds froids, la tête brûlante. Leur corps n'est pas suffisamment alimenté, leurs muscles sont affaiblis, tout leur organisme est fatigué et malade. Ces étudiants risquent d'être handicapés pour le restant de leurs jours. Ils auraient pu quitter l'école avec des forces physiques et mentales accrues s'ils avaient poursuivi leurs études dans de bonnes conditions, en s'entraînant régulièrement au soleil et au grand air.

[237]

L'étudiant qui dispose de temps et de moyens limités pour s'instruire doit prendre conscience que les moments qu'il accorde à l'exercice physique ne sont pas perdus. Celui qui sans cesse s'absorbe dans ses livres finira par constater que son esprit a perdu de sa vivacité. Et ceux qui veillent à leur développement physique progresseront mieux dans le domaine intellectuel que s'ils consacraient tout leur temps à l'étude.

L'esprit qui travaille toujours sur le même sujet perd son équilibre. Mais si les aptitudes physiques et mentales sont équitablement entraînées, si les sujets de réflexion sont variés, toutes les facultés pourront se développer sainement.

L'inactivité physique restreint les forces mentales mais aussi morales. Les nerfs qui relient le cerveau à l'organisme entier sont l'intermédiaire qu'utilise Dieu pour communiquer avec l'homme et l'atteindre dans sa vie intérieure. Tout ce qui fait obstacle à la bonne circulation de l'influx nerveux, affaiblissant ainsi les puissances vitales et la réceptivité de l'esprit, rend plus difficile une croissance morale.

En outre, le fait d'étudier sans mesure augmente l'afflux de sang au cerveau et engendre une excitabilité maladive qui risque d'amoindrir la maîtrise de soi et qui trop souvent laisse prise aux coups de tête et à l'inconstance. C'est la porte ouverte à la corruption. Le mauvais usage ou le non-usage des forces physiques est grandement responsable de la perversion du monde. L'orgueil, l'abondance et l'oisiveté livrent un combat sans merci au progrès humain aujourd'hui comme autrefois à Sodome, qu'ils détruisirent.

Il faut que les maîtres comprennent tout cela, et en instruisent leurs élèves. Apprenez aux étudiants qu'une vie droite se construit sur une pensée droite, et que l'activité physique est essentielle à une pensée saine.

[238]

Les maîtres s'interrogent souvent avec perplexité sur le genre de récréation qui convient à leurs élèves. Dans beaucoup d'écoles, les exercices de gymnastique tiennent une place appréciable ; mais s'ils ne sont pas dirigés avec soin ils peuvent conduire à des excès. Beaucoup de jeunes, pour avoir voulu accomplir des prouesses, se sont fait du tort pour la vie.

L'entraînement au gymnase, même s'il est très bien mené, ne peut remplacer la récréation au grand air, que nos écoles devraient offrir dans les meilleures conditions. Les élèves ont besoin d'exercices vigoureux, qui sont moins à redouter que l'indolence et le désœuvrement. Cependant la tournure que prennent beaucoup de sports inquiète ceux qui ont à cœur le bonheur des jeunes. Les maîtres sont troublés lorsqu'ils voient l'incidence de ces activités sur les progrès scolaires et l'avenir des étudiants. Des jeux qui prennent trop de temps détournent l'esprit du travail. Ils n'aident pas la jeunesse à se préparer à un travail sérieux et efficace ; ils ne disposent pas à la délicatesse, à la générosité, à la virilité bien comprise.

Certains sports populaires, comme le football ou la boxe, sont devenus des écoles de brutalité et présentent les mêmes caractéristiques que les jeux de la Rome antique. La volonté de puissance, l'apologie de la force pour la force, le mépris de la vie exercent sur les jeunes une influence consternante.

D'autres activités athlétiques, moins brutales, sont à peine plus acceptables, à cause des excès avec lesquels on s'y livre. Elles exacerbent l'amour du plaisir, enivrent, détournent du travail utile, des devoirs et des responsabilités. Elles annihilent le goût pour la vie simple et ses plaisirs tranquilles. C'est le chemin des gaspillages et des abus de toutes sortes, avec leurs conséquences redoutables.

[239]

Les parties de plaisir, telles qu'elles se déroulent d'ordinaire, sont aussi un obstacle à la véritable croissance de l'esprit ou du caractère. Alors naissent des relations superficielles, des habitudes de prodigalité, de recherche du plaisir et, trop souvent, de la dissipation qui déforment la vie entière. Les parents et les maîtres ont la responsabilité de proposer, à la place de tout cela, des distractions saines et vivifiantes.

En cela, comme en tout ce qui concerne notre bonheur, la Parole de Dieu nous montre le chemin. Autrefois, lorsque Dieu guidait le peuple, la vie était simple. On vivait au sein de la nature. Les enfants partageaient l'ouvrage des parents et apprenaient à connaître les beautés et les mystères de la nature. Dans le calme des champs et des bois on méditait les vérités puissantes, dépôt sacré, que les générations se transmettaient. Voilà qui donnait des hommes forts.

Aujourd'hui, la vie est devenue superficielle, les hommes ont dégénéré. Nous ne pouvons pas retrouver les façons de vivre des temps passés, mais nous pouvons apprendre, grâce à elles, ce qu'est une véritable récréation — un moment de régénération du corps, de l'esprit, de l'âme.

L'environnement de la maison, de l'école influe nettement sur la récréation. Au moment de choisir l'emplacement de l'une ou de l'autre, il faut réfléchir à cela. Ceux qui attachent plus d'importance à leur bien-être mental et physique qu'à l'argent ou aux pressions sociales chercheront à placer leurs enfants dans un cadre naturel où ils trouveront à la fois enseignement et récréation. Si toutes les écoles pouvaient offrir aux élèves des terres à cultiver, et aussi une possibilité d'accès à des champs, à des bois, ce serait d'un apport éducatif inestimable.

[240] En ce qui concerne les étudiants, d'excellents résultats seront atteints si le maître prend part à leurs récréations. Un maître authentique ne peut guère faire à ses élèves de cadeau plus précieux que celui de son amitié. Plus nous avons de relations de sympathie avec les autres, mieux nous pouvons les comprendre : c'est vrai pour les adultes et plus encore pour les enfants et les jeunes ; or nous avons besoin de cette compréhension pour nous faire du bien. Pour resserrer les liens entre le maître et l'étudiant il y a peu de moyens aussi efficaces que des rapports qui dépassent le cadre de la salle de classe. Dans certaines écoles, le maître est toujours avec ses élèves pendant les récréations. Il se joint à leurs activités, à leurs sorties, semble ne faire qu'un avec eux. Comme il serait bon que nos écoles suivent systématiquement cet usage ! Le sacrifice demandé aux maîtres serait grand, mais la moisson abondante !

Les enfants et les jeunes ne retireront jamais autant de bienfaits d'une récréation que si elle a été profitable à autrui. D'un naturel enthousiaste et sensible, les jeunes sont prêts à répondre à ce qu'on leur propose. Le maître qui fera des projets de culture cherchera à éveiller chez ses élèves le désir d'embellir le terrain de l'école et la classe elle-même. Un double bénéfice en résultera. Les élèves n'auront aucune tentation d'abîmer ce qu'ils veulent au contraire embellir. Cette occupation éveillera en eux un goût raffiné, l'amour de l'ordre et du travail bien fait ; et l'esprit d'amitié et d'entraide qu'ils développeront sera une bénédiction pour toute leur vie.

On peut susciter un surcroît d'intérêt pour le jardinage ou les excursions dans les champs et les bois en encourageant les élèves à penser à ceux qui en sont privés, et à partager avec eux les beautés de la nature.

[241]

L'éducateur attentif trouvera de multiples occasions de diriger ses élèves sur le chemin de la serviabilité. Les petits en particulier ont pour leur maître une confiance et un respect presque illimités. Tout ce qu'il peut suggérer : aide à la maison, accomplissement fidèle des tâches quotidiennes, soutien aux malades et aux pauvres, ne manquera pas de porter des fruits. Et à nouveau avec un double profit. L'auteur de ces bons conseils moissonnera ce qu'il aura semé. La reconnaissance et la collaboration des parents allégeront son fardeau et égaieront son sentier.

Assurément, récréation et exercice physique interrompront de temps à autre le travail scolaire ; mais cette interruption ne sera jamais un obstacle. Le temps passé, les efforts déployés seront payés au centuple : les esprits et les corps seront fortifiés, un sentiment de générosité se sera développé, élèves et maîtres auront été rapprochés par des intérêts communs et une amitié profonde. L'énergie turbulente de la jeunesse, si souvent redoutable, aura trouvé une voie bénie. Pour se garder du mal, appliquer son esprit au bien est plus efficace que toutes les barrières dressées par les lois et les règlements.

[242]

[243]

Chapitre 24 — Travail manuel

Nous vous exhortons [...] à travailler de vos mains. 1 Thessaloniciens 4 :10, 11.

A la création, le travail fut donné comme une bénédiction. Il contenait en soi le progrès, la puissance, le bonheur. Le péché, en altérant l'état de la terre, altéra les conditions du travail ; pourtant, quoique celui-ci entraîne maintenant l'inquiétude, la fatigue, les difficultés, il est toujours source de bonheur et d'épanouissement ; bouclier aussi contre la tentation. La discipline qu'il requiert fait échec à l'indolence et encourage l'application, l'honnêteté, l'assurance. Il devient ainsi partie du plan de rédemption divin.

Il faut amener la jeunesse à mesurer la noblesse du travail ; lui montrer que Dieu est sans cesse à l'ouvrage, que chaque chose dans la nature remplit sa tâche. La création tout entière s'affaire, et si nous voulons remplir notre mission, nous devons suivre son exemple.

Et nous sommes appelés à travailler avec Dieu. Il nous donne la terre et ses trésors ; mais c'est à nous d'en tirer parti. Il fait pousser les arbres ; mais c'est nous qui préparons le bois pour construire la maison. Il a mis dans la terre l'argent et l'or, le fer et le charbon ; mais c'est seulement à force de travail que nous pourrons les extraire.

Montrons que Dieu, tout en créant et en veillant sans cesse sur sa création, nous a accordé un pouvoir qui n'est pas sans rapport avec le sien. Nous avons reçu, dans une certaine mesure, la possibilité de contrôler les forces de la nature. De même que Dieu tira la terre du chaos, nous pouvons faire sortir du désordre l'ordre et la beauté. Et malgré le péché, nous ressentons, devant la tâche accomplie, une joie semblable à la sienne lorsque, contemplant la terre, il vit que cela était bon.

En règle générale, c'est d'un travail utile que les jeunes tireront le plus grand bénéfice. Les petits enfants trouvent dans le jeu à la fois un plaisir et une occasion de progrès ; et leurs divertissements devraient profiter à leur croissance, physique certes, mais aussi mentale et spirituelle. A mesure qu'ils grandissent en force et en intelligence, la meilleure récréation sera celle qui leur demandera un effort utile. Celle qui apprend aux jeunes à se rendre utiles de leurs mains, à prendre leur part des responsabilités de la vie, contribuera efficacement au développement de leur esprit et de leur caractère.

La jeunesse a besoin d'apprendre que vivre signifie travailler avec ardeur, attention, en prenant ses responsabilités. Elle a besoin d'une éducation positive, qui lui permette de faire face en toutes circonstances. Elle devrait apprendre que la discipline exigée par un travail régulier est d'une importance primordiale, car elle arme contre les vicissitudes de la vie et surtout favorise un épanouissement total de l'être.

Malgré tout ce que l'on a dit et écrit à propos de la noblesse du travail manuel, le sentiment qu'il est dégradant l'emporte. Les jeunes gens ont envie de devenir professeurs, employés, négociants, médecins, hommes de loi, ou d'embrasser toute autre carrière qui ne demande pas d'effort physique. Les jeunes filles fuient les travaux ménagers et recherchent une autre sorte d'instruction. Ils ont tous besoin d'apprendre qu'un travail honnête ne déshonore personne. Ce qui est déshonorant, c'est la paresse et la nécessité de dépendre d'autrui. La paresse engendre l'indulgence envers soi-même et une vie vide, stérile, comme un champ où pousseront toutes sortes de mauvaises herbes. "En effet, lorsqu'une terre abreuvée de pluies fréquentes produit des plantes utiles à ceux pour qui elle est cultivée, elle a part à la bénédiction de Dieu. Mais si elle produit des épines et des chardons, elle est réprouvée, près d'être maudite, et finit par être brûlée." Hébreux 6 :7, 8.

[245]

Parmi les matières auxquelles les étudiants consacrent leur temps, il en est beaucoup qui ne sont indispensables ni au service, ni au bonheur; par contre il est indispensable que chaque jeune sache parfaitement s'acquitter des tâches quotidiennes. Si besoin est, une jeune fille peut se passer de la connaissance des langues étrangères, de l'algèbre, et même du piano; mais il lui faut savoir faire un bon pain, confectionner des vêtements seyants, accomplir avec compétence les travaux de la maison.

Rien n'est plus important pour la santé et le bonheur de la famille qu'une cuisinière habile et intelligente. Une nourriture malsaine, mal préparée peut entraver et même compromettre gravement l'efficacité des adultes et la croissance des enfants. Mais par une nourriture qui correspond aux besoins du corps tout en étant appétissante et savoureuse, la cuisinière peut accomplir une œuvre remarquable. Bien souvent notre bonheur de vivre dépend étroitement de notre fidélité aux tâches quotidiennes.

Puisque hommes et femmes partagent les travaux de la maison, garçons et filles doivent les connaître et s'en charger. Ranger une chambre, faire un lit, la vaisselle, le repas, laver et raccommoder ses vêtements sont des activités qui n'ôtent pas aux garçons de leur virilité, mais qui les rendront plus heureux et plus utiles. Et si les filles, de la même façon, apprenaient à atteler et à conduire un cheval, à utiliser la scie et le marteau, aussi bien que le râteau et la houe, elles seraient mieux préparées aux exigences de la vie*.

Que les enfants et les jeunes voient dans la Bible combien Dieu honore le travail manuel. Qu'ils lisent l'histoire des fils de prophètes (2 Rois 6 :1-7), ces étudiants qui construisaient leur lieu d'habitation ; ils perdirent la hache qu'ils avaient empruntée et un miracle leur permit de la retrouver. Qu'ils lisent l'histoire de Jésus le charpentier, de Saul le faiseur de tentes, ces artisans qui assumaient le plus haut ministère au service de Dieu et des hommes. Qu'ils lisent l'histoire du jeune garçon dont le Seigneur utilisa les cinq pains pour nourrir la foule, miracle merveilleux ; de Dorcas la couturière, rappelée à la vie pour continuer à vêtir les pauvres ; de la femme sage des Proverbes : "Elle se procure de la laine et du lin et travaille d'une main joyeuse. [...] Elle donne la nourriture à sa maison et ses instructions à ses servantes. [...] elle plante une vigne. [...] elle affermit ses bras. [...] Elle ouvre ses mains pour le malheureux, [...] elle tend la main au pauvre. [...] Elle surveille la marche de sa maison, elle ne mange pas le pain de paresse." Proverbes 31 :13, 15-17, 20, 27.

Dieu dit d'une telle femme qu'elle "sera louée". "Donnez-lui du fruit de son travail, et qu'aux portes ses œuvres la louent." Proverbes 31 :30, 31.

La première école technique enfantine devrait être la maison. Et chaque école devrait posséder, autant que possible, des installations permettant le travail manuel, discipline précieuse qui remplacerait souvent avantageusement la gymnastique.

---

*. Note du traducteur : il convient de se souvenir ici que l'auteur écrit en 1903.

Le travail manuel mérite beaucoup plus d'attention qu'il n'en a reçu jusqu'à présent. Les écoles devraient, en plus de la formation mentale et morale la plus soignée, offrir les instruments les meilleurs du développement physique et de l'éducation technique. L'enseignement dispensé devrait englober l'agriculture, les industries — en proposant l'éventail le plus large possible de métiers utiles — , l'économie domestique, la cuisine saine, la couture, la confection, le traitement des malades et d'autres sujets analogues. Des éducateurs avertis devraient assurer ces enseignements dans des jardins, des ateliers, des salles de soins prévus à cet effet.

Le travail doit être accompli consciencieusement et viser un but défini. S'il faut avoir des connaissances dans divers métiers d'artisanat, il est indispensable de se spécialiser dans un domaine au moins. Chaque jeune, en quittant l'école, devrait, si besoin était, pouvoir gagner sa vie grâce à ce qu'il a appris.

L'investissement que demande l'enseignement technique est le plus gros obstacle à son développement dans les écoles. Mais le but recherché mérite la dépense. Il n'y a rien d'aussi important que la formation de la jeunesse, et chacune des dépenses qu'elle entraîne se justifie.

Même sur le plan financier cet investissement se révélera être une véritable économie. Tant de nos garçons seront ainsi dissuadés de traîner dans les rues et dans les bars ; les frais occasionnés par le jardinage, les ateliers, les bains épargneront les frais des hôpitaux et des centres de rééducation. Et qui peut mesurer la valeur, pour la société et la nation, des jeunes habitués à l'ouvrage, qualifiés pour un travail utile et fécond ?

Pour se délasser après l'étude, rien ne vaut l'exercice en plein air, qui met en mouvement le corps entier. Aucun exercice manuel n'égalera l'agriculture. Il faut s'appliquer davantage à faire naître et à encourager l'intérêt pour les travaux agricoles. Le maître doit attirer l'attention sur ce que la Bible dit de l'agriculture : selon le plan de Dieu, l'homme devait cultiver la terre ; le premier homme, chef de la création, avait reçu un jardin dont s'occuper ; et beaucoup de grands hommes, de ceux qui sont l'honneur de la terre, ont été des cultivateurs. Que le maître montre les avantages d'une telle vie. "Même un roi est tributaire de la campagne", dit le sage Ecclésiaste 5 :8. Du cultivateur, il est écrit : "Son Dieu lui a enseigné la marche à suivre, il lui a donné ses instructions." Ésaïe 28 :26. Et aussi : "Celui qui veille sur un figuier en mangera le fruit." Proverbes 27 :18. Celui qui vit de l'agriculture échappe à bien des tentations et reçoit en partage bien des privilèges et des bénédictions qui ne peuvent échoir à ceux qui travaillent dans les grandes villes. A notre époque de sociétés géantes, de concurrence, peu de gens peuvent jouir d'une indépendance et d'une assurance quant au fruit de leur travail aussi grandes que celles du cultivateur.

[249] N'enseignons pas aux étudiants l'agriculture en théorie seulement, mais aussi en pratique. Qu'ils apprennent tout ce qu'il est possible d'apprendre à propos de la nature, de la préparation du sol, des différentes récoltes, des meilleures méthodes de production ; qu'ils mettent aussi leur savoir en pratique ! Que les maîtres participent à leur ouvrage et insistent sur les résultats que peut produire un effort habile, intelligent. Ceci peut éveiller un intérêt authentique, un désir profond de travailler du mieux possible. Un tel désir, joint à l'effet tonifiant de ce travail, du soleil, de l'air pur, fera naître un goût pour l'agriculture qui décidera du choix du métier chez beaucoup de jeunes. Ainsi peut-être pourrait être renversé le courant qui entraîne maintenant tant de gens vers les grandes villes.

C'est ainsi également que nos écoles pourraient aider tant de gens sans emploi. Des milliers d'êtres sans ressources, affamés, qui viennent chaque jour grossir les rangs des délinquants, pourraient se prendre en charge, mener une vie heureuse, saine, indépendante s'ils apprenaient à cultiver le sol avec zèle et compétence.

Le travail manuel est également salutaire à ceux qui exercent une profession libérale. Un homme peut avoir un esprit brillant, vif ; ses connaissances, ses dispositions peuvent lui assurer l'accès au métier qu'il a choisi ; il est néanmoins possible qu'il ne soit pas prêt pour les tâches qui l'attendent. Une éducation essentiellement théorique ne conduit guère qu'à une pensée superficielle. La pratique, par contre, apprend l'esprit d'observation et à penser par soi-même. Elle favorise le développement de cette sagesse que nous nommons "bon sens". Elle nous enseigne à faire des projets et à les mener à bien, elle développe notre courage et notre persévérance, en appelle à notre tact, à notre habileté.

Le médecin qui affermit ses connaissances en visitant les chambres des malades acquerra une perspicacité aiguisée, un savoir plus complet, une capacité de réaction en toute circonstance — toutes ces qualités indispensables que seule l'expérience peut donner.

[250]

Le pasteur, le missionnaire, le maître qui savent assumer les tâches quotidiennes avec compétence verront leur influence redoubler. Bien souvent le succès, parfois même la vie du missionnaire, dépend de ses connaissances pratiques. Sa capacité à préparer un repas, à faire face à un accident, une situation imprévue, à soigner une maladie, à construire une maison, une église au besoin, marque souvent la frontière entre sa réussite et son échec.

Beaucoup d'étudiants s'assureraient une éducation de grande valeur s'ils subvenaient eux-mêmes à leurs propres besoins. Qu'au lieu de contracter des dettes ou de dépendre de l'abnégation de leurs parents, ils comptent sur eux-mêmes. Ils apprendront ainsi la valeur de l'argent, du temps, de la force, des occasions, et seront bien loin de se laisser aller à des habitudes de paresse et de gaspillage. Ils apprendront l'économie, l'application, l'abnégation, l'organisation, la persévérance, et s'ils maîtrisent ces qualités, ils seront alors solidement armés pour la bataille de la vie. Leurs efforts pour se prendre en charge mettraient les écoles à l'abri de ces dettes contre lesquelles tant d'entre elles se débattent et qui limitent si souvent leurs possibilités.

Il faut que les jeunes comprennent qu'éduquer n'est pas apprendre à échapper aux tâches désagréables, aux fardeaux pesants de la vie ; mais que le propos de toute éducation est d'alléger le travail en apportant des méthodes meilleures et des aspirations plus élevées. Le véritable but de la vie n'est pas de s'assurer les plus grands profits, mais d'honorer le Créateur en accomplissant sa part dans l'œuvre du monde, et en accordant son aide aux faibles et aux ignorants.

Une des causes du mépris affiché à l'égard du travail manuel est la négligence, le manque d'attention avec lequel il est si souvent exécuté. Il est fait par contrainte, non par goût. Celui qui l'accomplit n'y met pas son cœur ; il ne se respecte pas lui-même et ne peut espérer le respect des autres. L'éducation manuelle doit corriger cette erreur ; elle doit développer des habitudes de précision et de perfection. Il faut que les enfants apprennent à travailler avec délicatesse et méthode ; qu'ils apprennent à utiliser au mieux chaque

[251]

instant, chaque geste ; qu'on ne se contente pas de leur enseigner les meilleures méthodes, mais qu'ils soient animés du désir constant d'améliorer leur ouvrage ; que leur objectif soit de le perfectionner autant qu'il est possible aux cerveaux et aux mains des hommes.

Une telle éducation permettra aux jeunes d'être les maîtres et non les esclaves de leur travail. Elle allégera la tâche dure, donnera sa noblesse à la plus humble besogne. Celui qui considère le travail comme une corvée et s'y attelle avec une ignorance satisfaite, à laquelle il ne cherche pas à échapper, ne pourra qu'être davantage rebuté. Mais ceux qui savent reconnaître dans le moindre ouvrage une science en salueront la noblesse et la beauté, et prendront plaisir à l'accomplir avec loyauté et efficacité.

Des jeunes qui auront été éduqués ainsi, quel que soit leur métier, pourvu qu'ils soient honnêtes, tiendront dans le monde une place utile et estimable.

La formation du caractère

[254]

Regarde, puis exécute d'après le modèle qui t'est montré sur la montagne. Exode 25 :40.

[255] # Chapitre 25 — Education et caractère

La sagesse et la connaissance sont une richesse qui sauve. Ésaïe 33 :6.

La véritable éducation ne méconnaît pas la valeur des connaissances scientifiques ou littéraires ; mais au-dessus du savoir elle met la compétence ; au-dessus de la compétence, la bonté ; au-dessus des acquisitions intellectuelles, le caractère. Le monde n'a pas tant besoin d'hommes d'une grande intelligence que d'hommes au noble caractère. Il a besoin d'hommes qui allient au talent la fermeté.

"Voici le commencement de la sagesse : acquiers la sagesse." Proverbes 4 :7. "La langue des sages rend la connaissance meilleure." Proverbes 15 :2. Une éducation authentique transmet cette sagesse. Elle nous enseigne à utiliser au mieux toutes nos connaissances, toutes nos facultés, et non l'une ou l'autre d'entre elles seulement. Ainsi elle nous amène à faire face à toutes nos obligations — envers nous-mêmes, le monde et Dieu.

Former le caractère ! Jamais œuvre plus importante n'a été confiée aux hommes. Jamais il n'a été aussi essentiel qu'aujour-[256] d'hui de s'y consacrer avec soin. Jamais aucune des générations passées n'a été placée devant des problèmes aussi considérables, jamais les jeunes gens, les jeunes femmes n'ont été confrontés à des dangers aussi grands qu'aujourd'hui.

A notre époque, quelle orientation prend l'éducation ? A quelle tendance fait-on le plus souvent appel ? A l'égoïsme : l'éducaion n'est bien souvent qu'un mot. Une véritable éducation fait contrepoids à l'ambition égoïste, au désir de puissance, au mépris des droits et des besoins de l'humanité, fléaux de notre monde. Dans le plan de Dieu, il y a place pour chaque être humain. Chacun doit cultiver au mieux ses talents, et c'est la fidélité à les développer, qu'ils soient nombreux ou pas, qui honorera l'homme. Il n'y a pas de place, dans le plan de Dieu, pour la rivalité égoïste. Ceux qui se mesurent à leur propre mesure et se comparent à eux-mêmes manquent de sagesse voir 2 Corinthiens 10 :12. Tout ce que nous faisons doit être accompli "par la force que Dieu [...] accorde" 1 Pierre 4 :11. "Tout ce que vous faites, faites-le de (toute) votre âme, comme pour le Seigneur, et non pour des hommes, sachant que vous recevrez du Seigneur l'héritage en récompense. Servez Christ le Seigneur." Colossiens 3 :23, 24. Qu'ils sont précieux, le service accompli, l'éducation acquise selon ces principes ! Mais l'éducation dispensée de nos jours en est bien loin ! Dès les premières années de la vie de l'enfant, appel est fait à la compétition, à la rivalité, qui encouragent l'égoïsme, source de tous les maux.

Ainsi naît la lutte pour la première place, ainsi se développe le système du "bourrage de crâne", qui si souvent porte atteinte à la santé et rend inapte au service. La concurrence peut mener, par ailleurs, à la malhonnêteté ; et en alimentant l'ambition et le mécontentement, elle empoisonne la vie et remplit le monde d'esprits agités, excités, qui sont pour la société une menace permanente. Le danger ne réside pas seulement dans la manière d'enseigner, mais aussi dans les sujets d'étude.

Vers quels ouvrages dirige-t-on les esprits, pendant les années les plus sensibles de la jeunesse ? Pour étudier la langue, la littérature, à quelles sources les mène-t-on ? Aux puits corrompus du paganisme antique. On leur demande d'étudier des auteurs dont chacun sait, sans discussion, qu'ils ne se soucient nullement de principes moraux.

Et de combien d'auteurs modernes pourrait-on dire la même chose ! L'élégance, la beauté du langage ne font si souvent que voiler des principes qui, dans leur crudité, repousseraient le lecteur !

A côté d'eux, il existe une multitude de romanciers prêts à nous entraîner dans des rêves délicieux, dans des palais de facilité. Ces auteurs peuvent n'être pas taxés d'immoralité, leurs ouvrages n'en causent pas moins du tort. Ils volent à des milliers de gens le temps, l'énergie, la discipline que requièrent les graves problèmes de la vie.

L'étude des sciences, telle qu'elle s'offre généralement à nous, présente également de grands dangers. L'évolution et son chapelet d'erreurs sont enseignés dans toutes les classes, de l'école maternelle à l'université. Ainsi cette étude, qui devrait mener à la connaissance de Dieu, est tellement imprégnée de spéculations, de théories humaines qu'elle conduit à l'infidélité.

L'étude de la Bible elle-même, telle qu'on la pratique trop souvent dans les écoles, prive le monde du trésor inestimable qu'est la Parole de Dieu. Le travail de "haute critique", qui consiste à disséquer, conjecturer, reconstituer, sape la foi en une Bible divinement révélée et enlève à la Parole de Dieu le pouvoir de diriger, élever, inspirer les vies humaines.

Lorsque les jeunes vont dans le monde et en affrontent les tentations perverses — la soif d'argent et de plaisir, l'indulgence envers soi-même, l'ostentation, la luxure, le gaspillage, la malhonnêteté, la fraude, le vol, la ruine — , quels enseignements rencontrent-ils alors ?

Le spiritisme affirme que les hommes sont des demi-dieux qui ne sont pas déchus ; que "chaque esprit se jugera lui-même" ; que "la vraie connaissance place l'homme au-dessus des lois" ; que "les fautes commises ne sont pas blâmables" ; car "tout ce qui est, est bien" et "Dieu ne condamne pas". Il déclare que les plus vils des êtres humains sont au ciel et s'y trouvent exaltés. Il assure à tout homme : "Ce que vous faites n'a pas d'importance ; vivez comme vous voulez, le ciel est votre maison." Des foules d'hommes sont ainsi amenés à croire que la seule loi valable est le désir, que la vraie liberté, c'est la licence, que chacun n'a de comptes à rendre qu'à soi-même.

Lorsqu'un tel enseignement est dispensé à l'aube de la vie, alors que les impulsions sont les plus fortes et que la jeunesse doit apprendre retenue et pureté, comment protéger les forces morales ? Que faire pour que le monde ne devienne une seconde Sodome ?

En même temps, le désordre cherche à balayer toutes les lois, non seulement divines, mais humaines. La concentration des richesses et des pouvoirs ; les subtiles combinaisons destinées à enrichir quelques hommes aux dépens des masses ; les associations formées par les classes les plus pauvres pour défendre leurs intérêts et leurs revendications ; l'esprit d'agitation, de violence, de carnage ; la propagation à travers le monde de ces enseignements qui ont engendré la Révolution française — tout cela entraîne le monde entier vers une lutte semblable à celle qui bouleversa la France.

Voilà les influences que subissent les jeunes d'aujourd'hui. Pour tenir ferme au milieu de telles secousses, ils doivent poser maintenant les fondements de leur caractère.

Dans tous les pays, pour toutes les générations, le véritable fondement, le véritable modèle a été le même. La loi divine — "Tu aimeras le Seigneur, ton Dieu, de tout ton cœur, de toute ton âme, de toute ta force et de toute ta pensée ; et ton prochain comme toi-même" (Luc 10 :27) — , le grand principe manifesté dans le caractère et la vie de notre Seigneur, est la seule base solide, le seul guide sûr.

"Tes jours seront en sûreté ; la sagesse et la connaissance sont une richesse qui sauve" (Ésaïe 33 :6) — cette sagesse et cette connaissance que seule la Parole de Dieu peut dispenser.

Ces paroles autrefois adressées à Israël, à propos de l'obéissance à la loi divine, gardent aujourd'hui toute leur vérité : "Ce sera là votre sagesse et votre intelligence aux yeux des peuples." Deutéronome 4 :6.

C'est la seule voie pour que l'homme préserve son intégrité, la famille sa pureté, la société son bien-être, la nation son équilibre. Au milieu des doutes, des dangers, des revendications et des luttes de la vie, le seul chemin sûr est celui que Dieu nous propose. "La loi de l'Eternel est parfaite." Psaumes 19 :8. "Celui qui agit ainsi ne chancellera jamais." Psaumes 15 :5.

[260]

[261]

Chapitre 26 — Méthodes d'enseignement

[...] pour donner aux simples de la prudence, au jeune homme de la connaissance et de la réflexion. Proverbes 1 :4.

Pendant des siècles, l'enseignement a essentiellement fait appel à la mémoire, grandement mise à l'épreuve, ce qui n'était pas le cas des autres facultés mentales. Les étudiants bourraient laborieusement leur esprit de toutes sortes de connaissances, dont seules quelques-unes étaient utilisables. Un esprit ainsi chargé de notions qu'il ne peut assimiler s'affaiblit ; il devient incapable d'un effort vigoureux et indépendant et se contente de s'en remettre au jugement, aux idées des autres.

Certains, constatant les défauts de ce système, ont donné dans l'extrême inverse. Pour eux, l'homme doit simplement développer ce qui est en lui. Mais une telle conception conduit l'étudiant à une autosatisfaction, une indépendance qui le coupe de la source de la vraie connaissance, de la vraie puissance.

L'éducation qui s'adresse à la mémoire, au risque d'éloigner l'homme de toute pensée personnelle, contient des éléments souvent mal évalués. Un étudiant qui renonce à raisonner et à décider par lui-même, devient incapable de distinguer la vérité de l'erreur et se laisse bien aisément tromper. Il suit tout naturellement la tradition, les habitudes établies.

[262]

On ignore généralement, et non sans danger, que l'erreur montre rarement son vrai visage. C'est en se mêlant à la vérité ou en l'accompagnant qu'elle séduit. Nos premiers parents se sont perdus pour avoir mangé de l'arbre de la connaissance du bien et du mal ; les hommes et les femmes d'aujourd'hui se perdent parce qu'ils acceptent des compromis entre le bien et le mal. L'esprit qui s'en remet au jugement d'autrui ne peut, tôt ou tard, que se fourvoyer.

C'est en nous reconnaissant personnellement dépendants de Dieu, et ainsi seulement, que nous pourrons distinguer entre la vérité et l'erreur. Chacun doit apprendre, individuellement, auprès de Dieu, à travers sa Parole. La faculté de raisonner nous a été donnée pour que, selon le désir divin, nous l'utilisions. "Venez et discutons, dit le Seigneur." Ésaïe 1 :18, TOB. C'est là son invitation. Si nous nous confions en lui, nous pouvons avoir la sagesse de "refuser ce qui est mauvais et choisir ce qui est bon" Ésaïe 7 :15 ; voir aussi Jacques 1 :5.

Dans tout enseignement, le contact personnel joue un rôle déterminant. C'est aux individus que s'adressait le Christ. C'est par des relations personnelles qu'il forma les Douze. Ses instructions les plus précieuses, il les donnait en privé, souvent à un seul auditeur. Il dévoila ses trésors aussi bien à un respectable rabbin un soir au mont des Oliviers qu'à la femme méprisée, près du puits de Sychar, car il discernait en eux un cœur sensible, une pensée ouverte, un esprit réceptif. Même la foule qui, si souvent, se pressait sur les pas du Maître n'était pas pour lui un amas confus d'êtres humains. Le Christ s'adressait à chaque esprit, à chaque cœur. Il observait ceux qui l'écoutaient, notait l'éclat de leur visage, leur regard vif, intelligent, qui témoignaient que la vérité les avait pénétrés ; et alors résonnaient dans son cœur joie et sympathie.

Le Christ discernait les possibilités de chacun. Il n'était pas rebuté par une apparence décevante, ni par un environnement contraire. Il enleva Matthieu au bureau de péage, Pierre et son frère à leur bateau de pêche, pour qu'ils le suivent et étudient auprès de lui.

Aujourd'hui le travail d'éducation demande toujours qu'on accorde à l'individu attention et intérêt personnel. Beaucoup de jeunes, apparemment sans talents, possèdent des richesses qui ne sont pas exploitées. Leurs dons restent cachés car leurs éducateurs manquent de discernement. Plus d'un garçon, plus d'une fille à l'aspect rude possèdent au fond d'eux-mêmes un matériau précieux qui résistera à la chaleur, à la tempête, à toute pression. Le véritable éducateur, animé par la vision de ce que ses élèves peuvent devenir, reconnaîtra la valeur du matériau sur lequel il travaille. Il s'intéressera personnellement à chaque élève et cherchera à en développer toutes les capacités. Tout effort pour observer les principes de vérité sera encouragé, même s'il est imparfait.

Chaque jeune devrait savoir combien l'application est nécessaire et puissante. C'est d'elle, bien plus que du génie ou du talent, que dépend le succès. Sans elle, les talents les plus brillants n'ont pas grande utilité, tandis que des gens très moyennement doués ont accompli des merveilles, grâce à des efforts bien dirigés. Quant au génie, dont nous admirons tant les prouesses, il va presque toujours de pair avec une application infatigable et soutenue.

[264]

Les jeunes devraient aspirer au développement de toutes leurs facultés, des plus modestes aux plus efficaces. Beaucoup ont tendance à limiter leur étude à certains sujets pour lesquels ils ont un goût naturel. Il faut se garder de cette erreur. Les dispositions naturelles marquent la direction que prendra la vie et, si elles sont bien fondées, doivent être cultivées avec soin. Mais il faut aussi se rappeler qu'un caractère équilibré, un travail efficace reposent essentiellement sur cet épanouissement qui résulte lui-même d'une formation complète.

Le maître devrait viser sans cesse la simplicité et l'efficacité. Il devrait illustrer abondamment son enseignement et, même lorsqu'il s'adresse à des élèves plus âgés, veiller à donner des explications claires et faciles à comprendre. Tant d'élèves, d'un certain âge déjà, n'ont qu'une compréhension infantile.

L'enthousiasme est un autre élément important de l'œuvre éducative. Rappelons la remarque précieuse faite à ce sujet par un comédien célèbre, à qui l'archevêque de Canterbury demandait pourquoi les comédiens émouvaient si puissamment leurs auditoires avec des faits imaginaires, alors que les prédicateurs de l'Evangile n'y parvenaient guère à partir de faits réels : "Avec tout le respect que je dois à Votre Excellence, permettez-moi d'en donner la raison, qui est bien simple : c'est une question d'enthousiasme. Sur scène, nous évoquons des choses imaginaires comme si elles étaient réelles ; alors que vous, de la chaire, parlez de choses réelles comme si elles étaient imaginaires."

Le maître se mesure à la réalité et doit parler avec toute la force et l'enthousiasme que lui insufflent l'authenticité et l'importance de ce qu'il enseigne.

[265]

Le maître doit viser des résultats précis. Avant d'aborder une étude quelconque, il doit avoir à l'esprit un plan bien clair, et savoir où il veut aller. Il ne doit pas être satisfait de son enseignement tant que l'étudiant n'a pas saisi le principe qui est en jeu, dans toute sa vérité, et n'est pas capable de formuler clairement ce qu'il a appris.

Dans la mesure où l'on garde à l'esprit le grand dessein proposé par l'éducation, les jeunes seront encouragés à progresser autant que leurs capacités le leur permettront. Mais avant qu'ils se lancent dans des études supérieures, ils doivent maîtriser les connaissances de base. Cette évidence est trop souvent négligée. Dans les collèges, les universités même, tant d'étudiants ont de sérieuses lacunes. Tant d'entre eux consacrent leur temps à étudier les mathématiques supérieures, qui sont incapables d'assurer une comptabilité élémentaire. Tant étudient la diction, espérant pénétrer les secrets de l'éloquence, qui sont incapables de lire de manière intelligible et sensible. Tant, alors qu'ils ont terminé leurs études de rhétorique, ne savent ni construire, ni orthographier une banale lettre.

Une connaissance approfondie des éléments de base ne devrait pas être réclamée seulement au moment d'accéder à un degré supérieur, mais devrait être un critère constamment valable.

Dans chacun des domaines de l'éducation il y a des objectifs à atteindre de bien plus grande importance que ceux que vise une connaissance purement technique. Prenons le langage, par exemple. Il est plus important d'écrire et de parler avec aisance et précision sa langue maternelle que d'étudier des langues étrangères, vivantes ou mortes. Mais la formation dispensée par les règles de grammaire ne peut être comparée à une autre, d'un niveau supérieur. Celle-ci, dont nous allons parler, est en relation étroite avec le bonheur ou le malheur. [266]

Avant tout, le langage doit être pur, bienveillant, franc — "l'expression d'une grâce intérieure". Dieu dit : "Que tout ce qui est vrai, tout ce qui est honorable, tout ce qui est juste, tout ce qui est pur, tout ce qui est aimable, tout ce qui mérite l'approbation, ce qui est vertueux et digne de louange, soit l'objet de vos pensées." Philippiens 4 :8. Et l'expression découlera de la pensée.

La meilleure école pour cet apprentissage est la maison. Mais il est si souvent négligé qu'il incombe au maître d'aider ses élèves à acquérir une bonne manière de parler.

Le maître peut faire beaucoup pour détourner les enfants de ces habitudes néfastes, fléaux de la société et de la famille, que sont la médisance, le bavardage, la critique. Il ne doit épargner aucun effort pour cela. Il faut que les étudiants soient pénétrés de l'idée que ces façons de faire témoignent d'un manque de culture, de délicatesse, de bonté ; elles nous empêchent de côtoyer les êtres réellement cultivés de notre monde, et aussi les êtres célestes.

Nous évoquons avec horreur les cannibales qui se repaissent de la chair, frémissante encore, de leurs victimes ; mais est-ce pire que la douleur, la ruine causées par ceux qui déforment les intentions des autres, salissent leur réputation, dissèquent leur caractère ? Que les enfants, les jeunes, sachent ce que Dieu dit de tout cela : "La mort et la vie sont au pouvoir de la langue." Proverbes 18 :21.

Dans l'Ecriture, les médisants sont comptés avec "les impies", les hommes "ingénieux au mal", ceux qui sont "sans affection, sans indulgence", "pleins d'envie, de meurtre, de discorde, de fraude, de vice". Or, "le jugement de Dieu", c'est que "ceux qui pratiquent de telles choses sont dignes de mort" Romains 1 :30, 31, 29, 32. Et celui que Dieu accueille comme un citoyen de Sion est celui "qui dit la vérité selon son cœur. Il ne calomnie pas de sa langue, [...] il ne jette pas le déshonneur sur ses proches." Psaumes 15 :2, 3.

La Parole de Dieu condamne aussi ces phrases oiseuses et grossières qui confinent à l'impiété. Elle condamne les compliments trompeurs, les faux-fuyants, les exagérations, les déformations, toutes choses si courantes dans la société, le travail, les affaires. "Que votre parole soit oui, oui, non, non ; ce qu'on y ajoute vient du malin." Matthieu 5 :37. "Comme un furieux qui lance des flammes, des flèches et la mort, ainsi est un homme qui trompe son prochain et qui dit : C'était pour plaisanter." Proverbes 26 :18, 19.

A l'ombre du bavardage se tapit l'insinuation, l'allusion sournoise qui sécrète le mal que les hommes au cœur trouble n'osent pas répandre ouvertement. Il faut que les jeunes apprennent à fuir cela comme ils fuiraient la lèpre.

Jeunes et vieux sont bien souvent prêts à se pardonner généreusement à eux-mêmes cette faute de langage que sont des propos irréfléchis et impatients. Ils pensent qu'il suffit, pour s'excuser, de dire : "Je ne me suis pas maîtrisé, je ne pensais pas vraiment ce que j'ai dit." Mais la Parole de Dieu ne prend pas les mots à la légère : "Si tu vois un homme irréfléchi dans ses paroles, il y a plus d'espérance pour un insensé que pour lui." Proverbes 29 :20. "Une ville forcée et sans murailles, tel est l'homme qui n'est point maître de lui-même." Proverbes 25 :28.

En un instant, quelques paroles inconsidérées, emportées, peuvent causer un mal qu'une vie entière de repentance n'effacera pas. Tant de cœurs brisés, d'amis séparés, de vies gâchées par des mots cruels et irréfléchis quand on aurait voulu trouver aide et réconfort ! "Tel, qui bavarde à la légère, blesse comme une épée ; mais la langue des sages apporte la guérison." Proverbes 12 :18.

L'oubli de soi, qui donne à la vie une grâce naturelle, devrait être tout spécialement apprécié et encouragé chez les enfants. De toutes les qualités du caractère c'est une des plus grandes, qui prépare particulièrement l'être à une œuvre authentique.

Les enfants ont besoin d'être appréciés, compris, stimulés, mais il faut veiller à ne pas développer en eux le goût des compliments. Il n'est pas sage de leur accorder un intérêt exceptionnel, ni de répéter en leur présence leurs réparties. Les parents, les maîtres qui ne perdent pas de vue un noble idéal et l'épanouissement de la personnalité ne peuvent apprécier ni favoriser la suffisance. Ils n'encourageront chez les jeunes aucun désir, aucune tendance à faire étalage de leurs dons, de leurs compétences. Ceux qui ont un but plus élevé qu'eux-mêmes sont humbles, et cependant possèdent une dignité que ni l'ostentation ni les splendeurs humaines ne peuvent humilier ou troubler.

Ce n'est pas au gré du hasard que se développent les beautés du caractère. C'est par la fréquentation de tout ce qui est pur, noble, authentique. Et toujours, la pureté du cœur, la noblesse du caractère se manifesteront à travers la pureté, la noblesse des actions et du langage.

"Celui qui aime la pureté du cœur, la grâce est sur ses lèvres, et le roi est son ami." Proverbes 22 :11.

Ce qui est vrai pour le langage est vrai ailleurs. Chaque enseignement peut être mené de telle façon qu'il participera à l'élaboration, à l'affermissement du caractère.

L'étude de l'histoire nous en offre un exemple probant. Considérons-la d'un point de vue qui fait intervenir Dieu.

Trop souvent l'histoire n'est guère présentée autrement que comme une succession de rois, d'intrigues, de victoires et de défaites — un récit tissé d'ambitions et de convoitises, de tromperies, de cruautés et de carnages. Envisagée ainsi, elle ne peut qu'être nuisible. Les crimes et les atrocités répétés, les cruautés dépeintes sèment des graines qui produisent bien souvent de mauvais fruits.

Il vaut beaucoup mieux étudier, à la lumière de la Parole de Dieu, les causes de l'avènement et de la chute des royaumes. Il faut que les jeunes comprennent, en étudiant le récit de ces événements, que la prospérité des nations est liée à la reconnaissance des principes divins. Qu'ils étudient l'histoire des grands courants réformateurs et voient comment leurs principes ont triomphé, malgré le mépris et la haine, malgré la prison et l'échafaud, et à travers tous les sacrifices.

Une étude ainsi menée ouvrira l'intelligence des jeunes sur les réalités de la vie. Elle les aidera à comprendre les lois de relations et de dépendances, à se rendre compte que nous sommes étonnamment solidaires les uns des autres dans le mouvement des sociétés et des nations, et que l'oppression ou la dégradation d'un seul est une perte pour tous.

[270] Pour l'enseignement des mathématiques, il faut être pratique. Les jeunes, les enfants doivent apprendre non seulement à résoudre des problèmes imaginaires, mais aussi à tenir un compte exact de leurs recettes et dépenses. Ils doivent apprendre à bien utiliser l'argent. Qu'ils soient à la charge de leurs parents ou qu'ils s'assument eux-mêmes, garçons et filles doivent s'habituer à choisir et à acheter leurs propres vêtements, leurs livres, tout ce qui leur est nécessaire ; en tenant leurs comptes, ils découvriront, comme ils ne pourraient le faire d'aucune autre façon, la valeur de l'argent et son bon emploi. Cette éducation leur apprendra à distinguer la véritable économie de l'avarice d'une part, et de la prodigalité d'autre part. S'ils sont bien guidés, ils apprendront à être généreux, à donner, non sur un coup de tête ou sous l'effet d'une exaltation passagère, mais avec régularité et détermination.

Ainsi chaque étude peut participer à la résolution du plus grand des problèmes : former des hommes et des femmes capables de faire [271] face aux responsabilités de la vie.

Chapitre 27 — Le comportement

L'amour [...] ne fait rien de malhonnête. 1 Corinthiens 13 :5.

La politesse est trop peu appréciée. Beaucoup de gens au bon cœur ont des manières rudes. Beaucoup de ceux dont la sincérité et la droiture inspirent le respect manquent d'amabilité. Ce défaut ternit leur propre bonheur et porte atteinte à la qualité de leur service. Combien d'expériences, qui pourraient être parmi les plus agréables, les plus utiles, sont souvent manquées par défaut de courtoisie — de réflexion, tout simplement.

Parents et maîtres devraient tout particulièrement cultiver la bonne humeur et la politesse. Tous devraient avoir une attitude joyeuse, une voix douce, des manières aimables : ce sont des armes puissantes. Les enfants sont attirés par un comportement gai, épanoui. Soyez bons et courtois envers eux, ils agiront de même envers vous et entre eux.

La vraie politesse ne s'apprend pas simplement en respectant les usages. Il faut observer sans cesse un comportement correct ; tant qu'il n'y a pas de compromis sur les principes, il nous sera facile de nous conformer aux coutumes, par égard pour les autres ; mais la véritable courtoisie ne demande pas de sacrifier les principes aux habitudes établies. Elle ignore les castes et enseigne le respect de soi, le respect de la dignité humaine, la considération pour chacun des membres de la grande famille humaine.

[272]

Il y aurait danger à s'attacher trop aux manières extérieures, à consacrer trop de temps à une éducation de politesse formelle. Les efforts acharnés que demandent aux jeunes la vie, les travaux durs, rebutants souvent, que réclame chaque journée, surtout lorsqu'il s'agit de rendre moins lourd le fardeau humain d'ignorance et de misère, laissent peu de place aux conventions.

Beaucoup de ceux qui mettent l'accent sur les convenances ont peu de respect pour tout ce qui échappe à leurs normes, même si la valeur en est grande. Ils sont victimes d'une fausse éducation qui entretient l'orgueil, la critique et l'étroitesse d'esprit.

Avoir de la considération pour autrui, voilà l'essence de la vraie politesse. L'éducation indispensable, durable, élargit le cœur et mène à une sympathie universelle. Ce prétendu savoir-vivre qui ne conduit pas les jeunes à respecter leurs parents, à en apprécier les qualités, à en accepter les défauts, à leur apporter de l'aide ; qui ne les rend pas prévenants et compatissants, généreux et prêts à soutenir les plus jeunes qu'eux, les personnes âgées, les malheureux, courtois envers chacun, est un échec.

C'est à l'école du divin Maître, bien mieux que par l'observance des règles établies, que l'on acquiert une pensée et des façons pleines de délicatesse. Lorsque l'amour de Dieu pénètre le cœur de l'homme, il imprègne le caractère d'une sensibilité à l'image de la sienne. Cette éducation-là confère une dignité et une correction célestes ; elle fait naître une douceur, une bonté qu'aucun vernis de bonne société ne peut égaler.

[273]

La Bible nous invite à être courtois, et nous propose de nombreux exemples de la générosité, de la douce distinction, de l'humeur aimable qui caractérisent la véritable politesse. Ce sont des reflets du caractère du Christ. Toute la bienveillance, toute la courtoisie du monde viennent de lui, même en ceux qui ne reconnaissent pas son nom. Il désire que ses enfants les reflètent parfaitement, et qu'à travers eux les hommes puissent le contempler.

Le meilleur traité de savoir-vivre se compose de cet ordre précieux que le Seigneur nous a donné, et des paroles que le Saint-Esprit inspira à l'apôtre Paul ; il doit être gravé à jamais dans les mémoires humaines, que l'on soit jeune ou vieux :

"Comme je vous ai aimés, vous aussi, aimez-vous les uns les autres." Jean 13 :34.

"L'amour est patient, l'amour est serviable, il n'est pas envieux ; l'amour ne se vante pas, il ne s'enfle pas d'orgueil, il ne fait rien de malhonnête, il ne cherche pas son intérêt, il ne s'irrite pas, il ne médite pas le mal, il ne se réjouit pas de l'injustice, mais il se réjouit de la vérité ; il pardonne tout, il croit tout, il espère tout, il supporte tout. L'amour ne succombe jamais." 1 Corinthiens 13 :4-8.

Il nous faut aussi apprendre et encourager la révérence. C'est le sens de son infinie grandeur, la conscience de sa présence qui nous inspirent envers Dieu du respect. Le cœur des enfants doit également en être imprégné. Nous devons enseigner aux petits que le lieu, le moment de la prière, des services religieux sont sacrés, parce que Dieu est présent. Si notre comportement témoigne de notre respect, notre conscience de Dieu ne pourra que s'approfondir.

Il serait bon pour tous, jeunes et vieux, d'étudier, de méditer, de répéter souvent des paroles de l'Ecriture qui nous montrent comment considérer le lieu où Dieu se manifeste d'une façon particulière :

"Ote tes sandales de tes pieds", dit l'Eternel à Moïse devant le buisson ardent, "car l'endroit sur lequel tu te tiens est une terre sainte". Exode 3 :5.

Et Jacob, après avoir contemplé en vision les anges, s'écria : "Vraiment le Seigneur est ici, mais je ne le savais pas. [...] Ce n'est rien de moins que la maison de Dieu et la porte du ciel !" (Genèse 28 :16, 17), La Bible en français courant.

"L'Eternel est dans son saint temple. Que toute la terre fasse silence devant lui !" Habakuk 2 :20.

> Car l'Eternel est un grand Dieu,
> Il est un grand roi au-dessus de tous les dieux. [...]
> Venez, prosternons-nous, courbons-nous,
> Fléchissons le genou devant l'Eternel qui nous a faits.
>
> Psaumes 95 :3, 6
>
> C'est lui qui nous a faits, et nous sommes à lui :
> Son peuple et le troupeau de son pâturage.
> Entrez dans ses portes avec reconnaissance,
> Dans ses parvis avec la louange !
> Célébrez-le, bénissez son nom !
>
> Psaumes 100 :3, 4

Du respect aussi pour le nom de Dieu. Jamais il ne devrait être prononcé à la légère, négligemment. Lorsque nous prions même, nous devrions éviter de le répéter fréquemment ou sans raison. "Son nom est saint et redoutable." Psaumes 111 :9. Les anges, lorsqu'ils le prononcent, se voilent la face. Quel respect doit être le nôtre, à nous hommes déchus et pécheurs, lorsque nous le prononçons !

Nous devons révérer la Parole de Dieu, traiter respectueusement le Livre imprimé, ne pas l'utiliser sans réfléchir, ni le manier sans faire attention. Jamais on ne devrait citer l'Ecriture en plaisantant, ou la paraphraser pour faire un trait d'esprit. "Les paroles de l'Eternel sont des paroles pures ; un argent éprouvé au creuset de la terre, et sept fois épuré." Psaumes 12 :7. Cf. Proverbes 30 :5.

Les enfants doivent apprendre, par-dessus tout, que l'obéissance atteste le respect. Dieu ne demande rien qui ne soit essentiel, et le meilleur moyen de lui marquer notre respect est de se soumettre à ses commandements.

Il faut honorer aussi les représentants de Dieu, pasteurs, enseignants, parents appelés à parler, à agir de sa part ; c'est le Seigneur que nous honorons à travers eux.

D'autre part, Dieu nous enjoint tout spécialement de vénérer tendrement les personnes âgées. "Les cheveux blancs sont une magnifique couronne ; c'est sur la voie de la justice qu'on la trouve." Proverbes 16 :31. Cette couronne témoigne de batailles livrées, de victoires remportées ; de fardeaux portés, de tentations rejetées. Elle parle de pieds fatigués, qui bientôt cesseront de marcher, de places bientôt vides. Aidez les enfants à comprendre tout cela, pour que, par leur respect, leur courtoisie, ils aplanissent le chemin des gens âgés, pour que leurs jeunes vies rayonnent de grâce et de beauté tandis qu'ils observeront ce commandement : "Tu te lèveras devant les cheveux blancs et tu honoreras la personne du vieillard." Lévitique 19 :32.

Les pères, les mères, les enseignants doivent mesurer plus pleinement la responsabilité et l'honneur que Dieu leur accorde en les plaçant auprès des enfants comme ses envoyés. C'est par un contact quotidien avec eux que les enfants comprendront, bien ou mal, ces paroles divines : "Comme un père a compassion de ses fils, l'Eternel a compassion de ceux qui le craignent." Psaumes 103 :13. "Comme un homme que sa mère console, ainsi moi je vous consolerai." Ésaïe 66 :13.

Heureux l'enfant en qui ces mots éveillent l'amour, la reconnaissance, la confiance ; l'enfant qui, à travers la tendresse, l'équité, la patience de ses parents et de ses maîtres, sentira la tendresse, la justice, la patience de Dieu ; l'enfant qui, confiant en ses protecteurs terrestres, docile et respectueux, apprend à s'en remettre au Seigneur, à lui obéir et à l'honorer. Celui qui enseigne un enfant, un élève, selon ces voies, lui fait don d'un trésor plus précieux que toutes les richesses de tous les temps, un trésor qui gardera éternellement sa valeur.

[277]

Chapitre 28 — Le vêtement et l'éducation

Toute glorieuse est la fille du roi dans l'intérieur (du palais).
Psaumes 45 :14.

Aucune éducation n'est complète si elle ne s'intéresse pas au vêtement. Trop souvent le travail éducatif est retardé, faussé même par un défaut d'enseignement dans ce domaine. L'amour du vêtement, l'attachement à la mode sont souvent les rivaux du maître et peuvent devenir de redoutables obstacles.

La mode est une souveraine à la poigne de fer. Dans de nombreux foyers, parents et enfants consacrent leur attention, leur énergie, leur temps à la suivre. Les riches font assaut d'élégance pour être au goût du jour ; les classes moyennes, les classes pauvres s'évertuent à respecter les critères établis par ceux qui sont, soi-disant, "au-dessus" d'eux. Lorsque les moyens manquent et que les prétentions abondent, la situation devient presque intolérable.

[278] Beaucoup de gens ne se soucient pas de savoir si un vêtement leur va bien, ni même s'il est beau ; que la mode change et il faudra le refaire ou le mettre de côté. La maisonnée est condamnée à travailler sans cesse. Pas un instant pour s'occuper des enfants, pour prier ou étudier la Bible, pour aider les petits à rencontrer Dieu à travers ses œuvres.

Pas un instant, pas un sou pour secourir les autres. Et souvent, on lésine sur la nourriture : mal choisie, préparée à la hâte, elle ne répond pas correctement aux besoins de l'organisme. D'où de mauvaises habitudes alimentaires, qui engendrent l'intempérance et la maladie.

L'amour de l'ostentation mène au gaspillage et arrête beaucoup de jeunes dans leur élan vers une vie plus noble. Au lieu de chercher à s'instruire, certains se lancent trop tôt dans un travail qui leur permettra de gagner de l'argent... pour satisfaire leur passion du vêtement. Combien de jeunes filles sont séduites et perdues par cette passion !

Dans bien des familles, les ressources sont insuffisantes. Le père, incapable de satisfaire les exigences de la mère et des enfants, se laisse aller à la malhonnêteté, et là encore surgissent la honte et la misère.

Le jour du culte, le service lui-même ne sont pas à l'abri de la puissance de la mode, mais lui donnent plutôt l'occasion de se manifester. Le temple devient un lieu de parade, où l'on est plus attentif aux toilettes qu'au sermon. Les pauvres, qui ne peuvent suivre les exigences de la mode, restent complètement à l'écart de l'église. Le jour du repos s'écoule dans l'oisiveté et les jeunes se retrouvent souvent dans des groupes qui leur sont néfastes.

A l'école, il arrive que les filles, à cause de leur habillement inadéquat, peu commode, ne puissent profiter ni de l'étude ni de la détente. Leur esprit est préoccupé et le maître à fort à faire pour éveiller leur intérêt.

[279]

Pour rompre le charme qu'exerce la mode, le moyen le plus efficace dont dispose le maître est souvent le contact avec la nature. Faites savourer aux élèves la joie de se trouver au bord d'une rivière, d'un lac, de la mer; faites-leur escalader les collines, admirer le coucher du soleil, explorer les champs et les bois; qu'ils apprennent à cultiver plantes et fleurs; alors rubans et dentelles sombreront dans l'oubli.

Amenez les jeunes à comprendre que la profondeur d'esprit réclame la simplicité du vêtement comme de la nourriture. Qu'ils mesurent tout ce qu'il y a à apprendre, à faire; qu'ils sentent combien il est important de se préparer, dans sa jeunesse, à l'œuvre de la vie. Aidez-les à distinguer les trésors que contiennent la Parole de Dieu, le livre de la nature, la vie des grands hommes.

Dirigez leurs esprits vers les souffrances qu'ils peuvent soulager. Qu'ils prennent conscience que chaque somme gaspillée les empêchera de nourrir les affamés, vêtir ceux qui sont nus, consoler les affligés.

Ils ne peuvent négliger les magnifiques occasions que leur offre la vie, étouffer leur esprit, gâcher leur santé, détruire leur bonheur pour se conformer à des usages qui ne se fondent ni sur la raison, ni sur le bien-être, ni sur le bon goût.

En même temps la jeunesse doit étudier la leçon de la nature: "Tout ce qu'il a fait est beau en son temps." Ecclésiaste 3:11. Que ce soit par notre vêtement, ou de toute autre façon, nous avons le privilège de pouvoir honorer notre Créateur. Il désire que notre habillement soit net et sain, mais aussi convenable et seyant.

On juge les gens sur leurs vêtements. Une tenue simple et correcte sera le signe d'un goût délicat, d'un esprit cultivé. Des habits sobres, joints à un comportement réservé, seront pour une jeune femme un bouclier sacré contre bien des dangers.

Enseigner aux jeunes filles l'art de bien s'habiller signifie aussi leur enseigner à faire leurs propres vêtements. Chaque jeune fille devrait en avoir l'ambition; elle ne doit pas manquer cette occasion d'être utile et indépendante.

Il est bon d'aimer le beau et de le rechercher; mais Dieu désire que nous aimions et recherchions avant tout le beau suprême — celui qui ne périt pas. Les réalisations humaines les plus belles ne peuvent rivaliser avec cette beauté de caractère qui est d'un grand prix aux yeux du Seigneur.

Amenons les jeunes et les enfants à choisir pour eux-mêmes cette robe royale tissée au ciel — de fin lin, éclatant et pur (Apocalypse 19:8), que tous les saints de la terre porteront. Cette robe, symbole du caractère sans tache du Christ, est offerte gratuitement à chaque être humain. Mais tous ceux qui l'acceptent la recevront et la revêtiront ici-bas.

Les enfants doivent comprendre qu'en ouvrant leur esprit à des pensées pures et aimantes, en accomplissant des actes bienveillants et secourables, ils se parent de ce vêtement magnifique. Cette robe sera pour eux signe de beauté et d'amour sur terre et leur permettra plus tard d'être reçus dans le palais du roi. "Ils marcheront avec moi en vêtements blancs, parce qu'ils en sont dignes." Apocalypse 3:4.

Chapitre 29 — Le Sabbat

Sanctifiez mes sabbats, et ils seront entre moi et vous un signe auquel on reconnaîtra que je suis l'Eternel, votre Dieu. Ezéchiel 20 :20.

Le sabbat détient une valeur éducative inestimable. Tout ce que Dieu nous demande, il nous le rend, enrichi, transfiguré par sa propre gloire. La dîme qu'il réclamait à Israël était destinée à préserver parmi les hommes, dans toute sa beauté, la reproduction du sanctuaire bâti sur le modèle du temple céleste, témoignage de la présence divine sur la terre.

De même, le temps qu'il nous demande nous est rendu, marqué de son nom et de son sceau. "Ce sera un signe entre vous et moi [...] grâce auquel on reconnaîtra que je suis l'Eternel..." Exode 31 :13. "En six jours l'Eternel a fait le ciel, la terre, la mer et tout ce qui s'y trouve, et il s'est reposé le septième jour : c'est pourquoi l'Eternel a béni le jour du sabbat et l'a sanctifié." Exode 20 :11. Le sabbat est un signe de la puissance créatrice et rédemptrice ; il nous montre que Dieu est la source de la vie et de la connaissance ; il nous rappelle la gloire originelle de l'homme, et témoigne du dessein qu'a Dieu de nous recréer à son image.

Le sabbat et la famille ont été institués en Eden, et sont, dans le projet divin, indissolublement liés. C'est ce jour-là, plus que n'importe quel autre, qu'il nous est possible de vivre la vie de l'Eden. Le plan de Dieu était que les membres d'une même famille s'associent dans le travail et dans l'étude, dans l'adoration et dans le délassement ; le père devait être le prêtre de la maisonnée, et le père comme la mère devraient être les instructeurs et les compagnons de leurs enfants. Mais le péché, en transformant les conditions de vie, a fait grandement obstacle à cette communauté. Souvent le père voit à peine ses enfants pendant la semaine. Il n'a quasiment pas la possibilité de les instruire, de leur consacrer du temps. Mais Dieu dans son amour a fixé une limite aux exigences du travail. Il a posé sur le

[282]

jour du sabbat sa main miséricordieuse : il réserve aux membres de la famille l'occasion de vivre alors en union avec lui, avec la nature, et les uns avec les autres.

Puisque le sabbat est le signe de la création, c'est le jour par excellence où nous pouvons rencontrer Dieu à travers ses œuvres. Son nom même devrait évoquer dans l'esprit des enfants les beautés de la nature. Heureuse la famille qui chemine jusqu'au lieu de culte comme cheminait Jésus avec ses disciples jusqu'à la synagogue — à travers les champs ou les bois, ou au bord d'un lac. Heureux les parents qui peuvent illustrer pour leurs enfants l'Ecriture à l'aide du livre de la nature ; qui peuvent, à l'ombre des arbres, au bon air, étudier la Parole et glorifier de leurs chants notre Père céleste.

C'est ainsi que les parents tisseront entre eux-mêmes et leurs enfants, entre leurs enfants et Dieu des liens que rien ne pourra rompre.

Le sabbat offre également à notre intelligence des ouvertures incomparables. Etudions la leçon de l'Ecole du Sabbat, non pas d'un rapide coup d'œil le sabbat matin, mais avec soin dans l'après-midi du sabbat précédent, pour pouvoir y revenir en l'illustrant chaque jour de la semaine. Ainsi cette leçon se gravera dans notre mémoire et sa richesse ne sera jamais complètement perdue.

Parents et enfants, lorsqu'ils écoutent le sermon, devraient noter les textes bibliques cités ainsi que la ligne directrice de la méditation, pour pouvoir en parler ensemble à la maison. De cette façon, les petits ne s'ennuieraient pas, comme cela leur arrive si souvent au culte, et tous exerceraient leur attention et leur pensée.

Celui qui veut étudier et réfléchir trouvera, en approfondissant toutes ces remarques, des trésors qu'il n'aurait jamais imaginés. Il constatera par lui-même la véracité de l'expérience que nous rapporte l'Ecriture :

"Tes paroles se sont trouvées (devant moi) et je les ai dévorées. Tes paroles ont fait l'agrément et la joie de mon cœur." Jérémie 15 :16.

"Je veux méditer tes prescriptions." Psaumes 119 :48.

"[...] plus précieuses que l'or, même que beaucoup d'or fin [...] Ton serviteur aussi en est averti, pour qui les observe l'avantage est grand." Psaumes 19 :11, 12.

Chapitre 30 — La foi et la prière

La foi, c'est l'assurance des choses qu'on espère. Hébreux 11 :1.

Tout ce que vous demanderez avec foi par la prière, vous le recevrez. Matthieu 21 :22.

Avoir la foi, c'est faire confiance à Dieu, croire qu'il nous aime et sait mieux que personne ce qui est pour notre bien. Cela nous amène à suivre sa voie au lieu de la nôtre, à accepter sa sagesse au lieu de notre ignorance, sa force au lieu de notre faiblesse, sa justice au lieu de nos péchés. Nos vies lui appartiennent, nous lui appartenons déjà ; notre foi reconnaît cet état de fait et l'accepte, avec toutes les bénédictions qu'il entraîne. La vérité, l'honnêteté, la pureté sont, nous l'avons vu, les secrets d'une vie réussie ; c'est par la foi que nous y accédons.

Tout élan, toute aspiration vers le bien est un don de Dieu ; seule la vie qui vient de Dieu, et que nous acceptons par la foi, peut nous permettre réellement de croître et d'être efficaces.

Il faut montrer clairement comment exercer la foi. Chaque promesse de Dieu s'accompagne de conditions. Si nous voulons faire sa volonté, le Seigneur nous accorde toute sa puissance. Quel que soit le don promis, il est là, dans la promesse. "La semence, c'est la parole de Dieu." Luc 8 :11. La promesse contient le don divin aussi sûrement que le gland contient le chêne. Si nous recevons la promesse, nous détenons le don.

[286]

Cette foi qui nous permet de recevoir les bienfaits de Dieu en est un elle-même, et chaque être humain en a reçu une certaine mesure. Elle se fortifie selon que nous l'exerçons en faisant nôtre la Parole de Dieu, à laquelle nous devons nous confronter souvent.

Celui qui étudie la Bible sera amené à constater la puissance de la Parole de Dieu. "Car il dit, et (la chose) arrive ; il ordonne, et elle existe." Psaumes 33 :9. Il "appelle à l'existence ce qui n'existe pas" Romains 4 :17. Lorsque Dieu nomme les choses, elles existent.

Que de fois ceux qui se confiaient en la Parole de Dieu ont résisté à la force du monde, malgré leur propre faiblesse. Enoch au cœur pur, à la vie sainte, fermement attaché à sa foi, triomphant dans sa droiture, face à une génération railleuse et corrompue ; Noé et sa famille, face à leurs contemporains, des hommes d'une grande force physique et mentale, mais aux mœurs dégradées ; les enfants d'Israël traversant la mer Rouge, multitude d'esclaves impuissants et terrifiés, fuyant devant la plus puissante armée de la plus puissante nation de la terre ; David, jeune berger, promis par Dieu au trône, face à Saül, roi en place, résolu à conserver son pouvoir ; Schadrac et ses compagnons dans la fournaise, face à Nebucadnetsar ; Daniel dans la fosse aux lions, face à ses ennemis, grands dignitaires du royaume ; Jésus sur la croix, face aux prêtres et aux chefs juifs qui soumettaient le gouverneur romain lui-même à leur volonté ; Paul dans les chaînes, condamné à mort comme un criminel, face à Néron, tyran d'un immense empire.

[287]

De tels exemples ne se rencontrent pas seulement dans la Bible. L'histoire de l'humanité en foisonne. A travers les Vaudois et les Huguenots, Wyclef et Huss, Jérôme de Prague et Luther, Tyndale et Knox, Zinzendorf et Wesley, et tant d'autres encore, s'est manifestée la puissance de la Parole de Dieu face au pouvoir et à la politique humains, passés du côté du mal. Ces hommes sont la vraie noblesse du monde, ils en sont la lignée royale, et les jeunes d'aujourd'hui sont appelés à les rejoindre.

Les petits événements de la vie, tout autant que les grands, requièrent notre foi. Si nous nous y abandonnons, l'action fortifiante de Dieu est une réalité qui concerne nos intérêts, nos préoccupations de chaque jour.

D'un point de vue humain, la vie est pour chacun un chemin vierge, dans lequel, en ce qui concerne nos expériences les plus profondes, nous marchons seuls. Aucun être humain ne peut pleinement partager notre vie intérieure. Alors que l'enfant s'engage dans ce voyage, au cours duquel il devra, tôt ou tard, choisir sa propre route, et décider de son éternité, il nous faut faire tous nos efforts pour l'aider à mettre sa confiance dans le vrai guide.

Rien ne nous permettra de résister à la tentation, rien ne nous dirigera vers la pureté et la vérité aussi bien que le sentiment de la présence de Dieu. "Tout est mis à nu et terrassé aux yeux de celui à qui nous devons rendre compte." Hébreux 4 :13. "Tes yeux sont trop purs pour voir le mal, tu ne peux pas regarder l'oppression." Habakuk 1 :13. Cette pensée préserva Joseph des corruptions de l'Egypte ; aux séductions de la tentation, il répondait résolument : "Comment ferais-je un aussi grand mal et pécherais-je contre Dieu ?" Genèse 39 :9. Notre foi, si nous la nourrissons, sera notre bouclier.

Seul le sentiment de la présence de Dieu vaincra la peur de l'enfant craintif pour qui la vie serait un fardeau. Aidons-le à graver dans sa mémoire cette promesse : "L'ange de l'Eternel campe autour de ceux qui le craignent, et il les délivre." Psaumes 34 :8. Faisons-lui lire la merveilleuse histoire d'Elisée qui, dans la ville située sur la montagne, fut protégé des chevaux, des chars, de la troupe ennemis par les chevaux et les chars de feu de l'Eternel. L'histoire de Pierre, emprisonné, condamné à mort, à qui l'ange de Dieu apparut et qui fut par lui guidé en lieu sûr, loin des gardes en armes, des lourdes portes, de l'énorme portail d'entrée muni de barres et de verrous. Et ce passage où, sur la mer déchaînée, Paul, prisonnier, appelé à être jugé et exécuté, adressa aux soldats et aux marins épuisés par les efforts et le manque de sommeil et de nourriture ces paroles d'encouragement et d'espoir : "Je vous exhorte à prendre courage ; car aucun de vous ne perdra la vie. [...] Un ange du Dieu, à qui j'appartiens et rends un culte, s'est approché de moi cette nuit et m'a dit : Sois sans crainte, Paul ; il faut que tu comparaisses devant César, et voici : Que Dieu t'accorde la grâce de tous ceux qui naviguent avec toi." Actes 27 :22-24. Confiant en cette promesse, Paul exhorta ses compagnons : "Personne de vous ne perdra un cheveu de sa tête." Actes 27 :34. Il en fut ainsi. Parce qu'il se trouvait dans ce bateau un homme par qui passait l'œuvre de Dieu, tous les soldats et marins païens furent sauvés : "Tous parvinrent à terre sains et saufs." Actes 27 :44.

Ces récits n'ont pas été écrits seulement pour être lus et admirés, mais pour que la foi qui habitait les serviteurs de Dieu autrefois puisse aussi nous habiter. Lorsque le Seigneur trouve des cœurs disposés à être les canaux de sa grâce, il agit aujourd'hui d'une façon tout aussi éclatante qu'alors.

Que ceux qui n'ont pas confiance en eux-mêmes et qui, à cause de cela, reculent devant les responsabilités, apprennent à s'en remettre à Dieu. Beaucoup d'entre eux, qui sans cela n'auraient été qu'un numéro matricule ou un fardeau inutile, pourront dire avec l'apôtre Paul : "Je puis tout par celui qui me fortifie." Philippiens 4 :13.

Aux enfants qui souffrent vivement des blessures de la vie, la foi réserve des richesses. Leur disposition à résister au mal ou à venger les torts est souvent motivée par un sens aigu de la justice et un esprit vif, vigoureux. Apprenons à ces enfants que Dieu est le gardien du bien ; il veille avec tendresse sur ceux qu'il aime tant qu'il a donné pour les sauver son Fils bien-aimé ; il se chargera lui-même des malfaiteurs.

"Celui qui vous touche touche la prunelle de son œil." Zacharie 2 :12.

"Remets ton sort à l'Eternel, confie-toi en lui, et c'est lui qui agira. Il fera paraître ta justice comme la lumière et ton droit comme le (soleil à son) midi." Psaumes 37 :5, 6.

"Que l'Eternel soit une forteresse pour l'opprimé, une forteresse pour les temps de détresse. Ceux qui connaissent ton nom se confient en toi. Car tu n'abandonnes pas ceux qui te cherchent, Eternel !" Psaumes 9 :10, 11.

Dieu nous demande de faire preuve envers les hommes de la miséricorde qu'il éprouve à notre égard. Laissons les esprits impulsifs, indépendants, vengeurs contempler celui qui est doux et humble de cœur, mené comme un agneau à l'abattoir, silencieux comme une brebis devant ceux qui la tondent. Laissons-les considérer celui qui a souffert de nos péchés et porté nos douleurs ; ils apprendront à supporter, à être patients, à pardonner.

Par la foi dans le Christ, tous les défauts de caractère peuvent être corrigés, toutes les souillures purifiées, toutes les qualités développées.

"Vous avez tout pleinement en lui." Colossiens 2 :10.

La prière et la foi ont des liens étroits et doivent être étudiées ensemble. Il y a, dans la prière de la foi, une science divine, à laquelle doit accéder celui qui veut réussir sa vie. Le Christ a dit : "Tout ce que vous demandez en priant, croyez que vous l'avez reçu, et cela vous sera accordé." Marc 11 :24. Bien sûr, nos demandes doivent être en harmonie avec la volonté de Dieu ; nous devons rechercher ce qu'il nous a promis, et utiliser ce que nous recevons selon son vouloir. Dans ces conditions, sa promesse est sans équivoque.

Nous pouvons demander le pardon de nos péchés, le Saint-Esprit, un caractère à l'image du Christ, la sagesse et la force pour accomplir l'œuvre de Dieu, ou n'importe lequel des dons promis ; et puis croyons que nous le recevons, et remercions-en Dieu.

Nous n'avons à attendre aucune manifestation extérieure de la bénédiction divine. Le don est dans la promesse, et nous pouvons vaquer à nos occupations, certains que ce que Dieu a promis, il peut l'accorder, et que ce don, que nous possédons déjà, se manifestera lorsque nous en aurons le plus besoin.

Vivre ainsi, de la Parole de Dieu, signifie que l'on s'est totalement abandonné au Seigneur, que l'on a sans cesse besoin de lui, que l'on en est sans cesse dépendant, que le cœur s'élance vers lui. La prière est alors indispensable : c'est la vie de l'âme. Prière en famille, prière publique ont leur importance ; mais c'est la relation secrète avec Dieu qui fait vivre l'âme.

[291]

C'est sur la montagne, en compagnie de Dieu, que Moïse contempla le modèle du superbe édifice qui devait être la demeure de la gloire divine. C'est sur la montagne, en compagnie de Dieu — dans un lieu retiré — que nous devons contempler l'idéal glorieux qu'il propose à l'humanité. Ainsi nous aurons la possibilité de façonner notre caractère pour que s'accomplisse la promesse : "J'habiterai et je marcherai au milieu d'eux ; je serai leur Dieu, et ils seront mon peuple." 2 Corinthiens 6 :16.

C'est en des moments de prière solitaire que Jésus, sur terre, recevait la sagesse et la force. Que la jeunesse suive son exemple et réserve, le matin, le soir, un temps de communion personnelle avec son Père céleste. Que tout au long du jour elle élève son cœur vers Dieu. A chaque pas de notre vie, il nous dit : "Je suis l'Eternel, ton Dieu, qui saisit ta main, [...] Sois sans crainte, je viens à ton secours." Ésaïe 41 :13. Puissent nos enfants comprendre tout cela dès l'aube de leur vie ; quelle fraîcheur, quelle force, quelle joie, quelle douceur seront alors les leurs !

Ces leçons, seul celui qui les a assimilées peut les enseigner. Beaucoup de parents et de maîtres déclarent croire en la Parole de Dieu, alors que leur vie en renie la puissance : voilà pourquoi l'enseignement de l'Ecriture n'a pas plus d'effet sur la jeunesse. De temps à autre les jeunes sentent la force de la Parole. Ils discernent la richesse de l'amour du Christ, la beauté de son caractère, les dimensions d'une vie consacrée à son service. Mais ils voient d'autre part la vie de ceux qui prétendent respecter les préceptes divins. Il en est tant à qui s'appliquent ces mots adressés au prophète Ezéchiel : "Les gens de ton peuple [...] se disent l'un à l'autre, chacun à son frère : Venez donc écouter quelle est la parole qui provient de l'Eternel ! Ils se rendent en foule auprès de toi, et mon peuple s'assied devant toi. Ils écoutent tes paroles, mais ils ne les mettent pas en pratique, car ils agissent avec des paroles (aimables) à la bouche alors que la cupidité mène leur cœur. Te voilà pour eux comme une aimable chanson : musique agréable et belle mélodie. Ils écoutent tes paroles, mais ils ne les mettent point en pratique." Ezéchiel 33 :30-32.

C'est une chose d'utiliser la Bible comme un livre qui offre de bons principes moraux, à respecter autant que l'époque et notre situation dans la société nous le permettent ; c'en est une autre de la considérer telle qu'elle est réellement — comme la parole du Dieu vivant, la parole de notre vie, la parole destinée à modeler nos actions, notre langage, nos pensées. La considérer autrement, c'est la rejeter. Que ceux qui prétendent y croire la rejettent ainsi est une des principales causes du scepticisme et de l'infidélité de la jeunesse.

Une fièvre telle qu'on n'en a jamais vu gagne le monde. Divertissement, course à l'argent, au pouvoir, lutte pour la vie, une puissance terrible s'empare du corps, de l'esprit, de l'âme. Au milieu de cette ruée, de cette folie, Dieu parle. Il nous invite à prendre du recul et à communier avec lui. "Arrêtez, et reconnaissez que je suis Dieu." Psaumes 46 :11.

Beaucoup de gens, même dans les moments qu'ils consacrent à l'adoration, ne peuvent jouir des bénédictions qu'apporte une véritable communion avec Dieu. Ils sont trop pressés. Ils se hâtent de traverser le cercle de la présence aimante du Christ, s'y arrêtent un instant peut-être, mais n'attendent pas le moindre conseil. Ils n'ont pas le temps de rester avec le divin Maître, et c'est chargés de leurs fardeaux qu'ils retournent à leur tâche.

Ces ouvriers ne pourront pas réussir vraiment tant qu'ils n'auront pas appris le secret de la force. Ils doivent prendre le temps de penser, de prier, d'attendre de Dieu le renouvellement de leurs énergies physiques, mentales, spirituelles. Ils ont besoin de l'action ennoblissante du Saint-Esprit. Tout cela les enflammera d'une vie nouvelle. Leur corps las, leur esprit fatigué seront revigorés, leur cœur lourd sera soulagé.

Ce dont nous avons besoin, ce n'est pas d'un instant passé en présence du Christ, mais d'un contact personnel, de relations intimes avec lui. Quel bonheur pour les enfants de nos familles, les élèves de nos écoles, lorsque les parents et les maîtres feront dans leur propre vie l'expérience précieuse que nous rapporte le Cantique des Cantiques :

> Comme un pommier au milieu des arbres de la forêt,
> Tel est mon bien-aimé parmi les jeunes hommes.
> A son ombre, j'ai désiré m'asseoir,
> Et son fruit est doux à mon palais.
> Il m'a introduite dans la maison du vin ;
> Et la bannière qu'il déploie sur moi, c'est l'amour.
>
> Cantique des cantiques
> 2 :3, 4

[294]

[295]

Chapitre 31 — L'œuvre de la vie

Je fais une chose. Philippiens 3 :13.

Pour réussir en quoi que ce soit, il faut avoir un but précis et le poursuivre inlassablement. Un objectif digne de tous les efforts se présente aux jeunes d'aujourd'hui, un objectif proposé par le ciel, le plus noble qui puisse être : apporter l'Evangile au monde en cette génération. Il offre des perspectives magnifiques à tous ceux dont le Christ a touché le cœur.

Les intentions de Dieu à l'égard des enfants qui grandissent dans nos foyers dépassent de beaucoup ce que notre vision étriquée peut saisir. Parce qu'il les voyait fidèles aux plus humbles places, il a appelé des êtres à témoigner pour lui aux plus hautes places de la terre. Et il y aura dans les assemblées législatives, les tribunaux, les cours royales, pour rendre témoignage au Roi des rois, bien des jeunes d'aujourd'hui, qui grandissent comme Daniel dans sa demeure de Judée, s'appliquant à étudier la parole et les œuvres divines, et à servir loyalement. Des foules seront appelées à un vaste service. Le monde entier s'ouvre à l'Evangile. L'Ethiopie tend les mains vers Dieu. Du Japon, de la Chine, de l'Inde, des pays enténébrés encore de notre monde, de tous les coins de cette terre, monte le cri des cœurs blessés par le péché et avides de connaître le Dieu d'amour. Des millions et des millions de gens n'ont jamais entendu parler de Dieu ni de son amour révélé en Christ. Ils ont le droit de le connaître, de recevoir la miséricorde divine, au même titre que nous. Et il nous incombe, à nous qui avons reçu ces connaissances, à nos enfants avec qui nous les partageons, de répondre à leur cri. A chaque famille, à chaque parent, maître, enfant sur lequel a brillé la lumière de l'Evangile, se pose, dans ce douloureux moment, la question autrefois posée à la reine Esther, en une période capitale de l'histoire d'Israël : "Qui sait si ce n'est pas pour une occasion comme celle-ci que tu es parvenue à la royauté ?" Esther 4 :14.

Les hommes imaginent ce qui adviendra selon que la propagation de l'Evangile sera rapide ou difficile, mais ils le font par rapport à eux-mêmes et au monde, non par rapport à Dieu. Il en est peu qui réfléchissent aux souffrances que cause le péché à notre Créateur. Le ciel entier souffrit pendant l'agonie du Christ; mais cette douleur ne commença pas lorsque le Christ, fait homme, vint sur la terre, pour finir lorsqu'il remonta aux cieux. La croix révèle à nos sens émoussés la blessure faite à Dieu par le péché dès le début. Chaque manquement au bien, chaque acte cruel, chaque échec de l'humanité à atteindre l'idéal qu'il lui a fixé afflige le Seigneur. Lorsque s'abattirent sur Israël ces désastres qui étaient la conséquence inéluctable de la séparation d'avec Dieu — le joug ennemi, la cruauté, la mort — il est dit que "l'Eternel [...] fut touché des maux d'Israël" Juges 10:16. "Toutes leurs détresses [...] étaient pour lui (aussi) une détresse — [...] il les a soutenus et portés tous les jours d'autrefois." Ésaïe 63:9.

[297]

"L'Esprit lui-même intercède par des soupirs inexprimables." Romains 8:26. "La création tout entière soupire et souffre les douleurs de l'enfantement" (Romains 8:22) et le cœur de notre Père céleste est plein de compassion. Notre monde est une immense léproserie, le théâtre de misères telles que nous n'osons même pas les évoquer. Si nous en prenions l'exacte mesure, le fardeau en serait trop pesant. Et pourtant Dieu le porte tout entier. Pour détruire le péché et ses conséquences il a donné son Fils bien-aimé et nous a confié le pouvoir d'œuvrer avec lui pour que les souffrances prennent fin. "Cette bonne nouvelle du royaume sera prêchée dans le monde entier, pour servir de témoignage à toutes les nations. Alors viendra la fin." Matthieu 24:14.

"Allez dans le monde entier et prêchez la bonne nouvelle à toute la création." Marc 16:15. C'est l'ordre du Christ à ses disciples. Non que tous soient appelés à être pasteurs ou missionnaires; mais tous peuvent travailler avec Dieu en partageant la bonne nouvelle avec leurs semblables. Cet ordre s'adresse à tous, grands et petits, jeunes ou vieux, savants ou ignorants.

Pouvons-nous répondre à ce commandement en donnant à nos fils et nos filles une éducation qui les mènerait à une vie conformiste, respectable, soi-disant chrétienne, mais vide de l'esprit de sacrifice du Christ, une vie à la fin de laquelle le Seigneur de vérité dirait : "Je ne vous connais pas" ?

Des milliers de gens agissent ainsi. Ils pensent prodiguer à leurs enfants les bienfaits de l'Evangile alors qu'ils en rejettent l'esprit. Ils font erreur. Ceux qui rejettent le privilège de collaborer avec le Christ se privent du seul moyen d'entrer dans la gloire de Dieu : ils rejettent l'éducation qui, en cette vie, fortifie et ennoblit le caractère. Combien de pères, de mères, refusant d'amener leurs enfants au pied de la croix, ont appris trop tard qu'ils les avaient ainsi abandonnés à l'ennemi. Ils sont allés à leur perte, pour la vie à venir et pour la vie présente ; la tentation les a submergés ; ils sont devenus une malédiction pour le monde, un sujet de souffrance et de honte pour ceux qui leur ont donné naissance.

Beaucoup de gens, alors qu'ils cherchent à se préparer pour servir Dieu, en sont détournés par de mauvaises méthodes d'éducation. On croit trop communément que la vie est faite de différentes parties, un temps pour apprendre, un temps pour agir — un temps de préparation, un temps de réalisation. Les jeunes qui se préparent à servir sont envoyés à l'école pour s'instruire dans les livres. Loin des responsabilités de la vie quotidienne, ils s'absorbent dans leurs études, et souvent en oublient le but. Leur premier élan tombe, et trop d'entre eux se laissent complètement absorber par une ambition égoïste. Leurs diplômes leur font perdre le contact avec la vie réelle. Ils ont si longtemps vécu dans l'abstraction et la théorie qu'ils ne sont pas prêts à affronter, de tout leur être, les durs combats de la vie. Au lieu de s'appliquer à la noble tâche qu'ils avaient envisagée, ils consacrent toute leur énergie à lutter pour subsister. Après de nombreuses déceptions, désespérant même de gagner honnêtement leur vie, beaucoup d'entre eux se laissent aller à des agissements discutables ou criminels. Le monde est privé de leur service et Dieu est privé des âmes qu'il espérait tant élever, ennoblir et saluer comme ses envoyées.

Tant de parents se trompent en faisant des différences entre leurs enfants dans le domaine de l'éducation. Ils sont prêts à n'importe quel sacrifice pour assurer les plus grands avantages à celui qui est brillant, doué, mais n'offrent pas des chances analogues à ceux qui ont moins de possibilités. On estime que les obligations de la vie courante ne nécessitent pas une grande instruction.

Mais qui peut, devant un groupe d'enfants d'une même famille, désigner ceux à qui incomberont les plus grandes charges ? Le jugement humain est si fragile ! Rappelez-vous l'expérience de Samuel, qui dut oindre un des fils de Jessé comme roi d'Israël. Sept jeunes gens à la noble apparence passèrent devant lui. Lorsqu'il vit le premier, qui avait une haute taille, un visage agréable, une allure princière, il s'exclama : "Certainement, le messie de l'Eternel est ici devant lui. Mais l'Eternel dit à Samuel : Ne prends pas garde à son apparence et à sa haute taille, car je l'ai rejeté. (Il ne s'agit) pas de ce que l'homme considère ; l'homme regarde à (ce qui frappe) les yeux, mais l'Eternel regarde au cœur." 1 Samuel 16 :6, 7. Il en fut ainsi pour chacun des sept frères : "L'Eternel n'a choisi aucun d'eux." 1 Samuel 16 :10. Et le prophète dut attendre, pour accomplir sa mission, qu'on soit allé chercher le berger David.

Les frères aînés, parmi lesquels aurait choisi Samuel, ne possédaient pas les qualités essentielles aux yeux de Dieu pour diriger son peuple. Fiers, égoïstes, sûrs d'eux-mêmes, ils furent écartés au profit de celui dont ils ne faisaient aucun cas, de celui qui avait gardé la simplicité et la sincérité de sa jeunesse et qui, alors qu'il se sentait petit, pouvait être préparé par Dieu à prendre le royaume en charge. Aujourd'hui aussi, Dieu discerne, dans bien des enfants que les parents négligeraient, des capacités qui dépassent de beaucoup celles d'autres enfants qui semblent pleins de promesses.

D'autre part, qui peut, face aux possibilités d'un être humain, décider de ce qui est grand, de ce qui est sans valeur ? Combien d'ouvriers à la situation très modeste ont accompli, pour la bénédiction du monde, une œuvre que les rois pourraient envier !

Que chaque enfant reçoive donc une éducation qui le préparera au plus haut service. "Dès le matin sème ta semence, et le soir ne laisse pas reposer ta main ; car tu ne sais point ce qui réussira, ceci ou cela, ou si l'un ou l'autre sont également bons." Ecclésiaste 11 :6.

[300]

Notre position dans la vie dépend de nos capacités. Nous ne nous développons pas tous de la même façon, nous n'accomplissons pas tous le même travail avec la même efficacité. Mais Dieu ne s'attend pas à ce que l'hysope atteigne la taille du cèdre, ni l'olivier celle du palmier. Chacun de nous doit viser l'objectif qu'il peut atteindre en unissant ses possibilités humaines à la puissance divine.

Beaucoup ne deviennent pas ce qu'ils pourraient être parce qu'ils ne tirent pas parti de ce qui est en eux. Ils ne s'emparent pas, comme ils le pourraient, de la force divine. Ils se détournent de la voie qui est la leur, où ils réussiraient pleinement. Ils cherchent de plus grands honneurs ou une tâche plus agréable et s'engagent dans un chemin qui ne leur convient pas. Les uns se laissent guider non par leurs talents, mais par leur ambition ; et celui qui aurait pu être un bon fermier, un bon artisan, un bon infirmier, se retrouve médiocre pasteur, homme de loi, médecin. D'autres auraient pu assumer de hautes responsabilités mais se sont contentés, par manque d'énergie, de zèle, de persévérance, d'un travail plus facile.

Il nous faut suivre plus étroitement le plan de Dieu pour nos vies. Accomplir de notre mieux l'ouvrage qui s'offre à nous, confier nos projets au Seigneur, être attentif aux indications qu'il nous donne par sa providence — voilà ce qui nous guidera avec sûreté dans le choix d'une profession.

Jésus, qui vint du ciel pour être notre exemple, passa près de trente années de sa vie à exercer de ses mains un métier ordinaire ; mais pendant ce temps il étudiait la parole et les œuvres de Dieu et aidait, enseignait tous ceux qu'il pouvait toucher de son influence. Lorsque commença son ministère public, il parcourut le pays, guérissant les malades, consolant les affligés, annonçant la bonne nouvelle aux pauvres. C'est là la tâche de tous ceux qui le suivent.

"Que le plus grand parmi vous soit comme le plus jeune, et celui qui gouverne comme celui qui sert. [...] Et moi, [...] je suis au milieu de vous comme celui qui sert." Luc 22 :26, 27.

A l'origine de tout service authentique, il y a l'amour et la fidélité au Christ. Celui qui aime le Seigneur a envie de travailler pour lui ; il faut encourager et guider ce désir. La présence des pauvres, des affligés, des ignorants, des malheureux, que ce soit à la maison, dans le voisinage ou à l'école, ne devrait pas être considérée comme une malchance, mais comme une précieuse occasion de servir.

Dans cette tâche-là comme dans toute autre, c'est en travaillant que l'on devient habile. C'est en s'exerçant aux travaux quotidiens, en apportant de l'aide aux nécessiteux et aux malades que l'on devient efficace. Sinon les meilleures intentions sont souvent inutiles et même nuisibles. C'est dans l'eau, non sur terre, que l'on apprend à nager.

Il est un autre engagement, trop souvent négligé, à montrer clairement aux jeunes qui prennent conscience des demandes du Christ : c'est l'engagement à vivre en relation étroite avec l'Eglise.

Le lien noué entre le Christ et son Eglise est intime et sacré — Jésus est l'époux, l'Eglise est l'épouse ; il est la tête, elle est le corps. Aussi notre union avec le Christ implique-t-elle une union avec son Eglise.

[302]

L'Eglise est organisée pour servir, et celui qui veut suivre le Seigneur se tournera d'abord vers elle. Si nous sommes fidèles au Christ, nous nous acquitterons loyalement de nos devoirs envers l'Eglise ; c'est un élément important de notre formation. Et si l'Eglise est vivante de la vie du Maître, elle nous amènera tout droit à travailler pour le monde extérieur.

Les jeunes peuvent trouver de nombreuses façons de coopérer. Qu'ils forment des équipes au service du Christ et leur collaboration sera un soutien et un encouragement. Les parents et les maîtres, en s'intéressant à leur travail, pourront les faire profiter de leur expérience et les aider à œuvrer avec efficacité pour le bien.

C'est la connaissance qui éveille la sympathie, et celle-ci est la source de tout ministère efficace. Si nous voulons éveiller chez les enfants et les jeunes la sympathie et l'esprit de dévouement à l'égard des millions d'êtres qui souffrent dans les pays lointains, apprenons-leur à connaître ces terres et ces gens. Nos écoles peuvent y contribuer largement. Au lieu de nous attarder sur les exploits d'Alexandre ou de Napoléon, faisons-leur étudier la vie de l'apôtre Paul, de Martin Luther, Moffat, Livingstone, Carey ; parlons-leur du travail missionnaire d'aujourd'hui. Au lieu d'encombrer leur mémoire d'une foule de noms et de théories qui ne concernent en rien leur vie, et auxquels, une fois partis de l'école, ils n'adresseront pas une pensée, apprenons-leur à connaître tous les pays à la lumière des efforts missionnaires, renseignons-les sur ces peuples et leurs besoins.

Pour achever de répandre l'Evangile, il y a beaucoup à faire ; plus que jamais cette tâche requiert le concours de tout un chacun. Les jeunes et les moins jeunes seront appelés de leurs champs, de leurs vignes, de leur atelier ; le Maître les enverra porter son message. Beaucoup d'entre eux n'auront reçu qu'une instruction limitée ; mais le Christ distingue en eux des compétences qui leur

[303]

permettront d'atteindre son objectif. S'ils s'attellent à la tâche de tout leur cœur, s'ils continuent à apprendre, le Seigneur les rendra capables de travailler avec lui.

Celui qui sonde les profondeurs de la misère et du désespoir humains sait comment les soulager. Partout il voit des âmes dans l'obscurité, ployant sous le poids du péché, du chagrin, de la souffrance. Mais il en connaît aussi les qualités ; il sait jusqu'où elles peuvent s'élever. Quoique les êtres humains aient gaspillé les bénédictions, les talents qu'ils avaient reçus, quoiqu'ils aient perdu leur dignité originelle, le Créateur doit être glorifié par leur rédemption.

A ceux qui peuvent comprendre les ignorants, les égarés, le Christ confie la lourde tâche d'agir pour les nécessiteux de tous les coins de la terre. Il sera là pour aider les hommes au cœur compatissant, même si leurs mains sont calleuses et maladroites. Son œuvre s'accomplira à travers ceux qui discernent dans la misère des bénédictions, dans les pertes un gain. En présence de la lumière du monde nous distinguerons la grâce au milieu de la souffrance, l'ordre dans la confusion, le succès dans l'échec apparent. Des désastres se révéleront avoir été des bienfaits. Les ouvriers venus du commun, qui partagent les peines de leurs semblables comme leur Maître partageait celles de l'humanité, le verront, par la foi, travailler avec eux.

"Il est proche, le grand jour de l'Eternel, il est proche, il arrive en toute hâte." Sophonie 1 :14. Et il faut avertir le monde.

Avec la préparation qu'ils peuvent acquérir, des milliers et des milliers de jeunes et d'adultes devraient se consacrer à cette œuvre. Beaucoup répondent déjà à l'appel du Maître, et leur nombre augmentera encore. Que les éducateurs chrétiens accordent à ces ouvriers sympathie et appui. Qu'ils encouragent et aident les jeunes qui leur sont confiés à se préparer à rejoindre leurs rangs.

Cette tâche sera pour les jeunes d'un plus grand profit qu'aucune autre. Tous ceux qui s'engagent sur ce chemin sont les assistants de Dieu, les associés des anges, ou plutôt les intermédiaires humains à travers lesquels ceux-ci accomplissent leur mission : les anges parlent par leur bouche, travaillent de leurs mains. Et les ouvriers qui collaborent avec les puissances célestes bénéficient de leur éducation et de leur expérience. Quel cours universitaire pourrait en faire autant ?

Avec l'armée que formeraient nos jeunes, bien préparés, la bonne nouvelle de notre Sauveur crucifié, ressuscité, prêt à revenir, serait vite portée au monde entier ! Comme la fin viendrait vite — la fin de la souffrance, du chagrin, du péché ! Au lieu de possessions terrestres, marquées par le mal et la douleur, nos enfants recevraient bientôt l'héritage divin : "Les justes posséderont le pays et ils y demeureront à jamais." Psaumes 37 :29. "Aucun habitant ne dit : Je suis malade !" Ésaïe 33 :24. "On n'y entendra plus le bruit des pleurs et le bruit des cris." Ésaïe 65 :19.

[305]

Les maîtres humains

Comme le Père m'a envoyé, moi aussi, je vous envoie. Jean 20 :21. [306]

Chapitre 32 — La préparation

Efforce-toi de te présenter devant Dieu comme un homme qui a fait ses preuves. 2 Timothée 2 :15.

Le premier éducateur de l'enfant est la mère. Durant la période où l'enfant est le plus sensible, où il se développe le plus rapidement, son éducation est essentiellement confiée aux soins maternels. La mère a, la première, la possibilité de façonner le caractère du bébé. Elle devrait mesurer la valeur de ce privilège et, plus que tout autre éducateur, être prête à en user au mieux. Cependant, si une formation est négligée, c'est bien la sienne. Celle dont l'influence éducative est essentielle, d'une portée considérable, est celle que l'on pense le moins à instruire.

Ceux à qui est confié un petit enfant ignorent trop souvent ses besoins physiques ; ils ne savent pas grand-chose des principes de santé ou du développement de l'organisme. Ils ne sont pas mieux armés pour veiller à sa croissance mentale et spirituelle. Ils sont peut-être qualifiés pour les affaires ou pour briller en société ; ils ont peut-être de grandes connaissances en littérature, en sciences ; mais ils n'en ont guère en ce qui concerne l'éducation d'un enfant. C'est essentiellement pour cette raison, et en particulier à cause du manque de soins apportés très tôt à leur développement physique, que tant d'êtres humains meurent en bas âge et que ceux qui atteignent la maturité sont si nombreux à porter la vie comme un fardeau.

Le père aussi bien que la mère est responsable de l'éducation de l'enfant, dès le départ, et il est essentiel que tous deux se préparent soigneusement et complètement. Avant d'envisager d'être parents, les hommes et les femmes devraient s'informer des lois relatives à la croissance — la physiologie, l'hygiène, les influences prénatales, l'hérédité, le vêtement, l'exercice, le traitement des maladies ; ils devraient comprendre aussi les lois du développement mental et moral.

Dieu a attaché tant d'importance à cette œuvre d'éducation qu'il a envoyé des messagers célestes à une future mère pour répondre à la question : "Quelles seront la règle et la conduite à tenir à l'égard de l'enfant ?" (Juges 13 :12), et pour enseigner à un père comment élever le fils qui lui était promis.

Jamais l'éducation n'accomplira tout ce qu'elle pourrait et devrait accomplir si l'importance de l'œuvre des parents n'est pas reconnue, et s'ils ne se préparent pas à leurs responsabilités sacrées.

Tout le monde s'accorde à dire que le maître doit être formé à sa tâche ; mais peu de gens distinguent la nature de la préparation de base. Ceux qui mesurent la responsabilité que l'on engage dans l'éducation de la jeunesse se rendent compte qu'un enseignement scientifique et littéraire ne peut suffire. Le maître devrait posséder des connaissances qui dépassent de beaucoup celles que peuvent apporter les livres. Il devrait posséder la vigueur et l'ouverture d'esprit ; une belle âme et un grand cœur.

[309]

Seul celui qui a créé l'intelligence et ses lois peut parfaitement en comprendre les besoins et en diriger le développement. Les principes d'éducation qu'il a donnés sont le seul guide sûr. Il est indispensable que les maîtres connaissent ces principes et règlent leur vie sur eux.

L'expérience pratique est essentielle aussi, avec l'ordre, la minutie, la ponctualité, la maîtrise de soi, un caractère enjoué, une humeur égale, le dévouement, l'intégrité, la courtoisie.

Il y a tant de médiocrité, tant d'hypocrisie autour des jeunes qu'il est nécessaire que les paroles, l'attitude, le comportement du maître témoignent de ce qui est grand et vrai. Les enfants ont vite fait de déceler l'affectation ou toute autre faiblesse, ou défaut. Le maître ne peut gagner le respect de ses élèves autrement qu'en se conformant lui-même aux principes qu'il veut leur enseigner. C'est seulement ainsi qu'il pourra, jour après jour, avoir sur eux une bonne et durable influence.

D'autre part, la réussite du maître dépend grandement de son état physique. Mieux il se portera, meilleur sera son travail.

Sa responsabilité est si épuisante qu'il doit faire un effort tout particulier pour conserver son énergie et sa fraîcheur. Souvent la fatigue gagne son cœur, son cerveau, et l'entraîne irrésistiblement vers le découragement, la froideur, l'irritabilité. Non seulement le maître doit résister à de telles humeurs, mais il doit en éviter les causes.

Il lui faut garder un cœur pur, doux, confiant et bienveillant. Afin d'être toujours ferme, calme et de bonne humeur, il doit ménager son cerveau et ses nerfs.

[310]

La qualité de son travail étant tellement plus importante que la quantité, l'enseignant doit se garder du surmenage — ne pas trop entreprendre dans son propre domaine, ne pas accepter d'autres responsabilités qui l'empêcheraient d'assumer correctement sa tâche, ne pas s'adonner à des divertissements, des plaisirs plus fatigants que réparateurs.

L'exercice de plein air, surtout lorsqu'il a une utilité, est une des meilleures façons de délasser le corps et l'esprit ; et l'exemple du maître amènera les élèves à s'intéresser au travail manuel et à le respecter.

Le maître devrait se conformer fidèlement aux principes de santé, non seulement pour le bien qu'il en retirera, mais à cause de l'effet que son attitude aura sur ses élèves. Il devrait être tempéré en toutes choses : nourriture, vêtement, travail et détente ; il est appelé à servir d'exemple.

A la santé physique, à la droiture de caractère, il faut joindre une grande culture. Plus le maître a de connaissances solides, meilleur sera son travail. La salle de classe n'est pas le lieu d'un travail de surface. Un enseignant qui se satisferait de connaissances superficielles ne serait pas très efficace.

Cependant l'efficacité du maître ne dépend pas tant de l'étendue de son savoir que du niveau qu'il vise. Un maître digne de ce nom ne se satisfait pas de pensées quelconques, d'un esprit nonchalant, d'une mémoire imprécise. Il est constamment à la recherche de résultats plus satisfaisants, de meilleures méthodes. Sa vie est en continuelle progression. Il y a dans son travail une vivacité, une force qui éveillent et stimulent ses élèves.

Le maître doit être qualifié pour son travail. Il doit posséder la sagesse et le tact nécessaires pour s'adresser à l'esprit des élèves. Même si ses connaissances sont grandes, ses qualités nombreuses et développées, s'il ne gagne pas le respect et la confiance de ses élèves, ses efforts seront vains.

[311]

Nous avons besoin de maîtres prompts à discerner et à saisir toutes les occasions de faire le bien ; de maîtres qui joignent à l'enthousiasme une dignité profonde, qui sachent diriger, enseigner, qui stimulent la pensée, éveillent l'énergie, communiquent courage et vie.

Les qualifications d'un maître peuvent être limitées, il peut ne pas posséder des connaissances livresques aussi étendues qu'il serait souhaitable ; pourtant, s'il discerne avec finesse la nature humaine, s'il éprouve pour sa tâche un amour véritable et en mesure l'ampleur, s'il est résolu à progresser, disposé à travailler avec ardeur et persévérance, il comprendra les besoins de ses élèves et, grâce à sa démarche de sympathie et de progrès, les amènera à le suivre plus loin, plus haut.

Les enfants, les jeunes qui sont confiés au maître ont un caractère, des habitudes, une formation bien différents les uns des autres. Certains n'ont pas de but défini, pas de principes. Ils ont besoin de prendre conscience de leurs responsabilités, de leurs possibilités. Peu d'enfants ont reçu à la maison une éducation solide. Les uns ont été dorlotés, éduqués superficiellement ; ils ont pris l'habitude de suivre leurs envies et d'éviter les responsabilités, les charges, ils manquent de solidité, de persévérance, de dévouement. Ils considèrent souvent que la discipline n'est qu'une inutile contrainte. D'autres ont été critiqués, découragés. Des pressions arbitraires, la dureté ont fait naître et croître en eux l'entêtement et la provocation. Si ces caractères déformés sont remodelés, ce sera le plus souvent par le maître. Celui-ci doit, pour réussir dans cette tâche, posséder une bienveillance et une clairvoyance assez grandes pour pouvoir trouver la cause des défauts et des erreurs présents chez ses élèves. Il doit aussi être plein de tact et d'habileté, de patience et de fermeté, pour dispenser à chacun ce dont il a besoin — à ceux qui sont irrésolus, qui aiment la facilité, des encouragements et un appui qui leur donnent le goût de l'effort ; à ceux qui sont découragés, la compréhension et l'estime qui fassent naître leur confiance et leur permettent de s'atteler au travail.

[312]

Souvent les maîtres n'ont pas assez de contact avec leurs élèves. Ils ne leur témoignent pas suffisamment de sympathie, de tendresse, mais leur apparaissent comme des juges rigides. Etre ferme et résolu, ce n'est pas être exigeant et dictatorial. Le maître dur et critique, qui se tient à l'écart de ses élèves ou les traite avec indifférence, ferme les portes entre eux et lui et ne pourra les amener à bien faire.

Jamais, dans aucune circonstance, le maître ne devrait être partial. Favoriser les enfants brillants, charmeurs, et se montrer sévère, impatient, désagréable envers ceux qui ont le plus besoin d'aide et d'encouragement, c'est méconnaître totalement son rôle. C'est en s'occupant des enfants qui sont en faute, qui peinent ou qui sont difficiles que le maître montrera s'il est vraiment à la hauteur de sa tâche.

Grande est la responsabilité de ceux qui ont accepté de guider des âmes. Des parents dignes de ce nom considèrent qu'ils ne seront jamais totalement déchargés de leur devoir. L'enfant, de son premier à son dernier jour, éprouve la puissance du lien qui l'attache au cœur de ses parents ; les actions, les paroles, le regard même de ces derniers continuent à le former pour le bien ou pour le mal. Le maître partage cette responsabilité ; il lui faut en peser sans cesse le caractère sacré et garder présent à l'esprit le but de sa tâche. Il n'a pas seulement à s'acquitter de ses besognes quotidiennes, à satisfaire ses employeurs, à maintenir la réputation de l'école ; il doit considérer le plus grand bien de ses élèves, en tant qu'individus, les charges que la vie posera sur leurs épaules, l'œuvre qui leur sera demandée, et la préparation qui leur est nécessaire. Le travail qu'il accomplit jour après jour exercera sur ses élèves, et à travers eux sur d'autres, une influence qui ne cessera de croître jusqu'à la fin des temps. Il en cueillera les fruits le jour où chaque mot, chaque acte sera examiné devant Dieu.

Un maître conscient de tout cela n'a pas le sentiment que son travail est terminé lorsque le train-train des leçons quotidiennes est achevé et que ses élèves, pour un moment, ne sont plus sous sa responsabilité directe. Il porte ces enfants, ces jeunes dans son cœur. Il cherche sans cesse, de toutes ses forces, comment les mener au plus noble niveau de connaissances.

Celui qui reconnaît les privilèges de sa charge n'acceptera pas que quoi que ce soit l'empêche de se perfectionner. Il n'épargnera aucune peine pour atteindre le degré le plus élevé. Tout ce qu'il désire que ses élèves deviennent, il s'efforcera de le devenir lui-même.

Plus le sens de sa responsabilité grandira, plus il tentera de progresser, mieux il percevra et plus il déplorera les défauts qui font obstacle à son efficacité. Lorsqu'il considérera l'ampleur de sa tâche, ses difficultés et ses possibilités, souvent il s'écriera : "Qui est capable d'assumer tout cela ?"

Chers maîtres qui mesurez le besoin que vous avez d'être fortifiés et dirigés — besoin que nulle réponse humaine ne peut satisfaire — je vous le demande, pensez aux promesses du Conseiller merveilleux.

"Voici, j'ai mis devant toi une porte ouverte que nul ne peut fermer." Apocalypse 3 :8.

"Invoque-moi et je te répondrai." Jérémie 33 :3.

"Je t'instruirai et te montrerai la voie que tu dois suivre ; je te conseillerai, j'aurai le regard sur toi." Psaumes 32 :8.

"Je suis avec vous tous les jours, jusqu'à la fin du monde." Matthieu 28 :20.

Pour vous préparer du mieux possible à votre tâche, soyez attentifs, je vous en prie, aux paroles, à la vie, aux méthodes du Maître des maîtres. C'est lui votre idéal. Contemplez-le, appuyez-vous sur lui jusqu'à ce que son Esprit s'empare de votre cœur et de votre vie.

"Nous tous, qui [...] reflétons comme un miroir la gloire du Seigneur, nous sommes transformés en la même image." 2 Corinthiens 3 :18. Voilà le secret de votre autorité sur les élèves. Reflétez le Seigneur Jésus.

Chapitre 33 — La collaboration

Nous sommes membres les uns des autres. Ephésiens 4 :25.

Pour former le caractère, il n'est pas d'influence aussi puissante que celle de là famille. L'œuvre du maître s'ajoutera à celle des parents, mais n'en prendra pas la place. Parents et enseignants devraient travailler ensemble à tout ce qui touche au bien-être des enfants.

L'apprentissage de la collaboration commence à la maison, dans la vie quotidienne ; père et mère partagent la responsabilité d'éduquer leurs enfants, et devraient s'efforcer d'agir toujours de concert. Qu'ils se confient à Dieu et lui demandent de les aider à se soutenir mutuellement. Qu'ils apprennent à leurs enfants à être fidèles au Seigneur, aux principes reconnus, à eux-mêmes et à tous ceux avec qui ils sont en contact. Ces enfants, à l'école, ne causeront ni troubles ni soucis, mais seront un appui pour leurs maîtres, un exemple et une source d'encouragement pour leurs camarades.

[316] Les parents qui agissent ainsi ne critiqueront pas le maître. Ils sentent bien que dans l'intérêt de leurs enfants et par honnêteté envers l'école ils doivent, autant que faire se peut, aider et estimer celui qui prend part à leur responsabilité.

Mais beaucoup de parents commettent là des erreurs. Leur tendance à critiquer à tort et à travers, sans réfléchir, réduit souvent presque à néant l'influence bienfaisante et généreuse du maître. De nombreux parents qui ont gâté leurs enfants par une indulgence excessive et laissent à l'enseignant la pénible charge de réparer leur négligence adoptent un comportement qui rend à ce dernier la tâche quasiment impossible : ils attaquent l'organisation de l'école de telle façon qu'ils ne font qu'encourager chez leurs enfants l'esprit de rébellion et les mauvaises habitudes.

Si jamais il est nécessaire de faire une critique ou une suggestion à propos du travail du maître, ce doit être à l'enseignant lui-même, en privé. Si cela s'avère infructueux, il faut remettre la chose entre les mains de ceux qui ont la responsabilité de l'école. Aucune parole, aucun acte ne doit risquer d'affaiblir le respect que portent les enfants à la personne dont dépend, en grande partie, leur bien-être.

Si les parents faisaient partager au maître la connaissance intime qu'ils ont du caractère de leurs enfants et de leurs particularités, de leurs faiblesses physiques, ils lui rendraient là un grand service. Il est regrettable que cela n'arrive que bien rarement. La plupart des parents ne cherchent guère à s'informer des compétences du maître ni à collaborer avec lui.

Il est donc essentiel que le maître s'efforce de rencontrer ces parents qui restent à l'écart. Il devrait leur rendre visite et apprendre à connaître les influences que subissent ses élèves, l'environnement dans lequel ils vivent. Par ce contact personnel avec leur foyer, leur vie quotidienne, il peut resserrer les liens qui l'unissent à ses élèves, mieux comprendre et diriger leur caractère.

[317]

Le maître qui s'intéresse à la vie des familles peut être utile de deux façons. Nombreux sont les parents qui, pris par le travail, les soucis, ne distinguent plus les occasions qu'ils ont d'agir de façon bénéfique sur la vie de leurs enfants. Le maître peut les aider grandement à prendre conscience de leurs possibilités, de leurs privilèges. Il en rencontrera d'autres qui portent leurs responsabilités comme une lourde charge, anxieux de voir leurs enfants devenir des hommes et des femmes bons et utiles. Souvent il pourra les aider, en partageant leur fardeau. Par leurs échanges, parents et enseignants s'encourageront, se fortifieront mutuellement.

La valeur éducative de la collaboration est inestimable. Il faut faire sentir aux enfants, dès leur plus jeune âge, qu'ils sont partie intégrante de la maisonnée. Les petits eux-mêmes doivent apprendre à assumer leur part de travail quotidien et sentir que leur aide est nécessaire et appréciée. Les plus grands doivent seconder les parents, participer à l'élaboration des projets, partager les responsabilités, les charges. Que les pères et mères prennent le temps d'instruire leurs enfants, qu'ils leur montrent combien ils apprécient leur aide, souhaitent leur confiance, aiment leur compagnie ; les enfants réagiront promptement à ces marques d'estime. D'une part les charges des parents seront allégées et les enfants bénéficieront d'une formation irremplaçable, d'autre part les liens familiaux se resserreront et les caractères gagneront en profondeur.

L'esprit de collaboration devrait animer la classe, en être la règle de vie. Le maître qui obtient l'aide de ses élèves possède là un moyen de discipline précieux. En participant de façon active à la vie de la classe, combien de ces garçons dont l'agitation entraîne le désordre trouveraient la possibilité de dépenser leur trop-plein d'énergie. Que les plus âgés aident les plus jeunes, que les forts aident les faibles ; que, dans la mesure du possible, chacun soit invité à accomplir ce qu'il réussit le mieux. Cela développera en chacun le respect de soi-même et le désir de se rendre utile.

Il serait bon que les jeunes, mais aussi bien les parents et les enseignants, se penchent sur les leçons de travail en commun que nous offrent les Ecritures. Parmi de nombreux exemples, distinguons celui de la construction du sanctuaire — qui illustre la formation du caractère — , à laquelle participa le peuple entier, uni dans l'effort, "tous ceux dont le cœur était bien disposé et l'esprit généreux" Exode 35 :21. Lisons le récit qui nous raconte comment furent reconstruites les murailles de Jérusalem, par des hommes qui revenaient de captivité, assaillis par la pauvreté, les difficultés, les dangers, mais qui menèrent à bien leur ouvrage parce que "le peuple prit à cœur ce travail" Néhémie 4 :1. Examinons le rôle des disciples lors de la multiplication des pains. C'est eux qui recevaient, des mains du Seigneur où elles se multipliaient, les miches de pain, et les distribuaient à la foule.

"Nous sommes membres les uns des autres." Ephésiens 4 :25. "Puisque chacun a reçu un don, mettez-le au service des autres en bons intendants de la grâce si diverse de Dieu." 1 Pierre 4 :10.

Comme il serait bon que les paroles des bâtisseurs d'idoles d'autrefois soient adoptées, mais pour une cause meilleure, par les bâtisseurs de caractères d'aujourd'hui : "Ils s'aident l'un l'autre, et chacun dit à son frère : Courage !" Ésaïe 41 :6.

Chapitre 34 — La discipline

Convaincs, reprends, exhorte, avec toute patience et en instruisant.
2 Timothée 4 :2.

Une des premières choses que doit apprendre un enfant, c'est obéir. On peut, avant qu'il soit assez grand pour raisonner, lui enseigner l'obéissance. La douceur et la persévérance permettront d'instaurer cette habitude, qui évitera par la suite bien des conflits entre la volonté et l'autorité, de ceux qui éloignent les enfants des parents et des maîtres, les remplissent d'amertume et les amènent trop souvent à résister à toute autorité, qu'elle soit humaine ou divine.

L'objectif de la discipline est de préparer les enfants à devenir autonomes. Ils doivent apprendre à se diriger, à se maîtriser. Aussi, dès qu'ils sont capables de comprendre, de raisonner, il faut leur enseigner la valeur de l'obéissance. Nos rapports avec eux doivent être tels qu'elle s'avère justifiée et raisonnable. Montrons-leur que tout est régi par des lois, dont la transgression mène finalement au désastre, à la souffrance. Lorsque Dieu dit : "Tu ne dois pas", il nous avertit, dans son amour, des effets d'une désobéissance éventuelle pour nous protéger du mal et de l'épreuve.

Aidons les enfants à comprendre que les parents et les maîtres sont les représentants de Dieu et que, lorsqu'ils agissent en accord avec lui, les règles qu'ils leur demandent de suivre, à la maison, à l'école, sont les siennes. De même que l'enfant doit se soumettre à ses parents, à ses maîtres, ces derniers, à leur tour, doivent se soumettre à Dieu.

Parents et enseignants doivent s'efforcer de guider le développement des enfants sans en entraver le cours, sans autorité excessive. Il ne faut verser ni dans un excès, ni dans un autre. C'est une effroyable erreur que de vouloir "briser la volonté" d'un enfant. Les tempéraments sont divers ; si la force peut garantir une soumission extérieure, elle fait naître dans bien des cœurs d'enfants une rébellion d'autant plus profonde. Même si les parents ou les maîtres réussissent à obtenir la soumission qu'ils désirent imposer, le résultat peut être nuisible à l'enfant. L'éducation d'un être humain doué de raison n'a rien à voir avec le dressage d'un animal. Celui-ci apprend uniquement à se soumettre à son maître, qui est pour lui l'intelligence et la volonté. Cette méthode, employée parfois avec les enfants, fait d'eux des sortes d'automates : leur esprit, leur volonté, leur conscience sont soumis à quelqu'un d'autre. Ce n'est pas le dessein de Dieu qu'un esprit soit ainsi asservi. Ceux qui affaiblissent ou détruisent l'individu endossent des responsabilités lourdes de conséquences. Les enfants qui se plient à l'autorité peuvent ressembler à des soldats bien entraînés ; mais quand elle n'est plus là, on constate que leur caractère manque de force, de fermeté. Ils n'ont jamais appris à se diriger eux-mêmes et ne connaissent aucune contrainte, sinon les exigences de leurs parents, de leurs maîtres ; loin d'elles, ils ne savent comment user de leur liberté et souvent se laissent aller à une faiblesse désastreuse.

[321] Soumettre sa volonté est beaucoup plus difficile pour certains enfants que pour d'autres, et le maître doit veiller à ce qu'il soit aussi facile que possible de respecter ses exigences. La volonté doit être guidée, éduquée, et non pas ignorée, écrasée. Respectons sa puissance ; dans la bataille de la vie, elle sera si précieuse !

Les enfants doivent apprécier la volonté à sa juste valeur. Il faut leur apprendre à distinguer la dimension de responsabilité qu'elle contient. Elle est la force qui permet à l'homme de gouverner, de décider, de choisir. Tout être humain doué de raison a le pouvoir de choisir le bien. Dans nos expériences de chaque jour, Dieu nous dit : "Choisissez aujourd'hui qui vous voulez servir." Josué 24 :15. Chacun peut appliquer sa volonté à suivre la volonté de Dieu, choisir de lui obéir et, en s'unissant ainsi aux puissances divines, se tenir fermement à l'écart du mal. Chaque jeune, chaque enfant a le pouvoir, avec l'aide de Dieu, de se forger un caractère intègre et de vivre une vie utile.

Les parents et les maîtres avertis qui apprennent aux enfants à se maîtriser seront pour eux une aide précieuse et efficace. Leur travail n'apparaîtra peut-être pas sous son meilleur jour à un observateur hâtif et ne sera peut-être pas aussi apprécié que s'ils exerçaient sur l'esprit et la volonté des enfants une autorité absolue ; mais les années montreront quelle méthode est la meilleure.

L'éducateur sage cherche à établir la confiance, à développer le sens de l'honneur. Les enfants et les jeunes ont besoin qu'on leur fasse confiance ; les petits eux-mêmes ont une grande dignité ; tous désirent qu'on ait foi en eux, qu'on les respecte, et c'est bien leur droit. Ils ne devraient pas avoir le sentiment qu'ils ne peuvent aller et venir sans être surveillés. La méfiance décourage et suscite les maux que l'on voulait justement prévenir. Les maîtres ne surveilleront pas sans cesse leurs élèves, comme s'ils soupçonnaient le mal, mais sauront reconnaître l'esprit agité et s'efforceront de neutraliser les influences néfastes. Il faut que les jeunes sentent qu'on leur fait confiance : il n'en est guère alors qui ne chercheront pas à s'en montrer dignes. [322]

Pour cette raison, il vaut mieux demander que commander ; celui à qui on s'adresse a alors l'occasion de montrer sa fidélité. Son obéissance est le résultat d'un choix, non d'une pression.

Les règles de la classe devraient exprimer, autant que possible, l'avis de l'école. Chaque principe devrait être soumis à l'appréciation des étudiants, pour qu'ils puissent en reconnaître le bien-fondé. Ils trouveraient alors tout naturel de veiller à ce que soient respectées des règles à l'élaboration desquelles ils auraient travaillé.

Ces règles devraient être peu nombreuses et mûrement réfléchies ; une fois établies, elles doivent être respectées : l'esprit apprend à accepter ce qui ne peut être changé, et à s'y adapter ; mais le manque de fermeté engendre l'envie, l'espoir, le doute, puis l'agitation, l'excitation, l'indiscipline.

Il doit être bien clair que Dieu n'accepte aucun compromis avec le mal. La désobéissance ne peut être tolérée ni à la maison, ni en classe. Aucun des parents ni des maîtres qui ont à cœur le bien-être de ceux qui leur sont confiés ne transigera avec l'obstination qui défie l'autorité ou recourt au subterfuge, à l'échappatoire pour ne pas obéir. Ce n'est pas l'amour mais le sentimentalisme qui transige avec les mauvaises actions, qui tente, par des cajoleries, des cadeaux, d'obtenir la soumission et qui finalement accepte autre chose que ce qui était demandé. [323]

"Les stupides se moquent d'un sacrifice de culpabilité." Proverbes 14 :9. Veillons à ne pas traiter le péché à la légère. Il exerce une puissance redoutable sur celui qu'il entraîne. "Le méchant est pris dans ses propres fautes, il est retenu par les liens de son péché."

Proverbes 5 :22. Le plus grand tort que l'on puisse faire à un enfant, à un jeune est de le laisser s'abandonner à de mauvaises habitudes.

Les jeunes ont un amour inné de la liberté, ils la désirent ; il leur faut comprendre qu'ils ne peuvent jouir de cette bénédiction inestimable qu'à travers leur obéissance à la loi divine, seule garante de la véritable liberté. Elle dénonce et condamne ce qui dégrade et asservit l'homme, protégeant ainsi des puissances du mal celui qui la suit.

Voici ce que dit le psalmiste : "Je marcherai à l'aise, car je recherche tes statuts. [...] Tes préceptes font mes délices, ce sont mes conseillers." Psaumes 119 :45, 24.

Dans notre application à corriger le mal, gardons-nous de la critique. Les observations incessantes désorientent mais ne redressent pas. Tant d'esprits, des plus sensibles surtout, ne peuvent donner leur mesure dans une ambiance lourde de blâmes sans bienveillance. Les fleurs ne s'épanouissent pas sous un vent desséchant.

Un enfant que l'on reprend fréquemment pour la même faute finit par penser que cette faute lui est personnelle et qu'il ne peut lutter contre elle. C'est ainsi que naissent le découragement et le désespoir, souvent cachés sous l'apparence de l'indifférence ou de la bravade.

La réprimande n'atteint son objectif que lorsque celui qui a commis une erreur la reconnaît et souhaite la corriger. Alors il faut le guider vers la source du pardon et de la puissance, l'aider à garder sa dignité, lui insuffler le courage et l'espoir.

Cette tâche est la plus délicate, la plus difficile qui ait jamais été confiée à un être humain. Elle nécessite un tact, une sensibilité extrêmes, une connaissance profonde de l'être humain, une foi et une patience célestes, une volonté intense de travailler, de veiller, d'attendre. C'est une œuvre plus importante que toute autre.

Ceux qui veulent diriger les autres doivent d'abord se diriger eux-mêmes. Si l'on s'emporte face à un enfant ou un jeune, on ne fera qu'éveiller son ressentiment. Quand des parents ou un maître s'irritent et s'exposent à parler inconsidérément, qu'ils se taisent. Il y a dans le silence une vertu extraordinaire.

Le maître doit savoir qu'il rencontrera des tempéraments obstinés, des cœurs endurcis. En face d'eux, il ne doit jamais oublier qu'il a été enfant lui aussi, qu'il a eu lui aussi à apprendre la discipline.

Maintenant encore, malgré son âge, sa formation, son expérience, il commet souvent des fautes et doit faire appel à l'indulgence, à la patience. Il lui faut considérer qu'il a affaire à des êtres affligés des mêmes tendances au mal que lui. Ils ont presque tout à apprendre, et pour certains d'entre eux c'est beaucoup plus difficile que pour d'autres. Le maître doit agir patiemment avec les élèves obtus, sans blâmer leur ignorance, mais en saisissant chaque occasion de les encourager. Avec les élèves sensibles, fragiles, il doit se montrer plein de délicatesse. La conscience de ses propres faiblesses l'amènera à traiter sans cesse avec sympathie et patience ceux qui sont aux prises avec des difficultés.

La règle de vie donnée par le Seigneur : "Ce que vous voulez que les hommes fassent pour vous, faites-le pareillement pour eux" (Luc 6 :31), devrait être adoptée par tous ceux qui assurent l'éducation des enfants, des jeunes qui sont eux aussi membres de la famille divine, héritiers de la vie. La règle du Christ doit être fidèlement respectée à l'égard des plus jeunes, des moins doués, des plus maladroits, de tous ceux aussi qui s'égarent et se rebellent.

[325]

Cela conduira le maître à éviter, autant que faire se peut, de rendre publiques les fautes, les erreurs des élèves. Il se gardera de blâmer, de punir en présence des autres. Il ne renverra jamais un étudiant sans avoir tout tenté pour lui. Mais s'il s'avère que l'étudiant lui-même ne tire aucun profit de sa présence à l'école, alors que son attitude, son manque de respect à l'égard de l'autorité deviennent nuisibles et contagieux, il faut le renvoyer. Cependant, attention au renvoi public qui conduit tant d'êtres à l'imprudence, au désastre ; lorsqu'il faut agir radicalement, l'affaire peut bien souvent se traiter en privé. Que le maître fasse au mieux, avec discrétion, en collaboration avec les parents.

Notre époque est particulièrement difficile à vivre pour la jeunesse, environnée comme elle l'est de tentations ; alors qu'il est facile de se laisser aller à la dérive, il faut tant d'efforts pour remonter le courant. Les écoles devraient être des "villes de refuge" pour les jeunes, des endroits où leurs "folies" seraient considérées avec patience et sagesse. Les maîtres qui ont conscience de leurs responsabilités écarteront de leur cœur, de leur vie, tout ce qui pourrait les empêcher de s'occuper au mieux des élèves têtus et insoumis. Leurs paroles seront pleines d'amour et de tendresse, de patience et de maîtrise de soi. Ils joindront au sens de la justice l'indulgence et la compassion. Lorsqu'ils auront à réprimander, ils le feront sans exagération, humblement. Avec douceur, ils montreront à l'enfant ses erreurs, et l'aideront à se reprendre. Chaque maître digne de ce nom sentira qu'il vaut mieux se tromper par excès d'indulgence que de sévérité.

[326]

Beaucoup de jeunes que l'on croit incorrigibles ne sont pas, au fond, si durs qu'ils le paraissent. Nombre de ceux qui semblent être des cas désespérés peuvent se corriger sous l'effet d'une saine discipline. La bonté vient souvent aisément à bout de ces enfants-là. Que le maître gagne leur confiance; en discernant et en les aidant à développer ce qu'il y a de bon en eux, il peut, dans la plupart des cas, corriger le mal sans attirer l'attention sur lui.

Le divin Maître supporte patiemment les hommes, avec leurs erreurs et leurs méchancetés. Son amour ne faiblit jamais; ses efforts pour gagner le cœur de ses enfants n'ont pas de cesse. Les bras ouverts, il attend, prêt à accueillir ceux qui s'égarent, se rebellent, apostasient même. Son cœur est sensible à la faiblesse de l'enfant maltraité, aux cris de souffrance qui montent vers lui. Tous les hommes sont précieux à ses yeux, mais les caractères durs, renfermés, obstinés sont particulièrement l'objet de sa compassion, de son amour; c'est qu'il voit les causes et les effets. Il veille avec une sollicitude toute spéciale sur celui qui est facilement sujet à la tentation, porté au péché.

Les parents, les maîtres devraient cultiver les qualités de celui qui prend la défense des affligés, de ceux qui souffrent, qui sont tentés. Ils doivent "avoir de la compréhension pour les ignorants et les égarés" puisque eux-mêmes sont "sujet[s] à la faiblesse" Hébreux 5 :2. Jésus nous traite bien mieux que nous ne le méritons; ce qu'il fait pour nous, nous devons le faire pour les autres. Le comportement des parents, des maîtres est injustifiable s'il n'est semblable à celui qu'adopterait le Sauveur dans les mêmes circonstances.

[327]

La discipline de la vie

Par-delà la discipline de la maison et de l'école, il y a la sévère discipline de la vie. Il faut apprendre aux enfants, aux jeunes gens, à s'y soumettre avec sagesse. C'est vrai que Dieu nous aime, qu'il agit pour notre bonheur, et que nous n'aurions jamais connu la souffrance si sa loi avait été respectée ; ce n'est pas moins vrai qu'en ce monde les conséquences du péché : la douleur, la peine, les fardeaux, se font sentir dans chaque vie. Nous pouvons faire beaucoup de bien à nos enfants, à nos jeunes, en leur apprenant à affronter courageusement ces difficultés. Nous devons leur témoigner notre sympathie, mais non les inciter à s'apitoyer sur eux-mêmes ; ils ont besoin d'être encouragés, fortifiés, et non affaiblis.

Ils doivent savoir que ce monde n'est pas un lieu de parade, mais un champ de bataille où chacun est appelé à supporter une vie rude, comme un bon soldat, à être ferme et à se conduire en homme. Que la force de caractère se mesure à la volonté de porter des responsabilités, d'accepter des postes difficiles, de faire le travail qu'il y a à faire même si personne ne vous en est reconnaissant.

La bonne attitude face aux épreuves ne consiste pas à essayer de leur échapper, mais à en tirer profit ; ceci est vrai à tout âge. Si la formation du jeune enfant est négligée, ses tendances mauvaises s'accentueront ; il deviendra plus difficile de l'éduquer, car il lui sera pénible de se plier à la discipline. Elle est dure, en effet, pour notre être charnel, cette discipline qui contrarie nos désirs et nos inclinations naturelles ; mais la souffrance peut s'oublier au profit d'une joie plus profonde.

Que les enfants et les jeunes apprennent que chaque erreur, chaque faute, chaque difficulté dépassée mène à quelque chose de meilleur. C'est à travers de telles expériences que ceux qui ont jamais vécu une vie digne de ce nom ont réussi.

[328]

> Les grands hommes qui ont conquis des sommets
>   Ne les ont pas vaincus sans souffrance.
> Tandis que leurs semblables dormaient,
>   Ils grimpaient avec peine dans la nuit.
>
> C'est ce qui est à nos pieds qui nous fait grandir,
>   Ce que nous avons appris à maîtriser,
> L'orgueil dominé, la passion morte,
>   Les difficultés que chaque jour nous surmontons.
>
> Toutes les choses banales, les faits quotidiens
>   Qui emplissent notre temps,
> Nos plaisirs et nos tristesses

Peuvent nous aider à nous élever.

Nous devons regarder "non point aux choses visibles, mais à celles qui sont invisibles ; car les choses visibles sont momentanées, et les invisibles sont éternelles" 2 Corinthiens 4 :18. Lorsque nous renonçons à nos désirs, à nos tendances égoïstes, nous échangeons en fait un avoir éphémère et de peu de valeur contre des biens précieux et durables. Il n'y a pas là de sacrifice, mais un bénéfice immense.

"Quelque chose de meilleur" : c'est le mot d'ordre de toute éducation, la loi de la vraie vie. Chaque fois que le Christ nous demande d'abandonner quoi que ce soit, c'est qu'il a à nous offrir quelque chose de meilleur. Les jeunes s'adonnent souvent à des occupations, des carrières, des plaisirs qui ne semblent pas mauvais mais qui sont loin du bien suprême ; ils détournent la vie de son noble but. Des mesures arbitraires, une condamnation catégorique risquent de ne pas amener ces jeunes à renoncer à ce à quoi ils tiennent tant. Dirigeons-les vers quelque chose de meilleur que l'ostentation, l'ambition, l'amour du confort. Faisons-leur connaître la vraie beauté, les principes élevés, les vies généreuses. Faisons-leur contempler "celui dont toute la personne est désirable" ; lorsque nous fixons sur lui notre regard, notre vie trouve son point d'attache. Là l'enthousiasme, l'ardeur, la flamme de la jeunesse découvrent un objectif authentique. Le devoir s'accomplit dans la liesse, le sacrifice avec plaisir. Honorer le Christ, être semblable à lui, travailler pour lui sont la plus grande ambition, la joie la plus intense de la vie.

"L'amour du Christ nous étreint." 2 Corinthiens 5 :14.

La voie royale

[332]

Jamais on n'a appris ni entendu dire, et jamais l'œil n'a vu qu'un autre dieu que toi agisse (ainsi) pour celui qui s'attendait à lui.
Ésaïe 64 :3.

Chapitre 35 — L'école de l'au-delà

[Ils] verront sa face, et son nom sera sur leurs fronts. Apocalypse 22 :4.

Le ciel est une école dont le champ d'études est l'univers et le maître, le Dieu infini. Une section de cette école fut installée en Eden et fonctionnera à nouveau lorsque le plan de la rédemption aura été mené à terme.

"Ce que l'œil n'a pas vu, ce que l'oreille n'a pas entendu, et ce qui n'est pas monté au cœur de l'homme, tout ce que Dieu a préparé pour ceux qui l'aiment" (1 Corinthiens 2 :9), toutes ces choses, nous ne pouvons les connaître qu'à travers la Parole de Dieu, et partiellement seulement.

Voici comment le prophète de Patmos décrit l'école de l'au-delà : "Je vis un nouveau ciel et une nouvelle terre ; car le premier ciel et la première terre avaient disparu, [...] Et je vis descendre du ciel, d'auprès de Dieu, la ville sainte, prête comme une épouse qui s'est parée pour son époux." Apocalypse 21 :1, 2.

"La ville n'a besoin ni du soleil ni de la lune pour y briller, car la gloire de Dieu l'éclaire, et l'Agneau est son flambeau." Apocalypse 21 :23.

Entre l'école d'Eden du commencement et celle du futur, il y a toute l'histoire de ce monde — l'histoire de la transgression et de la souffrance, du sacrifice divin et de la victoire sur le péché et la mort. L'école à venir ne sera pas exactement semblable à celle des premiers jours. Nul arbre de la connaissance du bien et du mal, nul tentateur, nulle occasion d'erreur : chacun aura déjà résisté à l'épreuve du mal, et plus personne ne saurait y succomber.

"Au vainqueur, je donnerai à manger de l'arbre de vie qui est dans le paradis de Dieu", dit le Christ. Apocalypse 2 :7. Les bienfaits dispensés par l'arbre de vie étaient en Eden conditionnels, et furent finalement retirés à l'homme. Les dons de la vie à venir sont absolus et éternels.

Le prophète contempla "le fleuve d'eau de la vie, limpide comme du cristal, qui sortait du trône de Dieu et de l'Agneau. [...] Sur les deux bords du fleuve se trouve l'arbre de vie. [...]La mort ne sera plus, et il n'y aura plus ni deuil, ni cri, ni douleur, car les premières choses ont disparu." Apocalypse 22 :1, 2 ; 21 :4.

> Il n'y aura plus que des justes parmi ton peuple,
> Ils posséderont à toujours le pays ;
> C'est le rejeton que j'ai planté,
> L'œuvre de mes mains,
> Pour servir à ma splendeur.

Ésaïe 60 :21

L'homme, à nouveau en présence de Dieu, pourra, comme au commencement, être enseigné par lui. "Mon peuple connaîtra mon nom ; [...] il saura, en ce jour-là, que c'est moi qui parle : me voici !" Ésaïe 52 :6.

"Voici le tabernacle de Dieu avec les hommes ! Il habitera avec eux, ils seront son peuple, et Dieu lui-même sera avec eux." Apocalypse 21 :3.

[335]

"Ce sont ceux qui viennent de la grande tribulation. Ils ont lavé leurs robes et les ont blanchies dans le sang de l'Agneau. C'est pourquoi ils sont devant le trône de Dieu et lui rendent un culte jour et nuit dans son temple. [...] ils n'auront plus faim, ils n'auront plus soif, et le soleil ne les frappera plus, ni aucune chaleur. Car l'Agneau qui est au milieu du trône les fera paître et les conduira aux sources des eaux de la vie." Apocalypse 7 :14-17.

"Aujourd'hui nous voyons au moyen d'un miroir, d'une manière confuse, mais alors, nous verrons face à face ; aujourd'hui je connais partiellement, mais alors, je connaîtrai comme j'ai été connu." 1 Corinthiens 13 :12.

Ils "verront sa face, et son nom sera sur leurs fronts" Apocalypse 22 :4.

Alors, lorsque le voile qui obscurcit notre vue sera ôté et que nos yeux contempleront ce monde magnifique que nous nous contentons actuellement d'entrevoir au microscope ; lorsque nous admirerons les splendeurs célestes que le télescope nous laisse deviner ; lorsque la terre entière, débarrassée de la lèpre du péché, apparaîtra dans la beauté du Seigneur, notre Dieu, quel champ d'études s'étendra devant nous ! L'étudiant pourra se pencher sur les récits de la création, il n'y rencontrera aucune trace du péché. Il pourra écouter les chants de la nature, il n'y distinguera aucune plainte, aucune note de chagrin. Sur chaque objet créé, il pourra reconnaître la main de Dieu, contempler le nom du Seigneur à travers l'univers ; ni la terre, ni la mer, ni le ciel ne porteront plus la moindre marque du mal.

Alors nous vivrons la vie de l'Eden, dans les champs et les jardins. "Ils bâtiront des maisons et les habiteront ; ils planteront des vergers et en mangeront le fruit. Ils ne bâtiront pas des maisons pour qu'un autre (les) habite, ils ne planteront pas pour la nourriture d'un autre ; car les jours de mon peuple seront comme les jours des arbres, et mes élus jouiront de l'œuvre de leurs mains." Ésaïe 65 :21, 22.

"Il ne se fera ni tort ni dommage sur toute ma montagne sainte, dit l'Eternel." Ésaïe 65 :25. L'homme sera rétabli dans sa royauté et les créatures inférieures reconnaîtront à nouveau sa supériorité ; les bêtes cruelles deviendront douces, les craintives, confiantes.

L'histoire se présentera à l'étudiant dans toutes ses dimensions, toute sa richesse. Aujourd'hui, grâce à la Parole de Dieu, les étudiants ont une idée des faits historiques, une certaine connaissance des principes qui régissent les affaires humaines. Mais leur vision est floue, leur savoir incomplet. Ils ne pourront tout voir clairement tant qu'ils ne seront pas dans la lumière de l'éternité.

Alors ils saisiront le déroulement du grand conflit qui commença avant le temps et ne finira qu'avec lui. Les débuts du péché, la funeste tromperie dans toute sa fausseté, la vérité sans détour victorieuse de l'erreur — tout sera éclatant. Le voile qui sépare le monde visible du monde invisible sera écarté, des choses merveilleuses seront révélées.

Nous ne comprendrons ce que nous devons à l'attention, aux interventions des anges que lorsque nous découvrirons, à la clarté de l'éternité, la providence divine. Les êtres célestes ont pris une part active aux affaires humaines. Ils sont apparus en habits de lumière, ou comme des hommes, des voyageurs. Ils ont accepté l'hospitalité, guidé des voyageurs surpris par la nuit. Ils ont retenu des intentions criminelles, détourné des coups destructeurs.

Les dirigeants de ce monde ignorent que dans leurs assemblées des anges ont parlé. Des hommes les ont vus, ont entendu leurs appels. Dans les conseils des ministres et dans les tribunaux, des messagers célestes ont plaidé la cause des persécutés, des opprimés. Ils ont déjoué des projets, mis un frein à des maux qui auraient causé tort et souffrance aux enfants de Dieu. Tout cela sera dévoilé aux étudiants de l'école des cieux.

Chaque racheté mesurera alors l'importance du ministère des anges dans sa propre vie. L'ange qui l'a gardé dès le premier instant, qui a veillé sur ses pas et l'a protégé du danger ; l'ange qui était avec lui dans la vallée de l'ombre de la mort, qui connaissait le lieu de son repos, qui fut le premier à le saluer au matin de la résurrection — qu'il sera bon de parler avec lui, d'apprendre de lui comment Dieu est intervenu dans chaque vie humaine, comment les créatures célestes ont collaboré à cette œuvre pour l'humanité !

Toutes les questions que nous nous posons à propos de notre vie trouveront alors une réponse. Là où nous n'avions vu que perplexité, confusion, projets avortés, plans contrecarrés, nous verrons le dessein tout-puissant, victorieux, harmonieux de Dieu.

Ceux qui auront travaillé avec désintéressement pourront contempler le fruit de leur labeur. On appréciera les conséquences des bons principes, des nobles actions. Nous les voyons en partie maintenant ; mais ceux qui se sont attelés à de nobles travaux jouissent si peu de ce qui en a découlé, dans cette vie ! Il en est tant qui peinent, généreusement, inlassablement, pour d'autres qu'ils ne connaissent pas, ni ne peuvent atteindre. Des parents et des maîtres dorment de leur dernier sommeil, leur vie semble avoir été vaine ; ils ne savent pas que leur fidélité a fait jaillir des flots de bénédictions intarissables ; c'est par la foi, pas autrement, qu'ils ont vu les enfants élevés par leurs soins devenir sources de bénédictions et d'inspiration pour leurs semblables, et leur influence se multiplier. Nombre d'ouvriers font parvenir dans tous les coins du monde des messages de force, d'espoir, de courage ; mais ils agissent dans la solitude et l'obscurité et ne savent pas grand-chose des suites de leur entreprise. Ainsi des dons sont accordés, des fardeaux portés, des travaux accomplis. Des hommes sèment, et sur leurs tombes d'autres moissonnent d'abondance. Ils plantent des arbres, et d'autres en mangent le fruit. Ici-bas,

[338]

ils se contentent de savoir qu'ils ont mis en œuvre les forces du bien. Dans l'au-delà, nous verrons chaque effort avec ses résultats.

Le ciel tient un compte exact de tous les dons que Dieu a accordés aux hommes pour les inciter à œuvrer de manière désintéressée. Le découvrir dans toute son ampleur, rencontrer ceux qui, à travers nous, ont été élevés, ennoblis, constater dans leur histoire l'efficacité des principes de vérité — ce sera un sujet d'étude, un don que nous offrira l'école des cieux.

Alors, nous connaîtrons comme nous sommes connus. Nous prodiguerons de la manière la plus vraie, la plus douce, l'amour et la sympathie que Dieu a placés dans nos âmes. Communier avec les êtres saints, vivre en harmonie avec les anges et les fidèles de tous les temps, éprouver cette amitié sacrée qui unit la grande famille des cieux et de la terre — voilà ce que nous réserve la vie future.

Il y aura de la musique, des chants, tels qu'aucune oreille n'en a jamais entendu, aucun esprit n'en a jamais conçu, sinon des visions envoyées par Dieu.

[339] "Ceux qui chantent comme ceux qui dansent s'écrient : Toutes mes sources sont en toi." Psaumes 87 :7. "Mais ceux-ci élèvent leurs voix, ils poussent des acclamations ; de l'ouest ils poussent des cris de joie en l'honneur de l'Eternel." Ésaïe 24 :14.

"Ainsi l'Eternel console Sion, il console toutes ses ruines ; il rendra son désert semblable à l'Eden et sa steppe au jardin de l'Eternel. La gaieté et la joie se trouveront au milieu d'elle, les chœurs et le chant des psaumes." Ésaïe 51 :3.

Toutes les aptitudes, les facultés se développeront. Les entreprises les plus extraordinaires seront menées à bien, les aspirations les plus élevées seront satisfaites, les ambitions les plus grandes se réaliseront. Et pourtant, il y aura toujours de nouveaux sommets à atteindre, de nouvelles merveilles à admirer, de nouvelles vérités à pénétrer, de nouveaux sujets d'intérêt pour notre corps, notre esprit, notre âme.

Tous les trésors de l'univers se proposeront à l'étude des enfants de Dieu. Avec un bonheur indicible nous participerons à la joie, à la sagesse des êtres purs. Nous aurons part aussi aux richesses accumulées pendant des siècles et des siècles de contemplation de l'œuvre divine. L'éternité nous apportera sans cesse de plus glorieuses révélations ; les dons divins seront, pour toujours, "infiniment au-delà de tout ce que nous demandons ou pensons" Ephésiens 3 :20.

"Ses serviteurs le serviront." Apocalypse 22 :3. La vie sur terre est le commencement de la vie dans les cieux ; l'éducation ici-bas nous initie aux principes célestes ; notre vie actuelle nous prépare à notre vie future. Ce que nous sommes maintenant, notre caractère, notre disposition à servir Dieu annoncent infailliblement ce que nous serons.

"Le Fils de l'homme est venu, non pour être servi, mais pour servir." Matthieu 20 :28. L'œuvre du Christ ici-bas et son œuvre là-haut sont semblables ; notre récompense pour avoir travaillé avec lui en ce monde sera de pouvoir travailler plus et mieux en sa compagnie dans le monde à venir.

"Vous êtes donc mes témoins, — oracle de l'Eternel — : C'est moi qui suis Dieu." Ésaïe 43 :12. Nous témoignerons encore dans l'éternité.

Pourquoi la terrible lutte dura-t-elle à travers les siècles ? Pourquoi Satan ne fut-il pas détruit dès son premier mouvement de rébellion ? C'était pour que l'univers soit convaincu de la justice de Dieu face au mal ; pour que le péché reçoive une condamnation définitive. Dans le plan de la rédemption, il y a des hauteurs, des profondeurs que l'éternité elle-même ne pourra pas épuiser, des merveilles que les anges désirent sonder. Seuls de toutes les créatures les rachetés ont livré le combat contre le péché. Ils ont travaillé avec le Christ, ont communié à ses souffrances comme les anges eux-mêmes n'ont pu le faire. N'auraient-ils pas de témoignage à rendre sur la rédemption — rien qui soit précieux aux êtres restés fidèles ?

"Ainsi désormais les principautés et les pouvoirs dans les lieux célestes connaissent par l'Eglise la sagesse de Dieu dans sa grande diversité." Ephésiens 3 :10. "Il nous a ressuscités ensemble et fait asseoir ensemble dans les lieux célestes en Christ-Jésus, afin de montrer dans les siècles à venir la richesse surabondante de sa grâce par sa bonté envers nous en Christ-Jésus." Ephésiens 2 :6, 7.

"Dans son palais tout s'écrie : Gloire !" Psaumes 29 :9. Et le chant des rachetés — témoignage de leur expérience — célébrera la gloire de Dieu : "Tes œuvres sont grandes et admirables, Seigneur Dieu Tout-Puissant ! Tes voies sont justes et véritables, Roi des nations ! Seigneur, qui ne craindrait et ne glorifierait ton nom ? Car seul tu es saint." Apocalypse 15 :3, 4.

La plus grande joie, la plus noble éducation que puisse nous apporter notre vie terrestre, si marquée qu'elle soit par le péché, sont de servir. Dans la vie à venir, qui ne sera pas limitée ainsi, notre plus grande joie, notre plus noble éducation seront de servir — témoigner, et découvrir encore "la glorieuse richesse de ce mystère [...], c'est-à-dire : Christ en vous, l'espérance de la gloire" Colossiens 1 :27.

"Ce que nous serons n'a pas encore été manifesté ; mais nous savons que lorsqu'il sera manifesté, nous serons semblables à lui, parce que nous le verrons tel qu'il est." 1 Jean 3 :2.

Alors le Christ pourra contempler les résultats de son œuvre — sa récompense. Face à cette foule innombrable, à ces hommes qui paraîtront, "devant sa gloire, irréprochables dans l'allégresse" (Jude 1 :24), celui qui nous racheta de son sang, qui nous instruisit de sa vie, "après les tourments de son âme, [...] rassasiera ses regards" Ésaïe 53 :11.

www.ingramcontent.com/pod-product-compliance
Lightning Source LLC
Chambersburg PA
CBHW080858010526
44118CB00015B/2193